KB107123

스타트업 대표가
돼볼까 합니다

스타트업 대표가 돼볼까 합니다

스타트업 창업의 정석

조시영 글

appletree
tales

스타트업으로 대박낼 수 있다.
단 스마트하게!
그러나 말은 쉬운데
나에게도 그런 행운이 올까?

현존하는 세계 최고의 부자 일론 머스크는 첫 창업부터 대박을 쳤다. 대학을 졸업하자마자 동생과 함께 창업한 인터넷 전화번호부 서비스 업체 짚투^{Zip2}를 매각해 큰돈을 벌었다. 곧바로 지금의 페이팔의 전신인 엑스닷컴을 창업해 더 큰 돈을 벌었다. 남들은 그 정도 돈을 모았으면 은퇴를 했을 텐데, 그는 쉬지 않고 스페이스엑스를 창업하고 테슬라의 대주주가 됐다. 그는 고객이 필요로 하는 것을 찾고, 시장의 흐름을 읽는 기막힌 재주가 있었다.

우리나라에도 배달의민족과 야놀자 등 스타트업 신화들이 있다. 남들은 어렵다고 하는 산업에 뛰어들어 성공의 공식을 완전히 뒤바꿨다. 창업 1년 만에 기업 가치 10배, 20배를 만든 사례는 이제 흔하게 볼 수 있다. 주변의 성공 사례를 보고 MZ세대 특히 대학생과 새내기 직장인들이 창업을 꿈꾼다.

이처럼 스타트업 창업 대박 스토리는 흔하게 보고 들을 수 있지만 창업할 때 무엇을 알아야 하고, 어떤 과정을 거쳐야 하는지를 제대로 알려주는 곳은 없다. 스타트업 창업 관련 책들도 어떤 책은 지나치게 협소한 실무 경험만 늘어놓고, 어떤 책은 너무 광범위하게 이론만 소개하고 있다. 처음 스타트업을 창업하기로 마음먹은 사람들이 알아야 할 이론과 꼭 해야 할 실무가 균형 있게 담겨 있는 책이 드물다.

엔젤클럽 소속 투자자로서, 액셀러레이터 창업 멤버로서, 스타트업 창업 팀의 2대 주주로서, 그리고 벤처기업 상장IPO 담당 임원으로서, 스타트업의 전체 사이클을 직접 또는 간접적으로 경험한 필자는 '어떻게 하면 창업자들이 스마트하게 창업에 성공할 수 있을까'를 고민해왔다. 그 고민을 정리해, 중학교부터 대학수학능력시험을 볼 때까지 책꽂이에 두고 계속 펼쳐보게 되는 '수학의 정석'처럼, 스타트업 창업자들이 문제가 닥쳤을 때 어떤 식으로 풀어야 할지 해답을 담아보았다. 창업자들이 꼭 알아야 할 기본 원리와 함께.

이 책의 2부는 기본 정석, 3부는 실력 정석이라고 할 수 있다.

1부에서는 역사 속의 창업자들에게서 얻을 수 있는 교훈들을 담았다.

2부에서는 창업 아이템 발굴, 비즈니스 모델 구축, 팀 구성, 사업계획서 작성, 법인 설립, 투자 유치까지 실제 창업을 결심했을 때부터 회사를 본격적으로 키우기까지 단계별로 풀어야 할 문제들을 시간 순서대로 정리했다. 읽으면서 따라 하면 될 정도로, 심지어 어느 홈페이지를 보면 되는지까지, 실전에 가깝게 정리하였다.

3부는 창업지원센터, 창업 지원금, 계약서, 엑시트 등 단계별로 창업자가 맞닥뜨리는 문제를 풀어나갈 때 필요한 디테일한 지식들을 정리했다. 필요할 때마다 찾아보면 세밀한 부분까지 도움을 받을 수 있다.

중간중간 스타트업 바닥에 처음 발을 들여놓을 때 듣게 되는 생소한 용어와 이론들도 이해하기 쉽게 정리해놓았는데, 필자가 애널리스트 스쿨과 전문엔젤투자자 교육 프로그램, 그리고 미국 미시간대 로스 스쿨 MBA 과정에서 배운 복잡한 이론들을 요소요소에 녹여서 쉽게 풀어 썼다.

처음부터 끝까지 한 번에 쭉 읽은 다음에, 우리 회사가 풀어야 할 문제가 생길 때마다 연관된 부분을 다시 펼쳐 꼼꼼히 읽어보면 도움이 될 것이다.

스타트업 창업은 고등학교 3학년에 비유할 수 있다. 해야 할 공부는 너무 많은데, 시간이 생각보다 많지 않다. 꼼꼼히 그리고 체계적으로 공부하지 않으면, 결국 수능 시험을 볼 때 밑바닥 실력이 드러난다. 효율적으로 꼭 필요한 부분을 미리 공부한다면 좋은 결과는 당연지사다.

이 책보다 더 심화된 내용을 원한다면 이미 당신은 스타트업 창업자로서 성공 가도를 달리고 있다는 뜻이다.

행운이 함께하기를!

c o n t e n t s

ALL
ABOUT
STARTUP

PART.

ONE

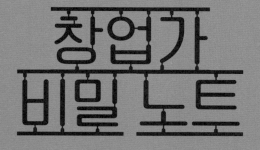
창업가
비밀 노트

창업가로서 역사책에 이름을 남긴 사람들이 있다. 세계에서 가장 유명한 창업가였던 '발명왕' 토마스 에디슨부터 '철강왕' 앤드류 카네기, '자동차왕' 헨리 포드, 현대인의 삶을 송두리째 바꿔놓은 '스마트폰의 아버지' 스티브 잡스까지. 그리고 아직 살아있는 일론 머스크, 제프 베조스도 위대한 창업가로 이름을 떨치고 있다.

성공한 창업가들에게는 분명 무언가 다른 점이 있다. 미국의 경제학자 조지프 슘페터(1883~1950)는 이를 기업가 정신entrepreneurship이라고 불렀다. 그에 따르면 기업가는 창조적 파괴Creative Destruction를 수행하는 사람으로, 그들의 기업가 정신이란 기존 경제적 질서의 창조적 파괴와 혁신을 추구하고 시도하며 실행하는 과정이다.

기업가 정신은 다양한 요소로 구성되어 있다. 일반적으로 언급되는 것들에는 새로운 기술과 기회를 포착하거나 일하는 방식을 새롭게 변화시키는 '창의성', 거듭된 실패에도 계속 상황에 맞게 다시 실행하는 '도전정신'과 이를 가능하게 하는 꺾이지 않는 '의지', 팀 워크를 극대화하는 '소통능력' 등이다.

창조적 파괴와 혁신을 수행하는 것, 경쟁자와 다른 것을 하거나 같은 것을 다른 방법으로 하는 것을 전략Strategy이라고 하는데, 파괴적 혁신부터 블루오션, 퍼스트펭귄, 블리츠, 제로투원까지 수없이 많은 전략 아이디어들이 등장해왔다.

그 수많은 전략을 가장 기본적으로 카테고리화 하면 크게 다음의 두 가지로 나눌 수 있다. 우선 우리 회사를 경쟁사와 차별화하는 가장 큰 원동력을 어디에서 찾느냐에 따라 분류하는 방법이다. 여기엔 기술주도형, 시장주도형, 원가절감형, 혼합형 등 네 가지 전략이 있다. 폴더폰에서 스마트폰으로 패러다임 체인지를 이끈 스티브 잡스는 기술주도형 전략을 택했다. 독특한 마케팅 전략으로 뉴욕의 스트릿 패션에서 전 세계 MZ세대의 루이비통이 된 수프림은 시장주도형 전략으로 성장했다. 광산의 컨베이어 벨트를 자동차 생산공정에 적용해 자동차값을 6년 만에 절반 아래로 떨어뜨린 헨리 포드는 원가절감 전략으로 '자동차왕'이 됐다.

또한 남보다 먼저 시장을 개척할 것인가 아니면 빠르게 쫓아가는 후발주자로 갈 것인가에 따라 퍼스트 무버First Mover 또는 First Penguin, Innovation Leader와 패스트 팔로워Fast Follower 또는 Late Mover, Catch-up로 구분할 수 있다. 퍼스트 무버가 특허 등으로 기술장벽을 치면서 유리한 고지에 먼저 도달할 수 있지만, 역사 속에서는 패스트 팔로워가 더 큰 성과를 낸 경우도 많다.

우선, 역사 속 가장 위대한 창업가들의 스토리를 통해 그들이 보여준 기업가정신과 성공에 이르는 전략을 배워보자.

I. 끝없는 도전, 그리고 이기는 전략

99%의 노력 그리고 불굴의 의지
'발명왕' 토마스 에디슨(Thomas Edison, 1847~1931)

호기심 많은 지진아였던 에디슨의 어린 시절은 너무나 잘 알려져 있다. 당시 대부분 청소년이 그랬던 것처럼 일찌감치 직업전선에 나섰던 에디슨은 당시로서는 최첨단 분야 기술자인 전신기사로 4년을 일한 후에 전업 발명가의 길을 택했다. 첫 작품은 1868년 나온 전기투표기록기였는데 아무도 관심을 가져주지 않았다. 이후에도 다양한 발명을 했지만 모두 실패해 파산을 경험하기도 했다. 마침내 1875년 한번에 네 개의 전신을 보낼 수 있는 전신기를 발명한 후 특허를 매각해 지금으로 치면 3,000억 원이 넘는 큰돈을 벌어들인다. 이듬해부터는 그 유명한 '멘로파크 연구소'를 설립해 연구에만 몰두한다.

멘로파크 연구소의 첫 대작은 전화기였다. 그레이엄 벨이 처음으로 발명한 전화기보다 훨씬 성능이 좋은 전화기를 만들어 또 한 번 큰 금액으로 특허를 매각한다. 에디슨이 역사 속에 가장 위대한 발명가로 이름을 날리고 있지만 사실 초창기에는 전신기나 전화기처럼 기존 발명품을 개량해 많은 돈을 벌어들였다. 오늘날의 경영학 용어로 기술주도형 패스트 팔로워 전략을 구사했다고 할까.

전화기를 개량하는 과정에서 우연히 음악을 기록해 재생하는 기계와 연관하여 아이디어가 생긴 그는 1877년 축음기 발명에 성공한다. 뉴욕에 있는 많은 언론들이 그의 이전 발명품에도 관심을 갖기 시작하면서 에디슨은 '멘로파크의 마법사The Wizard of Menlo Park'라고 불리기 시작한다. '발명왕' 에디슨의 역사가 이때부터 기록되기 시작한 것이다.

이후 그는 잇따른 발명으로 퍼스트 무버로서 에디슨이란 이름을 떨치기 시작한다. 1878년 여름, 에디슨은 '전기가 세상을 바꿀 것'이란 확신을 갖고 발전기, 전선, 전구 등 온갖 전기제품을 만드는 데 열정을 쏟았다. 발전소를 건설해 전기를 만들고, 각 가정으로 전기를 송전하며, 가정에서 전기를 이용한 백열전구와 펌프를 이용하는 한편 스위치를 이용해 손쉽게 전기기구를 켜고 끌 수 있게 만드는 것. 지금은 아무런 생각없이 너무나 일상적으로 누리는 혜택이지만, 당시만 해도 모두 에디슨의 손을 거쳐 발명됐던 것들이다. 후발주자인 웨스팅하우스의 니콜라 테슬라와 '직류 대 교류의 전기 전쟁Current War'을 벌인 스토리가 이때 벌어진 일이다.

에디슨은 전 세계 거의 모든 나라 교과서에 실린 "천재는 99%의 노력과 1%의 영감으로 이뤄진다"는 유명한 말을 남겼다.

실제 그는 쉬지 않고 연구하는 노력파였다. 멘로파크 연구소 직원들과 밤새워 실험하고 새벽에야 연구소에서 잠이 들기 일쑤였다. 제대로 된 제품을 만들기 위한 그의 엄청난 집념은, 스스로 '내 인생 최고의 발명'이라고 한 백열전구 제품화 과정에서 여실히 드러난다.[1]

에디슨이 백열전구를 발명하기 시작한 시점은 1878년 가을이었다. 백금, 이리듐 등 온갖 종류의 필라멘트를 넣은 전구를 제작해, 적당한 불빛을 내면서도 오래 가는 전구를 만드는 실험을 쉼없이 반복해서 진행했다. 이미 언론에서는 그의 백열전구 필라멘트 실험에 엄청난 관심을 갖고 있었다. 첫 인터뷰 때 그는 기자들에게 잠깐 백열전구 불빛을 보여주고 나서 전등을 껐다. 그의 실험 결과를 대서특필한 기자들에게는 얘기하지 않았지만 사실 몇 분밖에 지속되지 않고 끊어지는 필라멘트였다. 그만큼 필라멘트 실험은 에디슨을 비롯하여 연구소 모두가 매달린 일이었고 엄청난 부담이었다. 당시 과로했던 에디슨이 안면마비 증세를 보이며 쓰러질 정도였으니 말이다.

1879년 10월 에디슨은 탄화 무명실 필라멘트를 사용해 13시간 30분 동안 불빛을 밝히는 데 성공했다. 어찌나 기뻤던지 그는 연구소를 방문한 기자에게 성급하게 "전등이 완벽해졌다"고 말했다. 1879년 12월 31일, 수천 명의 사람들이 모인 시연회에서 에디슨의 백열전구 가로등은 40시간 동안 꺼지지 않는 기록을 세웠다. 대중들은 전기 시대가 열린 것에 환호했다. 당시 시연회에는 백열전구 발명의 경쟁자들도 있었다. 에디슨이 이미 포기한 흑연 필라멘트를 사용하거나 에디슨이 사용한 방식인 진공 유리구 대신 질소 가스를 충전한 유리구를 사용하는 등 제각각 다른 실험을 진행 중이었다. 그들 모두를 제치고 가장 오래가는 백열전구를, 가장 먼저 만든 것 자체가 에디슨의 경쟁력이었다.

하지만 사실 에디슨이 백열전구를 완벽하게 상용화하기까지는 더 많은 시간이 걸렸다. 필라멘트 소재를 대나무로 바꾸고 나서야 1,000시간이 넘게 불을 밝힐 수 있었다. 1880년 가을에서야 상용화를 위한 전구 공장 가동이 시작됐다.

한편, 에디슨의 백열전구를 베낀 패스트 팔로워 제품이 등장해 시장을 뺏길 위험도 높아졌다. 이에 에디슨은 원가보다 한참 싼 가격에 백열전구를 판매해 시장점유율을 늘리는 전략을 취했다. 1884년에서야 그의 전구 공장은 수익을 내기 시작했다. 4년 동안은 원가 이하로 백열전구를 판매한 셈이다. 에디슨 연구소에서는 수없이 많은 반복 실험을 해서 원가를 낮출 수 있었던 것이다.[2]

시대가 낳은 행운아처럼 보이는 에디슨에게도 실패와 불운은 끊임없이 찾아왔다. 이미 유명해진 '직류 대 교류 전기전쟁'에서 니콜라 테슬라에게 대패한 사례는 잘 알려져 있다. 하지만 그는 그때마다 지치지 않고 다시 일어섰다.

대표적인 사례가 멘로파크 연구소에 이어 수십 배 규모로 더 크게 지어진 웨스트오렌지 연구소 대화재다. 1914년 각종 화학 약품 때문에 불길이 계속 커져 결국은 십여 동의 건물 가운데 절반이 타버렸다. 한 부하직원이 그에게 "엄청난 재앙"이라고 말하자 에디슨은 "우리가 과거에 저질렀던 실수가 모두 불타 없어졌다. 이제 더 완벽한 연구소를 세울 수 있게 됐다"고 응답했다. 수많은 실패 속에 단련된 그였기에 가능한 대답이었다. 실제로 불과 1년도 지나지 않아 에디슨은 재기에 성공할 수 있었다. 1920년대 웨스트오렌지연구소는 1만 명을 고용하는 세계 최대의 연구 단지로 성장했다.

전기기구 발명으로 세계사를 바꾼 에디슨은 1931년 가을 생을 마감했다. 장례의식이 열리는 마지막날 밤 10시에 전국의 모든 가구가 전등을 끄는 것으로 미국인들은 그의 죽음을 기렸다. 그리고 1983년 미국 의회는 에디슨의 생일인 2월 11일을 '발명가의 날'로 지정했다.

실패에, 실패에, 실패를 거듭하면서 결국 성공으로 이끄는 불굴의 의지와 노력. 그래서 지금의 실리콘 밸리 스타트업 창업자 다수가 에디슨의 '99%의 노력'이란 단어를 가슴속에 새기고 있다.

고객을 열광하게 하라
애플 창업자 스티브 잡스(Steve Jobs, 1955~2011)

우리는 평균보다 짧은 인생을 아주 열심히 산 사람들에게 '불꽃같은 인생을 살았다'고 표현한다. 누구보다 그 표현이 잘 어울리는 사람이 바로 스티브 잡스다.

잡스는 1955년 미국 캘리포니아주 샌프란시스코에서 미국인 어머니와 시리아계 아버지 사이에 태어났다. 미혼모였던 어머니는 잡스가 태어났을 당시 잡스의 생부와 이미 헤어진 상태였다. 결국 잡스는 폴 잡스와 클라라 잡스 부부에게 입양됐다. 공부에 그리 소질을 보이지 않았던 잡스는 고등학교 때 전자공학에 관심을 가져 졸업 후 휴렛팩커드에 인턴으로 채용된다. 그곳에서 애플의 공동 창업자인 스티브 워즈니악을 만난다. 인턴이 끝나고 리드칼리지 철학과에 입학했지만 '부모님의 저축금을 몽땅 가져다 쓸 만큼 자신의 대학생활이 가치 있다고 생각하지 않아서' 중퇴를 한다. 이후 한때 동양의 선불교에 심취해 있다가 우연한 기회에 게임회사 아타리에 게임 디자이너로 취직을 한다. 하지만 1년도 채 되지 않아 회사를 그만두고, 워즈니악을 다시 만나 개인용 컴퓨터 제작에 착수한다. 애플^{Apple}은 그렇게 시작됐다.

대기업이나 대학에서만 사용하는 커다란 업무용 컴퓨터가 주류이던 시절인 1976년, 처음으로 나온 애플1은 나무 케이스에 모니터조차 없는 투박한 디자인이었지만 꽤 인기를 끌었다. 이후 애플2, 애플2 플러스 등의 모델들이 차례로 성공하면서 애플은 승승장구한다.

잡스는 고집불통으로도 유명했다. 뛰어난 컴퓨터 엔지니어였던 워즈니악이 빠지고 '디자인에 지나치게 집착한' 잡스의 의견이 관철돼 냉각팬 없이 1980년 출시된 애플3는 말 그대로 폭망했다. 나중에 워즈니악은 "엔지니어들이 주도했던 이전의 PC 개발과 달리 애플3는 마케팅 부서가 주도해서 설계했기 때문"이라고 설명했다. 잡스는 이후에도 사내에서 잦은 불화를 일으켰는데, 보다 못한 이사회는 1985년 창업자인 잡스를 애플에서 쫓아낸다.

잡스는 애플에서 함께 나온 엔지니어 몇 명과 함께 1985년 고성능 소형 컴퓨터 회사인 넥스트^{NeXT}를 창업했다. 넥스트는 기술적으로는 좋은 평가를 받았지만 휴렛팩커드 등 대기업 경쟁사를 이기지 못했다. 하지만 잡스는 넥스트 시절인 1986년 컴퓨터그래픽 회사 픽사^{PIXAR}를 인수해 인생의 전환점을 맞게 된다. 사실 잡스가 픽사를 인수한 데는 넥스트의 컴퓨터에 들어갈 킬러 소프트웨어 개발에 집중하기 위해서였다.

하지만 픽사 팀이 만든 단편 애니메이션을 보고 나서, 잡스는 창작팀이 마음껏 작품을 만들도록 자금지원을 아끼지 않았다. 1995년 픽사는 장편 애니메이션 '토이 스토리'로 전 세계 흥행 대박을 거뒀고, 같은 해 나스닥에 상장한 픽사 지분 80%를 갖고 있던 잡스는 억만장자가 됐다. 애플에서 쫓겨난 지 10년 만에 '실패한 CEO'에서 '차세대 테크 리더'로 화려하게 떠올랐다.

힘든 시기를 보내던 애플은 1996년 넥스트를 인수하면서 동시에 잡스를 경영 고문으로 다시 불러들인다. 잡스는 다음해 제품군을 단순화하면서 직원 3,000명을 해고하는 구조조정에 돌입한다. 그러나 1998년 반투명케이스로 디자인이 강조된 아이맥 G3가 대박나면서 애플은 다시 일어선다.

이 같은 성과에 힘입어 잡스는 2000년에 애플의 CEO로 공식 복귀한다.

그리고 2001년 아이팟을 선보여 MP3 플레이어 시장에 도전한다. 2003년 아이튠즈 스토어를 선보여 누구나 PC에서 공식 음원을 다운로드받을 수 있는 시대를 열었다. 2005년 아이팟 나노의 대히트로 애플은 아이팟 시리즈를 1억 대 이상 판매했다. 당시, 우리나라의 아이리버 등이 기술적으로 더 뛰어나다는 평가를 받았지만 애플 특유의 심플하면서도 감각적인 디자인과 아이튠즈의 편리함이 고객들에게 더 어필했던 것이다.

2007년 6월 29일. 전 세계인의 삶을 바꾼 날이다. 잡스는 "Today, today, Apple reinvents the phone."이라고 말하며 아이폰을 선보인다.

폴더폰이 세계를 지배하던 시절에 사람들은 폴더폰과 MP3 플레이어, 그리고 무거운 노트북 PC를 함께 들고 다녔다. 그 세가지 기기를 하나로 합쳐놓은 것이 바로 스마트폰이다.

고객의 문제를 '스마트하게' 해결하는 것. 스타트업 창업자의 가장 큰 덕목을 애플이 해낸 것이다. 버튼 대신 터치 스크린에 있는 아이콘을 손가락으로 터치함으로써 소프트웨어를 구동하는 방식을 실제 구현하기까지 내부적으로 수많은 테스트가 있었음은 자명한 일이다. 마치 에디슨이 전구를 처음 발명한 사람은 아니지만 일반 가정에서 쓰기에 가장 오래가고 편리한 전구를 만든 것과 같은 이치다.

잡스는 아이폰의 대성공에 이어 2010년 태블릿 PC인 아이패드를 선보여 '해가 지지 않는 애플 왕국' 전성시대를 만들어낸다.

하지만 불꽃같은 그의 인생은 여기까지였다. 2004년 시작된 췌장암이 2011년 초부터 급격히 악화됐고, 그해 10월 5일 56세의 짧은 삶을 마감했다.

IT 시장 독점 모델의 창시자
마이크로소프트 창업자 빌 게이츠(Bill Gates, 1955~)

오늘날 구글, 아마존과 같은 IT 기업은 고객이 한번 사용하면 빠져나오기 힘든 서비스를 만들어 '독점 이윤'을 장기적으로 창출해낸다. 지금은 경쟁 플랫폼들이 많이 등장해 독점 체제가 무너졌지만 페이스북과 트위터 등도 적어도 10년간은 거의 독점적인 지위를 누렸다.

장기적인 성과를 위해 독점 체제를 만들어 그 분야 이윤 대부분을 빨아들이는 사업 모델. 이미 19세기 철도, 철강, 석유 분야에서 성공했던 비즈니스 모델을 20세기 IT 분야에 그대로 재현한 사람이 바로 빌 게이츠다.

동갑내기 스티브 잡스와 함께 역사상 가장 주목받은 테크 창업자 가운데 한 명이었던 빌 게이츠는 1955년 미국 워싱턴주 시애틀의 부유한 가정에서 태어났다. 그는 열세 살때 컴퓨터를 접하며 일찌감치 천재성을 드러낸다. 하버드대학교 법학 전공으로 입학했지만 대학교 1학년때 이미 대학원 수준의 컴퓨터 사이언스 과정을 수강했다고 한다. 친구인 폴 앨런과 함께 1975년 마이크로소프트를 창업하면서 하버드대를 중퇴했다.

마이크로소프트가 오늘날 전 세계 PC 운영체제 시장을 거의 독점하다시피한 데는 운이 크게 작용했다. 원래 자체 운영체제가 없던 마이크로소프트는 IBM이 처음으로 PC를 출시할때 CP·M이라는 운영체제를 만든 디지털리서치란 회사를 소개해줬다. 하지만 디지털리서치가 적극적으로 나서지 않아 협상이 결렬됐고, 마이크로소프트가 계약의 주체가 돼 MS-DOS 운영체제를 공급했다. MS-DOS는 현재 컴퓨터가 아이콘을 클릭하면 소프트웨어가 작동되는 GUI^{Graphical User Interface} 방식인 것과 달리 일일이 소프트웨어 작동 명령을 입력하는 방식이었다. 이후 마이크로소프트는 애플로부터 매킨토시 GUI 영구 전용사용권(라이선스)을 받아 1985년 지금과 같은 운영체제인 Windows 1.0을 탄생시켰다.

이후 Windows 시리즈는 애플 매킨토시를 제외한 거의 대부분의 PC에 들어가는 운영체제로 자리잡았다. 게다가 워드, 엑셀, 파워포인트 등 MS 오피스 상품도 함께 팔면서 사실상 PC 필수 소프트웨어 시장을 장악해 나갔다. PC 제조업체는 달라도 소프트웨어는 사실상 마이크로소프트 독점이었던 셈이다. 한때 미국 정부가 마이크로소프트의 독과점 문제를 지적하고 나섰지만 결국 흐지부지 종료되고 사실상 독점 체제를 지속할 수 있었다.

빌 게이츠는 2008년 마이크로소프트 경영일선에서는 공식 은퇴했지만 이사회 의장과 기술 고문으로서 회사와 인연을 이어갔다. 그리고 2020년에는 마이크로소프트와의 모든 인연을 끊고 교육 및 자선사업에 전념하겠다고 발표했다.

한때 '실리콘밸리의 악마Demon of Silicon Valley'라는 별명까지 붙었던 게이츠는 2000년에 당시 아내인 멀린다 게이츠와 함께 빌&멀린다 게이츠 재단을 설립했다. 빌 게이츠 재단은 세계보건기구, 유니세프, 에이즈퇴치기금 등에 기부하는 한편 전 세계의 빈곤 퇴치와 보건 의료 확대, 교육 기회 확대를 위한 다양한 자선 사업을 펼치고 있다. 일찌감치 기업의 사회공헌을 실현한 셈이다. 현시대 최고의 '투자왕' 워런 버핏이 자신의 전재산을 빌 게이츠 재단에 기부하기로 하면서 운영은 게이츠와 버핏 두 사람이 함께하는 것으로 알려져 있다.

19세기 독과점 체제를 만들어 경쟁자들을 무자비하게 몰아냈던 '철도왕' 코닐리우스 밴더빌트, '철강왕' 앤드류 카네기, '석유왕' 존 데이비슨 록펠러가 말년에는 모두 재단을 만들어 학교를 설립하고 다양한 자선사업에 나선 것과 비슷한 길을 걸은 셈이다.

타고난 배짱으로 세상을 바꾸다
일론 머스크(Elon Musk, 1971~)

살아온 생애가 비슷하다는 점에서 영화 '어벤져스' 시리즈의 주인공 '아이언맨'의 실제 모델로 알려진 기업가. 무려 300조 원[3]의 재산을 가져 수년째 '현존하는 세계 최고의 부자'로 꼽히는 사람이 바로 테슬라^{Tesla}, 스페이스엑스^{SpaceX} 최고경영자^{CEO} 일론 머스크다.

일론 머스크는 1971년 남아프리카공화국 프리토리아에서 엔지니어인 아버지와 모델인 어머니 사이에서 태어났다. 부유한 집안에서 태어나 10살때 컴퓨터를 접하고 해외 여행도 자주 다녔다. 12살때 동생과 함께 게임을 직접 만들어 게임 잡지에 판매한 일화는 유명하다. 하지만 중학생때 왕따와 집단 폭행을 당하는 한편 부모가 이혼하는 바람에 억압적인 아버지 밑에서 지내며 불우한 청소년기를 보낸 것으로 알려져 있다.

그는 흑인을 철저히 차별하는 아파르트헤이트 정책을 취하는 남아공에서 의무 군복무를 하는 게 싫어 열여덟 살 되던 해에 캐나다로 이민을 간다. 캐나다 시민권자인 어머니 덕분에 캐나다 시민권을 바로 취득했고, 1년 뒤 캐나다 퀸스대학교에 입학해 경제학을 전공한다. 이후 미국 펜실베이아대학교로 편입해 경제학과 물리학 학사 학위를 받는다. 1995년 재료과학 전공으로 스탠퍼드대학교 박사과정에 합격했지만 입학 전에 창업의 길로 들어서며 등록을 하지 않아 자동 퇴학 처리됐다.

일론 머스크의 첫 번째 창업은 동생과 함께 만든 짚투코퍼레이션^{ZIP2} ^{Corporation}이었다. 인터넷이 막 보급되던 당시에 지도 위에 레스토랑, 주유소 등 사업체 위치를 표기한 데이터, 한마디로 지금의 '구글 맵' 같은 것을 언론사에 판매하는 비즈니스 모델이었다. 경쟁사들이 쉽게 모방할 수 있는 사업

모델이었음에도 불구하고 운좋게 1999년 컴팩이 3억 700만 달러에 짚투를 인수하는 바람에 그는 2200만 달러를 벌어들인다.

머스크는 다시 지금의 인터넷뱅킹과 비슷한 엑스닷컴$^{X.com}$을 설립했다. 경쟁자로서 같은 건물에 있었던 컨피니티^{Confinity}와 2000년에 합병해 회사 이름을 페이팔로 변경한다. 페이팔 CEO가 됐던 머스크는 동료들과 자주 다툼을 벌였고, 페이팔 이사회는 머스크가 호주로 신혼여행을 간 사이에 그를 해임한다. 하지만 2002년 온라인 쇼핑몰 이베이가 페이팔을 15억 달러에 인수함으로써, 머스크는 다시 1억 7,000만 달러라는 어머어마한 돈을 벌게 된다.

웬만한 기업가라면 머스크만큼 돈을 번 다음에는 주식이나 부동산 투자를 하며 인생을 즐겼을 것이다. 그러나 그는 어릴 적부터 관심을 가졌던 우주 산업에 눈을 돌린다. 처음에는 러시아가 대륙간탄도미사일^{ICBM}에 사용했던 로켓을 싸게 사 와서 활용하는 아이디어를 냈다. 하지만 너무 비싼 가격에 놀란 그는 러시아에서 돌아오는 비행기 안에서 복잡한 계산을 한 끝에 직접 로켓을 제작해 쏘는 쪽으로 결론을 내린다. 2002년 스페이스엑스가 탄생한 배경이다.

스페이스엑스가 한참 첫 번째 로켓을 만들기 위해 사람을 모으고 다양한 실험을 진행하던 2004년, 일론 머스크는 1년 전에 마틴 에버하드와 마크 타페닝이 창업한 테슬라자동차에 650만 달러를 투자하며 본격적으로 전기차 사업에 뛰어든다.

스페이스엑스와 테슬라가 첫 번째 시제품을 만들려고 노력하는 과정은 토마스 에디슨이 멘로파크 연구소에서 백열전구를 개발하기 위해 밤낮없이 실패와 도전을 반복하던 과정을 연상케 한다. 특히 테슬라의 '휘발유 및 경유차와는 완전히 다른' 전기차 개발은 에디슨이 무거운 배터리 문제로 전기차 사업을 포기하며 헨리 포드에게 휘발유 자동차 개발을 격려한 이후 100년 만에 재개된 역사적인 도전이었다.

우여곡절 끝에 2005년 로드스터의 첫 시제품을 완성했고, 2006년 7월 2인승 컨버터블 로드스터를 대중에 공개했다. 하지만 로드스터의 양산까지는 험난했다. 제조 프로세스 관리가 쉽지 않았다. 예상 소비자가격보다 훨씬 비싼 제조 비용이 들었고 기술적인 난관도 여럿 있었다. 2007년 8월 머스크는 이사회를 열어 창업자인 마틴 에버하드를 기술 담당 사장으로 좌천시키고 스스로 CEO가 됐다.

당시 스페이스엑스도 연소 실험부터 수많은 시행착오를 겪으며 로켓의 첫 발사가 늦어지고 있었다. 2006년부터 시작된 로켓 발사 실험은 2008년까지 해마다 한 번씩 실패를 반복하게 된다. 당시 머스크는 첫 번째 부인과 이혼소송 중이었고, 그를 희대의 사기꾼으로 몰아가는 언론도 집요하게 그를 괴롭혔다.

2008년으로 접어들며 머스크의 삶은 더욱 파란만장해졌다.[4] 스페이스엑스는 앞선 두 번의 실패 원인을 찾아내 세 번째 발사 시험을 준비하느라 분주했고, 테슬라는 로드스터를 제작하는 과정의 상당 부분을 다시 점검해야 했다. 머스크는 자신의 슈퍼카를 팔아야 할 정도로 재정난에 빠져들었다. 일반 사람 같으면 포기할 만한 상황에서도 머스크는 특유의 낙관주의를 유지했다.

주식이나 인생이나 끝이 없는 바닥을 겪고 나면 결국 다시 올라간다. 테슬라는 2008년 3월 드디어 로드스터 1세대를 출시했다. 스페이스엑스는 세 번째 로켓 발사 실패를 겪었지만 한 달 뒤인 2008년 9월말 마침내 네 번째 발사에서 로켓 발사에 성공한다.

이후 일론 머스크는 우리가 잘 아는 영화 '아이언맨'의 롤 모델로서의 승승장구하는 삶을 살아가게 된다. 테슬라는 2010년 나스닥에 화려하게 상장하고 2012년 모델S를 출시해 대성공을 거둔다. 2014년 발표한 자율주행 보조기능 등으로 주목을 받게 되고 2019년에는 연간 흑자 전환에 성공한다. 그리고 인공지능 휴머노이드 로봇인 테슬라봇 개발 계획을 밝힌 2021년에 세계에서 시가총액이 가장 큰 자동차회사가 됐다.

스페이스엑스의 대형 로켓 팰컨9은 2015년 화물을 궤도에 올리고 다시 지상에 착륙하는 우주개발 역사상 최초의 기록을 세웠다. 과거에는 로켓을 한번 발사하면 바다로 떨어져 재활용이 불가능했다. 너무나 비싼 일회용이란 한계 때문에 로켓 대신 우주왕복선이라는 비행기 개념의 우주선이 등장했었지만 이 또한 천문학적인 비용 때문에 자주 발사되지는 못했다. 하지만 스페이스엑스는 로켓 회수 방식으로 비용을 대폭 낮췄고, 매달 몇 번씩 로켓을 발사할 수 있게 됐다. 로켓 발사 비용 부담이 줄어들자 스페이스엑스는 우주 궤도에 소형 위성 수만 개를 올려 위성인터넷 사업을 하는 '스타링크' 계획을 2018년부터 실행에 옮기고 있다. 한편 2020년에 팰컨9은 최초의 민간기업 유인 캡슐 크루 드래곤을 쏘아올렸고, 크루 드래곤은 성공적으로 국제우주정거장ISS에 도킹했다. 이로써 진정한 민간 유인 우주 탐사 시대를 연 것이다. 더욱이나 스페이스엑스는 2021년 나사의 아르테미스 계획에 사용될 달 착륙선 사업자로 최종 선정됐다.

테슬라, 유튜브를 키워낸 페이팔 마피아

일론 머스크가 한때 몸담았던 페이팔은 이제는 우리나라에서도 흔한 '핀테크Fintech(금융Finance을 쉽게 할 수 있도록 첨단 IT 기술Technology을 활용한 사업)' 서비스의 시조새 같은 기업이다.

페이팔 서비스는 온라인상에서 한번 개인 정보를 입력해 놓으면 이후 비밀번호 입력만으로 편하게 거래가 가능하다는 장점이 있다. 구매자와 판매자가 서로 신용카드나 계좌번호 같은 개인정보를 주고받지 않고 거래할 수 있도록 중간에서 연결해준다. 구매자가 페이팔에 돈을 내면, 페이팔이 구매자 정보를 노출시키지 않고, 그 돈을 판매자에게 전달한다. 국적이 달라 서로 다른 화폐를 사용하더라도 페이팔에서 환전을 거쳐 거래해주기 때문에 서로 다른 국가의 사람들끼리도 거래할 수 있다. 이 같은 편리성 때문에 전 세계 페이팔 사용자는 4억 명에 육박한다.

스타트업과 벤처의 요람 실리콘밸리에서 가장 영향력 있는 인물들 상당수는 페이팔 출신이다. 2007년 경제전문지 포춘은 페이팔 출신 창업자와 투자자들의 성공 스토리를 다루는 기사에 페이팔 창업 초기 인물들이 한 자리에 모인 사진을 게재하면서 '페이팔 마피아'라고 제목을 붙였다.

페이팔은 원래 똑같은 아이디어를 가진 두 기업 컨피니티(피터 틸, 맥스 레브친이 1998년 창업)와 엑스닷컴(일론 머스크가 1999년 창업)이 '서로 경쟁해서 힘들게 하지 말고 힘을 합쳐 시장을 개척하자'는 취지로 2000년 합병하면서 설립됐다. 페이팔은 합병 이후 2년 만인 2002년 온라인 거래 사이트 이베이에 15억 달러에 매각됐다. 즉, 이베이가 페이팔을 인수합병한 것이다. 이를 통해 돈방석에 앉게 된 창립 멤버들은 새로운 스타트업을 창업하거나 스타트업에 필요한 자본금을 대주는 투자자로 활동하기 시작했다.

페이팔 공동 창업자인 피터 틸은 스타트업에 투자하는 클래리엄과 인공지능 빅데이터 전문 팰런티어테크놀로지라는 회사를 만들었다. 페이스북, 링크드인, 옐프 등에 투자하고, 이후 파운더스펀드를 만들어 비트코인 투자로 100배의 수익률을 달성하는 등 실리콘밸리의 '큰 손'이 됐다. 틸은 해마다 20세 미만 청년 20여 명을 선정해 창업을 지원하는 틸 펠로우 프로그램도 진행하고 있다. 청년들의 창업이 사회를 바꾸는 데 기여를 한다고 본 것이다. 그래서 미국 일간신문 워싱턴포스트는 그를 '투자자이자, 개혁가이며, 철학자'라고 표현하기도 했다.[5]

또 다른 공동 창업자인 맥스 레브친은 2004년 게임회사 슬라이드를 만들었고, 이 회사는 구글에 1억 8200만 달러에 팔렸다.

페이팔의 부사장을 역임했던 리드 호프만은 비즈니스맨들이 쉽게 네트워크를 할 수 있는 일종의 '비즈니스계의 페이스북'인 링크드인을 만들었다. 링크드인은 2011년 주식시장에 상장됐고, 2016년 마이크로소프트가 인수합병했다.

페이팔의 엔지니어였던 스티브 첸, 채드 헐리, 자웨드 카림은 2005년 유튜브를 창업한 후에 2006년 회사를 구글에 매각했다.

또다른 엔지니어인 제레미 스토펠만과 러셀 시몬스는 미국 최대 지역 리뷰 사이트 옐프를 창업해 2012년 상장 했다.

잘하는 일에서 신사업 기회를 찾다
제프 베조스(Jeff Bezos, 1964~)

일론 머스크의 경쟁자로 종종 언급된 아마존 창업자 제프 베조스는 1964년 '고딩엄빠' 사이에서 태어났다. 하지만 두 사람이 결혼 후 얼마 되지 않아 이혼하고, 엄마가 재혼하는 바람에 새아버지의 성을 따르게 된다.

그는 16살이 될 때까지 해마다 여름 방학을 외할아버지의 텍사스 농장에서 보냈다. 그의 외할아버지 프레스턴 자이스는 젊은 시절 우리나라로 치면 국방과학연구소 같은 미국 국방부 연구기관 DARPA의 우주 공학 및 미사일 방어 시스템 전문가로 일했다. 훗날 그가 우주 산업에 눈을 뜨게 된 결정적 계기가 됐다. 제프 베조스는 프린스턴대학교 물리학 전공으로 입학했지만 주변에 너무 뛰어난 물리학 천재들이 많아 스스로 한계를 느끼고 컴퓨터공학으로 전공을 바꿨다. 컴퓨터공학은 적성에 아주 잘 맞았다고 한다.

졸업 후 벤처기업에 입사해 통신 프로토콜 프로그래밍 업무를 맡아 2년간 일한 후 뱅커스 트러스트 은행에 취업해 IT 담당 임원이 된다. 다시 신생 금융회사 임원으로 일하다 1994년 갑자기 회사를 때려치고 나온다.

제프 베조스는 1995년 여름 워싱턴주 시애틀에서 아마존닷컴을 창업한다. 당시 미국에서 가장 큰 출판업체가 있는 도시 시애틀에서 오프라인 매장이 하나도 없는 인터넷 전문 서점 사업을 시작한 것이다. 창업 2년이 채 되지 않은 1997년 5월 상장돼 주가가 급상승한다.

승승장구하던 아마존닷컴 사업을 바탕으로 베조스가 새로운 사업에 뛰어든 분야가 다름아닌 우주 산업이다. 일론 머스크의 스페이스X에 2년 앞서 2000년에 블루 오리진을 세워 우주선 개발과 로켓 재사용 등을 연구하기 시작했다.

남들보다 한발 앞선 사업으로 계속 승승장구할 것 같은 그도 2001년 닷컴버블 붕괴에서 자유롭지 못했다. 100달러가 넘던 아마존 주가는 6달러로 급락했고, 직원을 1,300명이나 해고했다. 구조조정을 통해 가까스로 위기를 넘긴 베조스는 인터넷 서점을 통해 쌓은 고객관리와 물류 노하우를 바탕으로 아마존닷컴을 현재와 같은 종합 온라인 쇼핑몰로 성공적으로 변신시킨다.

아마존닷컴 같은 온라인 쇼핑몰의 경우 고객이 가장 몰릴 때, 즉 연말 피크 타임을 기준으로 서버와 같은 인프라를 갖춰놔야 한다. 접속 속도가 느려지거나 아예 홈페이지 접속이 안될 경우를 대비해서다. 오프라인 대형 마트가 피크 타임을 대비해 대규모 물류 창고를 갖춰놓는 것과 비슷한 이치다.

베조스는 IT 인프라를 대규모로 갖춰놓고, 시시각각 변하는 상황에 맞춰

운용해 온 아마존의 노하우를 적용해 2006년 B2B 클라우드 서비스인 아마존웹서비스^AWS를 창업한다. 단 몇 분만에 필요에 따라 클라우드상에서 서버를 증설해주는 유연성을 바탕으로 기업별 맞춤 서비스를 제공하면서 압도적인 시장점유율을 확보했다.

IBM이나 HP 같은 전통적인 하드웨어 업체가 서버와 스토리지를 판매해 돈을 버는 비즈니스 모델인 반면 AWS는 매월·매일 등 기간 단위로 사용한 데이터 양만큼 요금을 내는 과금 모델을 적용했다. 기존 사업의 장점을 잘 활용해 완전히 새로운 사업 모델을 제시했다는 점에서 그의 비즈니스 선구안은 뛰어나다.

베조스는 잘하던 사업을 더 잘하는 데는 성공했지만, 새로운 사업 분야인 우주 산업에서는 일론 머스크에 비해 살짝 뒤처졌다는 평가를 받고 있다. 이미 상업화에 성공한 머스크의 스페이스엑스에 비해 베조스의 블루 오리진은 우주 관광 수준에 머물고 있다. 결정적으로 나사의 달 탐사 아르테미스 계획에 사용될 우주선으로 머스크의 스페이스엑스가 선정됐다.

하지만 두 사람의 자존심을 건 우주 산업 경쟁이 인류의 미래에는 큰 도움이 될 것으로 보인다. 스페이스엑스는 궁극적으로 인류가 화성에 정착할 것을 대비해 연구개발을 진행 중이다. 블루 오리진은 인공 중력을 만들어내는 거대 인공위성을 만들어 우주 공간에서 인간이 거주하는 것을 목표로 하고 있다.

Aim High! 문샷 씽킹을 하라
구글 창업자 래리 페이지(Larry Page, 1973~)

"It's very hard to fail completely if you aim high enough." 래리 페이지는 사람들에게 '꿈이란 펜이 없으면 사라지는 것과 같다'고 이야기한다. '이룰 수 없을 것 같은 어려운 일을 적어놓고 세부 사항을 적어보라', '꿈을 포기하지 말라. 훌륭한 꿈이 있다면 꼭 잡아라', '세상은 당신을 필요로 한다', '두려워하지 말고 실패하다 보면 결국 성공한다', '위험을 감수하고 실패를 많이 할수록 성공에 가까워진다' 등 그는 사람들에게 용기와 도전의식을 전달하는 많은 명언을 남겼다.

특히 목표를 높이 잡고 방법을 생각하는 방식, 마치 '달에 가겠다'와 같은 불가능한 목표를 먼저 정하고 그 다음에 구체적으로 방법을 하나하나 찾아나가는 생각의 방식인 '문샷 씽킹Moooshot Thinking'으로 유명하다.

레리 페이지는 지메일과 유튜브로 전 세계 사람들의 일상생활과 가장 긴밀하게 연결돼 있는 세계 최대의 인터넷기업 구글Google의 공동창업자이다.

1973년 미국 미시간주에서 태어난 래리 페이지는 컴퓨터공학 교수인 아버지와 컴퓨터 강사인 어머니의 영향을 받아 어려서부터 컴퓨터에 익숙했다. 초등학교때 학교에서 유일하게 워드프로세서로 작성한 숙제를 제출할 정도였다고 한다.

유대인 집안의 가풍답게 책을 많이 읽었던 그는 열두 살 때 위대한 발명가 니콜라 테슬라의 전기를 읽고 감명과 함께 큰 충격을 받았다.[6]

테슬라는 교류 발전기와 전기 모터를 발명해, 우리가 지금처럼 전기를 마음껏 쓸 수 있게 만든 인물이다. 하지만 당시 직류 전기기기를 발명해 경쟁을 펼쳤던 토마스 에디슨은, 자신의 명성과 막대한 자금력을 바탕으로 이를 집요하게 방해했다. 결국 테슬라는 교류 전기 보급을 위해 자신이 발명한 아이디어에 대한 특허권을 과감히 포기해, 교류 전기기구 연구자들이 마음껏 활용할 수 있게 하였고 결과적으로 현대인의 삶을 윤택하게 만든 위대한 발명가가 됐다. 하지만, 당시의 테슬라는 혼자 호텔방에서 쓸쓸히 죽음을 맞이할 정도로, 일반인들의 시각에선 성공과는 거리가 먼 삶을 살았다.

래리 페이지는 테슬라처럼 멋진 발명으로 이름을 날리면서도, 그와는 달리 큰 부자가 되고 싶다는 꿈을 꾸게 됐다(열두 살 때 말이다!).

그는 미시간대학 시절에 전국 전기·컴퓨터공학 우등생 모임인 에타카파누Eta Kappa NU의 회장을 지낼 만큼 공학도로서 천재적인 자질을 선보였다. 그리고 1995년 스탠포드대 박사과정에 지원할 때 일생일대의 기회가 찾아왔다. 당시 2학년생이었던 동갑내기 유대인 세르게이 브린이 신입생인 래리의 캠퍼스 안내를 맡으면서, 두 사람이 컴퓨터에 대한 열띤 토론을 벌이게 된 것. 유대인 특유의 하브루타 교육 방식[7]이 재현된 셈이다. 이후 래리와 세르게이는 늘 함께 다녀서 캠퍼스 내에서 '래리세르게이'라고 불릴 정도였다.

1990년대 후반은 인터넷, 즉 월드 와이드 웹WWW이 전 세계에 보급되던 시절이다. 래리와 세르게이는 방대한 월드 와이드 웹 속에서 사용자에게 꼭 필요한 웹 페이지를 찾는 방법을 연구하기 시작했다. 당시 대부분의 연구자들은 도서관에 있는 책에 a,b,c 순으로 색인을 매겨 정보를 찾기 쉽게 하는 것처럼 인터넷 정보를 인덱싱하는 데 몰두했다. 문제는 겨우 몇 명이 모여 인덱싱하기에는 월드 와이드 웹에 있는 정보가 너무 많다는 것이었다. 이에 두 사람은 유명한 논문이 다른 논문이나 책에서 인용이 많이 되는 것처럼, 유용한 웹 페이지가 다른 웹 페이지와 많이 링크되어 있을 것이라고 생각했다. 결국 특정 웹 페이지가 다른 웹 페이지와 얼마나 많이 링크되어 있는지,

그 횟수를 더함으로써 웹 페이지 가치를 파악할 수 있다는 결론에 이른다. 두 사람은 웹 페이지를 샅샅이 뒤지고, 특정 웹페이지의 링크 횟수를 계산해 순위를 매기는 알고리즘을 만들었다. 이렇게 탄생한 새로운 검색 엔진이 구글의 초기 모델이었다.

구글이란 이름은 두 사람의 동료가 10의 100승을 뜻하는 단어 '구골^{Googol}'을 잘못 타이핑해, 구글^{Google}이라고 쓴 것을 보고 재미있다고 생각해 탄생됐다고 한다.

1996년 스탠퍼드대학교 기숙사에서 창업한 구글은 연구원 수가 늘자, 1998년 친구 집 차고로 이사를 했다. 같은 해 10만 달러 규모의 첫 투자를 받으면서 회사 법인을 설립했고, 타임지에 실릴 정도로 유명해지기 시작했다. 이듬해인 1999년 2500만 달러 대규모 투자를 받으며 승승장구했다. 마침내 2004년 주식시장에 상장하면서 두 사람은 세계적인 거부의 반열에 오르게 됐다. 래리 페이지가 열두 살 때 가진 꿈을 서른한 살에 완벽하게 실현한 셈이다.

이제 구글은 전 세계 인터넷 검색의 3분의 2 이상의 비중을 차지해, 영어권에서는 '인터넷 검색한다'는 뜻으로 구글링^{Googling}이란 단어를 쓸 정도다. 구글은 검색을 기반으로 이메일과 캘린더, 번역, 지도 등 점차 다양한 서비스로 확장을 해왔다. 특히 2006년 인수한 유튜브는 구글 검색과 함께 인류의 삶을 점차 바꿔놓았다. 현대인의 삶 속에 실물로 따로따로 있던 달력, 지도책, 비디오플레이어를 인터넷과 모바일로 모두 옮긴 것이다.

손쉬운 인터넷 검색을 무기로 기술주도형 전략을 구사하며 대박을 친 이후, 기술이 사람들의 삶을 바꾸도록 시장주도형 전략을 광범위하게 구사한 셈이다.

구글은 2015년 대대적인 변신을 꾀한다. 수많은 자회사를 거느리는 모회사로 알파벳[Alphabet]을 신설하고, 알파벳 아래에 구글, 유튜브, 딥마인드(인공지능 기업), 웨이모(자율주행 사업), 캘리코(무병장수 연구 회사), 네스트(사물인터넷 회사), 파이버(초고속인터넷 회사), 구글X(비밀연구소) 등을 만들었다.

특히 딥마인드가 개발한 바둑 인공지능 알파고[AlphaGo]가 2016년 대한민국의 이세돌 9단을 꺾음으로써 전 세계에 AI 열풍이 불게됐다. 딥마인드가 단백질 구조 분석용으로 개발한 AI인 알파폴드[AlphaFold]는 2018년 난제로 꼽히던 3차원 단백질 구조예측에 월등한 수준의 예측력을 보여주며 인류의 건강에도 발전을 가져왔다.

II. 현대적 제조업 체계를 만든 '창업가들의 시대'

MZ세대는 인터넷과 스마트폰이 없는 삶을 상상하기 힘들겠지만, 불과 30여 년 전만 해도 PC가 있는 집은 매우 드물었고, 거실에 놓여있는 유선전화로 통화를 하는 게 일상이었다. 위대한 창업가들은 이처럼 인류의 삶 자체를 바꿔놓는다.

마찬가지로 지금 우리가 너무나 당연하게 생각하는 철도 시스템, 석유 제품, 휘발유 자동차, 그리고 전등과 전기기기는 150년 전만 해도 매우 희귀했거나 아예 세상에 없었다.

위대한 창업가들이 삶의 풍경을 송두리째 바꿔 놓은 것이다. 한 번쯤 이름을 들어보았던 오랜 역사 속의 위대한 창업가들의 스토리를 과거로 거슬러가 들어보자.[8]

익숙한 사업에서 창업의 기회를 찾다

'철도왕' 코닐리우스 밴더빌트

(Cornelius Vanderbilt, 1794~1877)

　유럽의 강소국이자 '운하의 나라' 네덜란드는 수백 년 전부터 실용주의적 해상 무역으로 유명했다. 유럽 전역이 신교(개신교)와 구교(가톨릭) 간의 30년 전쟁(1618~1648)으로 대결 구도를 펼치던 시절, 네덜란드가 북아메리카 신대륙에 개척한 식민지에서는 종교간 갈등이 없이 평화롭게 살 수 있었다. 당시 북아메리카 식민지 네덜란드 총독은 현재의 맨해튼 땅을 원주민들에게서 사들였고, 이 지역은 네덜란드 수도 이름을 따 뉴암스테르담으로 불린다. 코닐리우스 밴더빌트의 고조부는 1650년 뉴암스테르담에 정착한다. 이후 1664년 영국이 군대를 이끌고 왔는데, 네덜란드 총독은 평화롭게 항복했다. 대신 이 지역의 이름은 영국 지명 요크^{York}를 본따 뉴욕^{New York}으로 바뀐다. 맨해튼 옆 스태튼 아일랜드에 정착한 밴더빌트 집안은 돛단배를 사서 맨해튼–스태튼을 연결하는 페리 사업을 시작한다. 밴더빌트도 열한 살 때 학교를 그만두고 아버지가 운영하는 돛단배에서 일을 시작했다. 열여섯 살때는 독립해 직접 돛단배를 운영했다.

　1807년 세계 최초로 미국 동부 연안에서 상업용 증기선이 운항하기 시작했는데, 요즘 말로 소규모 해운업을 하던 밴더빌트에게도 1817년 기회가 찾아왔다. 당시 최첨단인 증기선으로 대형 화물 운송 사업을 하던 토머스 깁슨이 함께 일하자고 제안한 것이다. 이후 그는 증기선 운임을 대폭 내려 고객을 유치하는 방식으로 사업을 확장했다. 1829년에는 자신만의 회사를 창업해 낮은 운임으로 뉴욕 연안의 운송 사업을 장악했다.

　1830년대 미국 동북부 뉴잉글랜드 지역에서 방직기를 활용한 수많은 섬

유공장이 생기는 것을 보고, 밴더빌트는 새로운 사업 기회를 포착했다. 항구와 내륙을 연결하는 철도 건설 붐이 일기 시작하자, 그도 증기선 사업과 함께 철도 건설 및 운영 사업을 시작한 것이다. 이미 해운 사업에서 운송업의 본질을 꿰뚫었던 그는 철도 운임을 낮춰 경쟁 철도업체 주가를 떨어뜨린 후 회사를 통으로 인수하는 전략을 구사했다. 점점 운영 철도노선이 늘어나고, 1860년대 미국 동북부 철도 노선 대부분을 보유한 뉴욕센트럴철도를 운영하게 되면서 '철도왕'으로서 이름을 떨치게 된다.

돈을 버는 데는 무자비한 효율성을 강조해 많은 비난을 받은 그였지만 말년에는 노블레스 오블리주^{Noblesse Oblige}(높은 사회적 신분에 걸맞는 도덕적 의무)의 모범이 된다. 남북전쟁(1861~1865) 당시 자신이 가진 화물선 밴더빌트호를 북군에 기증하기도 했고, 1873년 남부 지역 내슈빌에 밴더빌트대학교를 설립하도록 큰 기부를 했다. 밴더빌트 자신은 생전에 한 번도 남부를 방문해 본 적이 없었지만 남북전쟁 패배로 큰 상처가 남은 남부 지역에서 '산산이 흩어진 이들의 상처를 아물게 할 수 있는 일을 하고 싶다'는 취지였다고 한다.[9]

시장에서 수요 변화를 읽다
'철강왕' 앤드류 카네기
(Andrew Carnegie, 1835~1919)

앤드류 카네기는 1835년 영국 북부 스코클랜드에서 태어났다. 수동식 직조기를 이용하는 가내수공업 공장을 운영하던 그의 부친은 증기식 직조기를 도입한 대량생산 공장이 우후죽순 들어서면서 생계를 유지하기 어렵게 됐다. 1848년 카네기 일가는 미국으로 이민을 와 펜실베이니아주에 정착했다. 생계를 돕기 위해 어린 카네기도 면직물 공장에서 일을 시작했다. 남다른 근면성으로 일을 빨리 배운 그는 사무 보조 업무도 맡게 됐다.

이후 전신국에서 전보 배달원으로 취직해 어깨 너머로 전신 업무를 배운다. 당시 최첨단 기술인 전신은 철도와 함께 미국 전역으로 퍼져나가고 있었다. 철로를 건설하면서 옆 빈 땅에 전봇대를 세우면 되는 데다, 철도 사업에서 열차 운영을 위해서는 전신을 통한 정보 전달이 필수적이었기 때문이다.

1853년 전신국 단골손님인 한 철도회사 지부장이 그를 눈여겨 봤다가 철도회사로 스카웃되고, 카네기는 그의 밑에서 철도 업무와 함께 투자 업무도 배우게 된다. 우연한 기회에 철도 침대차에 적은 돈을 투자해 불과 2년 만에 큰돈을 벌어들였다. 남북전쟁 당시 파괴된 전신과 철도를 복구하는 사업을 하기도 했던 그는 석유회사에 거금을 투자해 엄청난 부를 축적했다.

당시 최첨단 산업에 모두 투자하면서 산업의 흐름을 누구보다 빨리 읽을 수 있게된 그는 철도 산업 성장에 따라 나무 대신 철로 만든 다리 제작이 필요함을 깨닫고 덩달아 철강 수요도 급증할 것임을 예감한다.

이에 1863년 교량 회사를 공동 설립해 철강 분야에 처음 발을 들여놓는다. 이후 1867년 유니온 제철소를 설립해 본격적으로 제철 사업을 시작한 그는 잇따른 회사 설립과 경쟁사 합병을 통해 미국 최대의 철강 생산 능력을 보유한 '철강왕'이 됐다.

카네기는 1901년 당시 철강업 2위 모건에 4억 8000만 달러에 회사를 매각했다. 이후 카네기는 1902년 카네기협회, 1905년 카네기국제평화재단, 1911년 카네기재단을 설립하며 자신의 재산 대부분을 자선사업에 쓴다. 후에 그가 1900년에 설립한 카네기공과대학(이후 카네기멜론대학으로 재편)은 미국의 사립 명문대가 됐다.

유통에서 생산으로 '수직계열화' 전략
'석유왕' 존 데이비슨 록펠러
(John Davison Rockefeller, 1839~1937)

미국 뉴욕주에서 태어난 록펠러는 집안일에는 별 관심이 없지만 자녀들에게 장사 수완은 가르쳤던 이상한 아버지 덕분에 일찌감치 돈에 눈을 뜬다. 그의 아버지는 파리를 잡으면 3센트, 쥐를 잡으면 5센트씩 주는 식으로 용돈을 줬다고 한다.

록펠러는 고등학교 졸업시험을 한 달 앞둔 1855년에 학교를 그만두고 한 농산물 유통회사의 경리직원으로 취직한다. 그는 이곳에서 운송 조건에 따라 농산물 가격이 크게 변동한다는 사실을 알게됐고, 이 지식은 나중에 자기 사업을 크게 확대하는 데 도움이 된다. 3년 정도 열심히 일한 뒤 회사가 연봉을 올려주는 데 주저하자 미련 없이 회사를 그만두고 본격적으로 사업에 뛰어든다. 동업자와 함께 농산물 도매사업을 시작했는데, 남북전쟁 중에 각종 군수물자를 공급하는 기회를 얻어 큰돈을 벌었다. 1860년대 초반 미국 곳곳에서 유전이 개발되자 록펠러는 원유를 정제해 등유를 생산하는 정유업에 눈을 돌린다(1879년 토마스 에디슨이 전기 백열등을 생산하기 전까지 등유를 사용한 램프는 밤에 불을 밝히는 가장 편리한 수단이었다). 남북전쟁 당시 등유 소비자 판매가격의 40~60%가 정제를 통한 이윤으로 떨어질 정도로 꽤나 짭짤한 사업이었다.

남북전쟁 이후 본격적으로 석유 사업을 확장한 그는 1870년 스탠다드오일을 창업해 원유 채굴부터 정유업과 등유 유통까지 석유산업을 완벽히 수직계열화했다. 등유 뿐만 아니라 정제 과정의 부산물을 제품화해 페인트, 바셀린 등 수백 개 제품도 판매해 원가를 더욱 절감하고 이윤을 늘린다.

특히 첫 직장에서 배운 지식, 즉 '운송 물량이 커지면 운송 가격을 떨어뜨릴 수 있다'는 점을 십분 활용한다. 막대한 등유 유통 물량을 지렛대로 철도회사에 운송 요금 인하를 요구한다. 철도회사는 록펠러의 이같은 요구를 어쩔 수 없이 받아들였고, 한창때는 경쟁사 대비 절반 이상 싼 요금으로 운송을 했다고 한다. 결과적으로 회사 영향력은 점점 커져갔다. 심할 때는 원가 이하 가격으로 등유를 공급해 경쟁사들이 버티지 못하게 만들었다.

이후 스탠다드오일은 약해질대로 약해진 경쟁사 대부분을 매입해 합병시킨다. 1880년대 전 세계 원유공급의 90%를 스탠다드오일에서 담당할 정도로 독점 기업이 된다. 석유산업에서 스탠다드오일의 경쟁사가 등장하기 어려워질 정도로 거대 기업이 되자, 미국 연방 정부는 위기감을 느끼게 된다.

1911년 스탠다드 오일은 미국 반독점법 위반으로 연방정부로부터 해산명령을 받아 34개 회사로 쪼개지게 된다. 이때 쪼개진 회사들이 지금도 석유산업을 과점하고 있는 엑손, 모빌, 쉐브론 등이다.

하지만 아이러니하게도 회사들이 작게 쪼개지는 바람에 미국 주식 시장에서 34개 회사 주식가치가 2배 이상 뛰어오르게 된다. 록펠러는 새로 탄생한 34개 회사 지분을 골고루 갖고 있었기 때문에 어마어마한 부를 축적하게 된다. 당시 그의 재산 14억 달러는 현재 가치로 따지면 4100억 달러로 수년 전 대한민국 정부 예산만큼 큰 돈이다.

돈을 버는 데는 수단과 방법을 가리지 않는 그였지만 평생을 자선사업에 기부해 이후 미국 창업가들의 노블레스 오블리주의 모범이 된다. 수익의 10% 가량을 기부해온 것으로 알려진 그는 시카고대학교를 포함해 여러 대학에 엄청난 기부를 하고, 록펠러의학연구소(현 록펠러대학교)를 설립했다. 록펠러대는 이후 20여 명의 노벨상 수상자를 배출했다.

프로세스를 바꿔 세상을 뒤집다

'자동차왕' 헨리 포드(Henry Ford, 1863~1947)

아일랜드에서 미국 미시간주로 이민 온 농부의 장남으로 태어난 헨리 포드는 열두 살 때 증기 기관을 처음 본 후 '말이 끌지 않는 마차'를 만드는 데 흥미를 가지게 됐다. 열여섯 살 때 어머니가 돌아가시고, "농사일을 배우라"는 등 아버지의 간섭이 심해지자 미시간의 대도시 디트로이트로 가서 공장 기계 견습공이 됐다.

이후 그는 에디슨의 전기 자회사인 디트로이트에디슨으로 이직했고, 대량생산을 통해 전구 생산 가격을 낮추는 제조 과정을 경험하게 된다. 에디슨 회사에서 능력을 인정받아 수석 기사가 된 그는 휘발유 자동차에 대한 구상을 하게 된다. 1896년 8월 미국조명기업협회 연례 콘퍼런스에서 에디슨을 만난 포드는 자신의 포부를 설명했고, 에디슨은 "당장 해보라"고 그를 격려한다. 당시만 해도 이미 3만 대 이상의 전기차가 미국에서 굴러다니고 있던 시절이었다. 문제는 너무나 무거운 데다 충전에 시간이 오래 걸리는 배터리였다. 한마디로 당시의 전기차는 가성비가 낮았다.

에디슨의 칭찬과 격려를 받은 그는 마침내 가볍고 성능 좋은 휘발유 자동차를 완성했고, 포드는 1903년 포드자동차회사를 창업했다. 그해에 첫 모델인 A형을 2000대 판매한 그는 자신감을 얻었다. 포드는 이후 월급쟁이들도 살 수 있을 만큼 값이 싸면서도 기술자가 아닌 일반인도 정비하기 쉬운 자동차를 만들기 위해 매진한다.

포드는 에디슨 회사에서 아이디어를 얻었던 공장 효율화 기법(이후 '포디즘'이라고 불린다)을 적용한 T형 모델을 1908년 선보였다. 광산에서 쓰이던 컨베이어 벨트를 자동차 공장에 설치해, 움직이는 차체에 엔진, 핸들, 타이어 조립 노동자를 따로따로 배치해 생산성을 극대화하는 방식이다. 1908년 노동자 한 사람당 연간 3대의 자동차를 생산했지만 1914년에는 연간 14대로 늘었다. 또한 단일품종 대량생산을 통해 불필요한 개발비용 지출도 막았다.

자연스레 가격도 내려갔다. 1908년 900달러였던 T형 가격이 1914년에는 400달러로 내려갔다. 포드 T형은 한때 시장 점유율 70%를 차지할 정도로 자동차의 대명사가 됐다. 1927년까지 포드 T는 1500만대가 팔려, 미국 중산층은 대부분 '마이카' 시대를 즐길 수 있었다. 포디즘은 자동차 경쟁사뿐만 아니라 다른 산업에도 확산돼 근대 중산층의 풍요로운 삶에 이바지했다.

포드가 자동차를 발명한 사람은 아니었지만, 자동차 제조 프로세스를 혁신함으로써 '자동차 시대'를 열었다는 데는 아무도 이의를 제기하지 않는다.

하지만 포디즘에 대해서는 찰리 채플린의 영화 '모던 타임즈'에서 그려졌듯, 1년 내내 같은 동작을 반복하는 비인간적인 생산방식에 대한 비난도 함께 대두됐다.

ALL
ABOUT
STARTUP

PART.
TWO

창업
ATZ

1부에 언급된 창업 아이콘들의 성공스토리가 오늘날 나에게도 가능할까?

물론 창업은 장난이 아니다. 부모님 세대에서 창업이라고 하면 고등학교나 대학교 졸업 이후 회사에 취직하기 힘들 때 또는 40~50대에 이른 은퇴를 한 후 동네에 식당이나 보습학원을 차리거나 카페, 치킨 프랜차이즈를 여는 게 대부분이었다. 우리나라가 다른 선진국에 비해 인구 대비 자영업 비중이 높은 이유도 여기에 있다. 하지만 자영업으로 성공할 확률은 그리 높지 않다. 자영업자 10명이 창업했다가 5년 정도 지나면 겨우 3명만 장사를 지속하고 있다.

스타트업 창업으로 대박나기 쉽지 않다

2000년대 초중반 그리고 2010년대 중반부터 최근까지, 정부의 적극적인 혁신형 창업 지원 정책에 힘입어 스타트업이 여기저기 생겨났다. 자영업 소상공인들과 달리 새로운 아이디어와 기술로 무장한 스타트업은 늘 시장의 스포트라이트를 받았다. 인공지능, 사물인터넷, 블록체인, 첨단소재, 스마트 헬스케어, 빅데이터, 드론, 스마트 공장, 스마트팜, 자율주행차, O2O, 핀테크까지… 뜨는 기술을 가진 기업들은 투자자를 가려받을 정도로 인기가 있었다. 불과 창업 몇 년 만에 '유니콘' 기업이 되어 창업자가 수백억, 수천억 원대 부자가 됐다[10]는 뉴스가 심심치 않게 들렸다.

20대뿐만 아니라 30, 40대도 다니던 회사를 뛰쳐나와 스타트업을 차리는 게 유행처럼 번지기도 했다. 대학생들도 학교를 다니다 취업이 어렵다는 걸 깨닫거나 친구들이 너도나도 한다니까 창업 전선에 뛰어드는 사례도 많아졌다. 회사원, 공무원이 되는 것과 함께 이제 창업도 평생 직업의 새로운 대안이 됐다.

하지만 현실은 골목식당 자영업자들과 별반 다르지 않다. 통계를 보면 스타트업은 창업 5년 뒤 10곳 중 3곳만 살아남는다. 이 수치는 몇 년째 그대로다. 30% 확률이면 높은 편이라고 오해하면 안 된다. 대부분은 그저 서류상으로 살아남는 것일 뿐, 실제로 대박을 쳐서 성공했다고 이름을 날리는 기업은 0.1%도 되지 않는다.

스타트업 성공 비결은 철저한 사전 준비에 있다

대박 창업 아이템을 찾고, 이를 실현해 돈을 벌기까지는 수많은 난관이 기다린다. 하루하루 꾸준히 공부해야 차곡차곡 공부량이 쌓여 좋은 성적이 나오듯, 창업도 창업 이전이나 창업 이후나 미리 준비하고, 준비하고 또 준비해야만 좋은 결과를 얻을 수 있다.

그렇다고 창업을 지나치게 어렵게 생각할 필요는 없다. 백종원 씨가 단 몇 주 만에 파리 날리는 식당을 대박 집으로 바꾼 것처럼, 성공한 창업가의 성공 키포인트인 핵심 요소를 내 것으로 만들어 차근차근 잘 따라가면 조금 더 쉬운 길을 걸을 수 있다.

스타트업 창업자들이 겪는 과정은 비슷비슷하다. 우선, 창업을 하기 전부터 창업 아이템을 찾아 점점 정교하게 만들어보고, 동시에 친구와 선후배들을 설득해서 창업 팀을 구성한다. 그리고, 사업계획서를 구상하거나 초안을 완성할 때쯤 법인을 설립한다. 첫 프로토타입이 나와 고객들이 어느 정도 모이거나 매출이 나올 타이밍에 투자 유치를 시도한다. 이처럼 실제 창업자가 실행해야 하는 업무 프로세스에 따라, 스타트업이 커가면서 겪어야 할 일의 순서에 따라, 창업자가 꼭 알아야 할 이론과 실제 적용 방식을 2부에 담았다.

창업과 벤처, 그리고 스타트업

창업(創業)이란 뭘까. 단순하게 우리말 사전에서 창업의 뜻을 찾아보면 다음과 같다.

첫째, 나라나 왕조 따위를 처음으로 세움.

둘째, 사업 따위를 처음으로 이루어 시작함.

농업과 축산업(그리고 일부 나라에서는 해상 무역)이 주요 산업이었던 19세기 이전에는 전쟁을 통해 영토를 빼앗거나, 기존의 왕을 물리치고 새로운 왕이 됨으로써 엄청난 부를 획득할 수 있었다. 유목민 특유의 기마전 전술로 중동과 동유럽까지 영토를 확장한 몽골의 징기스칸이 대표적인 사례이다.

하지만 19세기 증기기관과 전기기구의 발명으로 산업혁명이 가속화되면서, 사업을 통해 어마어마한 부자가 되는 사람들이 등장하기 시작했다. 19세기 첨단산업인 철강, 석유, 전기 분야에 이어 20세기 자동차 산업에서 창업한 사람들이 역사에 이름을 남긴 부자가 됐다.

창업을 한 사람, 즉 창업가들이 만든 회사를 일컫는 단어로 '벤처venture'와 '스타트업startup'이 있다.

벤처는 모험을 뜻하는 영어 단어 어드벤처adventure에서 나온 말이다. 다른 사람이 시도한 적 없는 새로운 아이디어 또는 기술을 가지고 사업에 모험적으로 도전하기 때문이다. 벤처라는 단어는 2차 세계 대전이 끝나고 유럽과 태평양의 전쟁터에서 돌아온 많은 미국 젊은이들이 새로운 사업을 시작한 1950년대 처음 등장했다. 특히 미국에서는 컴퓨터 관련 산업이 막 태동하기 시작한 1970, 80년대 마이크로소프트, 애플, 델테크놀로지스, 시스코시스템즈 등이 창업하면서 벤처 붐이 일었다.

이후 이들 벤처기업이 성장하면서 설립한 지 오래되지 않은 신생 벤처 기업을 뜻하는 다른 단어가 필요해졌다. 이에 1990년대 후반 인터넷 관련 기업이 우후죽순 탄생한 이른바 '닷컴 버블'로, 새로운 창업 붐이 일었을 때 미국 실리콘밸리를 중심으로 스타트업이란 단어가 새로 만들어졌다. 새로운 아이디어와 기술을 가지고 얼마 되지 않는 돈으로 창업해 사실상 생존은 불투명하지만, 엄청난 속도로 성장하면 인수합병이나 주식시장 상장을 통해 큰돈을 벌 수 있기 때문에 스타트업은 고위험, 고성장, 고수익이란 3가지 특징을 가지고 있다.

I. 창업 아이템 찾기

'꼭 자장면과 치킨, 피자만 배달해 먹어야 하나?' (배달의 민족)
'전화 콜택시를 스마트폰으로 이용할 수 있지 않을까?' (카카오 택시)

창업 아이템을 찾는 수많은 이론들을 관통하는 핵심을 한마디로 요약하면 '고객의 변화를 살피는 것'이다[11] 고객을 멀리서 찾을 필요도 없다. 고객은 나 자신일 수도 있고, 어머니 아버지일 수도 있으며, 같은 반 친구일 수도 있고, 이도 저도 아니고 그냥 가상 속의 인물일 수도 있다.

세계 유명 MBA에서 첫 학기에 가르치는 3C 분석에서도 Customer(고객), Company(회사), Competitor(경쟁자) 가운데 가장 중요한 C가 고객이라고 가르친다. 고객이 없는 회사는 살아남을 수 없고, 고객을 잡지 못하면 경쟁자에 뒤처질 수밖에 없기 때문이다.

고객의 목소리를 들어라

고객의 변화는 어떻게 알게 될까?

첫째는 기존 사업 영역에서 고객들의 불만 섞인 목소리에 귀 기울이는 것이다. 스타트업 업계의 용어로 페인 포인트^Pain Point를 찾는 것이다. 불만은 조그만 품질상의 문제부터 품질 대비 비싼 가격, 그리고 도저히 개선되지 않는 애프터서비스까지 정말 다양하다.

전 세계에서 인터넷을 가장 빨리 접한 사람 가운데 하나였던 구글 공동창업자 래리 페이지는 당시 포털들의 검색 결과의 정확도가 떨어진다는 스스로의 불만에서 '조금 더 정확한 검색 엔진을 만들자'는 아이디어로 사업을 시작했다. '20세기 자동차왕' 헨리 포드는 비싼 가격 때문에 자동차를 사기 힘들다는 불만을 해결하기 위해 컨베이어벨트를 도입한 일관생산 공장 시스템으로 차 값을 대폭 낮출 수 있었다.

생활 속에서 발견할 수 있는 조그만 불만이 창업 아이템이 되는 사례도 많다. 쏘카는 '렌터카 업체 홈페이지에 일일이 들어가 예약을 하고, 찾기 어려운 장소에서 차를 인수받는 불편함을 해결한다'는 아이디어에서 시작됐다.

고객의 불만을 완전히 새로운 방식으로 해결할 필요도 없다. 기존 회사에 대한 고객들의 불만이 무엇인지를 살펴보고 이를 다른 방식으로 해결해줄 수 있다면 창업이 가능하다. 예를 들어, 과거 존재했던 유명 중고물품 거래 앱들은 '스마트폰을 샀더니 벽돌이 택배로 왔다'는 식으로 허위 매물 사기 사례가 종종 벌어져 고객들의 불만이 많았다. 당시 후발주자였던 당근마켓은 '조금 더 신뢰할 만한 중고 거래를 할 수 있을까?'란 고민을, '동네 주민들이 직접 대면 거래를 하면 좋지 않을까?'란 아이디어로 해결하였다.

둘째는 고객 수요의 변화를 감지하는 것이다. 인구 구조가 바뀌거나 사회 인식의 변화 등이 전체적인 고객 수요를 크게 바꾸는 요인이다.

대표적인 사례가 우리나라뿐만 아니라 유럽과 중국 등 거의 전 세계가 겪고 있는 '저출산 고령화'다. 이미 지방에서는 아이들을 위한 학원보다 노인들을 위한 요양원 수가 더 많을 정도로 고령화 속도가 가파르다. 어쩔 수 없이 육아용품이나 초중등 사교육 시장 규모는 축소될 수밖에 없다. 반면 노인들을 위한 병의원, 헬스케어 관련 온·오프라인 서비스 수요는 꾸준히 증가하고 있다.

1인 가구의 급속한 증가나 환경에 대한 민감도가 높아지는 사회적 변화를 알아채고 창업한 기업들도 많았다. 예를 들어 1인 가구 집 구하기 앱인 직방이나 다방은 기존 부동산 포털이 주로 아파트 위주 매물로 되어 있는 대신 1인 가구가 원하는 원룸이나 오피스텔이 별로 없다는 사실에 착안해 창업했다.

사회와 환경에 대한 관심이 높아지는 세태를 반영하는 비즈니스도 많아지고 있다. 동물 복지와 탄소배출 감소 등 여러 이유로 고기를 소비하지 않는 비건 세대를 위한 식품과 화장품 창업이 늘어난 게 대표적이다.

셋째는 고객이 바라는 새로운 시장을 창출하는 것이다. 기술의 발전은 고객들에게 새로운 제품·서비스가 조만간 등장할 것이라는 기대치를 높인다. 특히 얼리 어답터 고객들은 남보다 한발 앞서 제품·서비스를 소비함으로써 즐거움을 느낀다.[12]

사실 전기자동차는 토마스 에디슨 시절부터 존재했다. 19세기 후반 미국에서 다니는 자동차 세 대 가운데 한 대가 전기 자동차였던 때가 있었다. 하지만 지나치게 무거운 배터리와 충전에 시간이 오래 걸리는 단점 때문에 전기차는 사라지고, 내연기관(휘발유, 경유) 자동차가 한 세기 이상 세계를 지배하게 되었다.

일론 머스크의 테슬라는 배터리 공정 개선과 급속 충전소 설치를 통해 19

세기 전기차의 문제점을 해결해 21세기 전기차 시대를 열었다. 또한 기존 내연기관 자동차와는 완전히 다른 '공상과학 영화에서 본 것 같은' 실내 디자인을 가진 전기차를 만들어 얼리 어답터들의 마음을 사로잡았다. 얼리 어답터의 초기 시장 구매로 성장한 테슬라는 포드처럼 공장의 혁신을 통해 전기차 가격을 대폭 낮춰 소비자층을 크게 넓혔다.

고객의 불만을 해결해주고, 고객 수요 트렌드를 감지하고, 고객이 바라는 새로운 시장을 창출하는 것을 스타트업 전문가들은 '혁신'이라고 부른다. 따지고 보면 혁신은 그리 멀리 있지 않다. 또한 전기차를 만들거나 검색 엔진을 개발하는 것처럼 아주 거창한 데만 있지도 않다(이는 따로 '기술 혁신'이라고 부른다).

'디자인 씽킹'으로 찾는 창업 아이템

고객에 초점을 맞춰 창업 아이템을 찾는 과정을 보다 체계적으로 실행하는 방법은 없을까.

우버나 에어비앤비 등에서 사용해 지금도 많은 스타트업이 사용하고 있는 디자인 씽킹Design Thinking이 있다. 디자인 씽킹은 전통적으로 디자이너들이 고객이 불편해하는 부분에 집중해, 외형적으로는 더 아름다우면서도 기능적으로 더 실용적인 디자인을 하는 방법이었다.

디자인 씽킹은 공감Empathize, 문제 정의Define, 아이디어 도출Ideate, 프로토타입 제작Prototype, 테스트Test의 다섯 단계로 이뤄진다.

1단계 공감: 우리의 고객은 누구인가?

디자인 씽킹에서 가장 핵심적인 부분이 고객이 누구이고, 어떤 특성을 지니고 있는지 파악하는 공감 단계이다.

고객의 생각, 감정, 행동, 욕구 등을 체계적으로 분석할 수 있는 유용한 도구로 공감 지도Empathy Map가 있다. 공감 지도는 우리 회사의 고객이 될 사람들의 행동과 태도에 대한 관찰 결과를 표나 그림으로 나타낸 것이다. 스타트업 창업팀 모두가 모여 공감 지도를 만들어보자. 공감 지도에는 다음과 같은 질문에 대한 답변들이 들어가야 한다. 정답은 없다. 관찰한 대로 적어넣으면 된다. 아래의 질문에 모두 답을 할 필요는 없고, 우리 회사 창업 아이템에 적합한 부분에만 답변을 적어넣으면 된다.

고객 공감 지도 탬플릿[13]

구분	질문	답변
고객이 생각하고 느끼는 것은 무엇인가 (Think&Feel)	고객이 중요하게 여기는 것은 무엇인가?	
	고객을 사로잡고 있는 생각은 무엇인가?	
	고객이 걱정하거나 두려워하는 것은 무엇인가?	
	고객에게 감정적인 반응을 일으키는 것은 무엇인가?	
고객은 무엇을 듣는가 (Hear)	고객에게 영향을 미치는 사람은 누구인가? 친구? 상사?	
	고객들이 영향을 받기 쉬운가?	
	고객이 어디서 정보를 얻는가?	
	고객이 대부분 사용하는 정보채널은 무엇인가?	
고객은 무엇을 보는가 (See)	고객의 주변 환경(친구, 사회적 관계)은 어떠한가?	
	고객이 자신의 환경과 어떤 상호작용을 하는가?	
	고객이 있는 시장의 변화는 어떠한가?	
고객은 어떻게 말하고 행동하는가 (Say)	고객이 여러 사람 앞에서 어떻게 행동하는가?	
	고객이 대화할 때 무슨 단어를 사용하는가?	
	고객이 말하는 것과 행동하는 것 사이에 차이는 무엇인가?	

고통 (Pain)	고객이 극복해야 할 장애물이 무엇인가?	
	고객에게 어떤 좌절감이 있는가?	
	왜 고객이 그들의 목표를 이루지 못했는가?	
얻는 것 (Gain)	고객이 원하는 것은 무엇인가?	
	고객이 성공하기 위해 사용하는 방법은 무엇인가?	
	성공은 어떻게 측정되고 어떤 모습인가?	
	고객의 장·단기적 목표는 무엇인가?	

2단계 문제 정의: 고객의 니즈는 무엇인가?

3단계 아이디어 도출: 고객 문제를 해결할 가능한 방법은?

공감 지도가 완성되면 고객의 문제를 정확하게 정의하고 고객의 니즈Needs 를 파악할 수 있게 된다. 이를 바탕으로 고객이 겪는 문제에서 오는 고통을 없애거나 줄이거나Minimize Pain 고객이 얻는 편의성과 만족감을 극대화하는 Maximize Gain 제품의 대략적인 컨셉트를 도출할 수 있다.

고객 문제를 해결하는 아이디어를 도출하기 위한 다양한 기법이 있다. 당 장은 말도 안 되는 것 같은 생각을 떠오르는 대로 막 던지며 다양한 아이디 어를 모은 후 정리하는 '브레인스토밍Brain Storming 기법', 기존 제품·서비스를 대체Substitute 결합Combine 응용Adapt 변형-확대-축소Modify-Magnify-Minify 다르게 사 용Put to other uses 제거Eliminate 뒤집기Reverse 등으로 변주하는 '스캠퍼SCAMPER 기 법', 여러 명의 전문가들로부터 각각 독립적인 견해를 모아서 서로에게 보 여준 후 수정된 의견을 다시 수집하고 다시 보여줘 수정받는 과정을 여러 차례 반복한 뒤 최종적으로 하나로 수렴된 의견을 따르는 '델파이Delphi 기법' 등이 있다.

SCAMPER 기법 내용 및 사례

구분	내용	사례
Substitute	기존 대상을 전혀 다른 대상으로 바꿔보기	종이통장→인터넷뱅킹
Combine	두가지 이상을 결합해 보기	복사기+프린터+팩스=복합기
Adapt	원래와 다른 분야의 조건, 목적에 맞게 응용해보기	우엉씨앗이 옷에붙는 원리를 활용해 만든 벨크로(찍찍이)
Modify-Magnify-Minify	특정 대상의 색, 모양 등 특성을 바꾸거나 크기를 확대, 축소하는 것	노트북→아이패드→아이패드 미니
Put to other uses	다른 용도로 사용하기	잘 붙으면서도 잘 떨어지는 접착제를 기존 용도인 접착제 대신 포스트잇 접착소재로 활용
Eliminate	특정 대상의 구성요소나 기능 가운데 일부를 없애보는 것	자동차 지붕을 제거한 오픈카
Reverse	특정 대상의 구성, 형식, 순서 등을 바꾸거나 재배열하는 것	뚜껑을 아래로 향해 밑받침 역할을 하게 만든 마요네즈 용기

기법을 익히는 게 중요한 게 아니라, 아이디어를 다양하게 제시하고 창업 팀이 모두 동의할만한 좋은 아이디어를 다듬어가는 '과정'이 중요하다. 또한 아이디어 회의에 대해서는 반드시 기록을 남겨서 두고두고 활용하도록 하자.

4단계 프로토타입 제작: 아이디어의 구체화

5단계 테스트: 프로토타입에 대한 고객 반응은?

사업 아이디어가 다듬어졌다면 최소한의 기능만을 담은 제품·서비스, 즉 최소요건제품^{MVP, Minimum Viable Product}을 만든다. 고객의 불만을 해결하거나, 고객 수요 트렌드를 충족하거나, 고객이 바라는 새로운 기능을 담은 가장 단순한 제품·서비스를 만드는 게 핵심이다. 불필요하게 기능이 많이 들어갈 경우 창업 팀의 역량이 분산될 수 있고 가뜩이나 부족한 비용 낭비가 될 수 있기 때문이다. 프로토타입으로 고객 반응을 점검하면서 하나씩 개선해 나갈 수 있는 추가 아이디어를 얻을 수도 있다.

한편 보통 4단계와 5단계는 뒤에서 설명하는 고객세분화^{STP} 분석 다음에 수행하기도 한다.

잘할 수 있는 아이템을 찾자

창업의 꿈을 현실로 이어지게 만드는 가장 쉬운 방법은 '나 또는 우리 팀이 잘할 수 있는' 창업 아이템을 찾는 것이다. 새로운 산업의 문이 막 열리기 시작하던 20세기의 창업자들과 달리 이제 어느 분야든 나의 경쟁자가 있다. 시장이 조금만 커지면 경쟁자는 아주 많이 생겨난다.

비건 식품 스타트업이 등장한 건 불과 10년밖에 되지 않는다. 고기와 콩의 주성분이 단백질이라는 점에서 착안해, 콩으로 고기의 질감과 맛을 그대로 재현한 '콩고기'는 10년 전에는 신기한 제품이었다. 하지만 이제 마트에서 판매가 될 정도로 흔한 제품이 됐다. 조금만 '뜬다' 싶으면 우리 사업 모델을 그대로 베껴가는 다른 스타트업이 생겨나고, 심지어 대기업이 우리 시장에 새로 진출하기도 한다. 따라서 진짜 성공하는 창업을 하려면 처음부터 아주 잘하는, 아니면 아주 잘할 수 있을 것 같은 아이템을 찾아야 한다.

이제는 상식이 된 '1만 시간의 법칙'이란 게 있다. 어떤 분야든 '잘한다'는 소리를 들을 정도가 되려면 최소한 1만 시간이 필요하다는 말이다. 하루 9시간 매진할 경우 3년 정도 지나면 1만 시간에 달할 수 있다. 학창 시절부터 빠져들어 하루 3시간씩 공부하고 연구했던 분야라면 사회에 나올 때쯤인 9년이면 도달할 수 있는 시간이다.

성공가도를 달린 초기 스타트업 창업가들은 '밥 먹고 자는 시간 빼고' 거의 12시간 넘는 시간을 사업에 몰입했다고 한다. 대부분 창업가들은 밥 먹고 옷 입을 시간도 아까워 도시락을 시켜먹고 면바지에 면티를 입고 일을 한다. 1만 시간이 긴 시간인 듯 느껴질 수도 있지만, 몰입의 정도에 따라 그리 긴 시간도 아니다.

일찌감치 내가 좋아하는 분야를 찾아서 실업계 고등학교나 대학교 전공을 하면 좋겠지만 그렇지 않다고 해서 문제가 되지는 않는다. 백종원 씨도 대학에서 사회복지학을 전공했지만 음식과 요리에 대한 경험과 지식을 꾸준히 축적해 대한민국 최고의 외식사업가란 타이틀을 얻는 데 성공했다.

'나'에게 부족한 점이 있다면 잘할 수 있는 동업자와 직원들을 찾아 '팀'을 꾸리는 것도 방법이다. 나 대신 팀이 잘하는·잘 할 수 있는 일을 찾으면 된다는 말이다.

업무용 대형 컴퓨터만 있던 1970년대, 일반 가정집과 소형 사무실에서도 쓸 수 있는 개인용 컴퓨터를 만들자는 아이디어로 사업을 시작한 스티브 잡스 곁에는 매우 뛰어난 엔지니어였던 스티브 워즈니악이 있었다. 잡스의 아이디어와 워즈니악의 기술이 합쳐졌기 때문에 초창기 애플이 창업 몇 년 만에 성공 신화를 쓸 수 있었다.

부모님의 사과 농장 때문에 창업한 에이오팜

고객 분석이 필요하다고 해서 거창하게 인구 데이터를 통계 분석할 필요도 없다. 나 또는 내 주변에 있는 사람이 느끼는 페인 포인트가 바로 창업 아이템이 될 수 있다. 대표적인 사례가 인공지능을 활용한 농산물 선별기를 만들어 국내 농업에 큰 반향을 일으키고 있는 에이오팜[AIOFARM]이다.

에이오팜은 공학을 전공한 20대 곽호재 대표와 강수빈 최고기술경영자가 2021년 공동 창업했다. 군 입대 동기였던 두 사람은 전역하기 전에 사회에 나가서 무엇을 할까 서로 이야기를 나누다가 농산물 AI 선별기를 만들자는 아이디어에 도달했다.

강 CTO의 부모님은 경북 청송군에서 사과농장을 운영하고 있었는데, 수확철마다 따낸 사과를 등급별로 선별하는 데에 너무 많은 인력과 시간이 들어간다는 페인 포인트를 발견한 것이다.

전국에 있는 수만 개 과수원에서 수확된 과일은 전국 수백 곳의 APC(농산물산지유통센터)로 집결된다. 수십 명의 사람이 앉아 일일이 손으로 흠이 있는지 찾아내고, 과일 상태를 확인해 등급별로 구분을 짓는다. 문제는 농촌 고령화와 인력감소가 심화되다보니 인력을 구할 수가 없어서 비전문인력이 배치되거나, 물량대비 적은 인력으로 일하게 되면서 선별작업의 속도와 정확성이 떨어지게 됐다는 점이다. 인력 채용으로 인한 인건비 상승도 결국 농가의 경영악화로 전가되거나 과일 가격의 상승을 초래해 농가나 소비자 모두 불만을 가질 수밖에 없었다.

에이오팜의 AI 카메라모듈이 설치된 선별기는 이 같은 문제를 일거에 해결했다. 과일의 흠집, 파손, 주름 등의 외부결함을 분석해서 사람보다 빠르고 정확한 속도로 불량과일을 선별해 낸다. 처리 속도는 기존 인력 대비 8배 증가하고, AI의 결함인식 정확도가 99%에 달하다보니 수십 명의 사람을 고용해서 할 일을 대신해내고 있다. 에이오팜은 현재까지 사과, 배, 감귤, 복숭아 등에 AI 선별기를 적용하였고, 참외, 배, 토마토, 파프리카 등 AI가 적용가능한 농산물의 종류를 확대해 가고 있다. 적용 과일 수가 많아짐에 따라 농촌의 인력난을 해소하고, 유통되는 농산물 품질 향상에 더 많은 기여를 할 것으로 기대되고 있다.

실패 원인을 없애라: 내·외부 경쟁력 분석 기법 SWOT

아무리 좋은 창업 아이템을 발굴했더라도, 회사 내부·외부적인 예상치 못한 변수로 인해 사업을 제대로 펼치기 힘든 상황도 많다. 창업하기 전에 미리 이 같은 변수를 알아내는 체계적인 방법에 SWOT 분석이 있다.

SWOT은 기업 내부 역량의 강점^{Strength}과 약점^{Weakness}을 분석하고, 기업 외부 환경 변화로 오는 기회^{Opportunities}와 위협^{Threats}을 파악하는 것에서 시작한다. 약점은 보완하고, 위협은 회피할 수 있는 방법을 찾아 이를 사업계획에 잘 반영해야 한다. 특히 정부 지원 과제 사업계획서 제출 문항에 들어가 있거나 투자 유치를 위한 IR 때 반드시 관련 질문이 나오기 때문에 잘 대비해야 한다.

내부 역량은 크게 재무적 자원^{Money}, 인적 자원$^{Man\ Power}$, 조직 자원^{System}, 기술 자원^{Technology} 등이 있다.

재무적 자원은 한마디로 회사가 쓸 돈이다. 창업자는 법인 설립 자본금을 마련해야 한다. 통상 1,000만 원~1억 원을 혼자 또는 동업자와 나눠서 자본금으로 낸다. 법인 설립 이후에는 증자(투자 유치를 하고 주식을 발행해 주는 것), 차입(은행 등에서 대출 받는 것) 등으로 회사가 필요한 돈을 미리 준비해야 한다. 초기 기업은 담보로 잡힐 부동산, 설비 등이 거의 없어 대출이 어렵기 때문에 상당기간 투자 유치를 통한 증자에 매달릴 수밖에 없다. 한 번 투자 유치를 할 때 보통 6개월~1년의 자금은 마련해야 한다. 후속 투자 유치에도 상당한 시간이 걸리기 때문이다.

경쟁자보다 월등한 재무적 자원은 회사의 강점이 된다. 경쟁자가 버티기 힘들 정도로 오랜 기간 저가 전략을 쓰든지 엄청난 물량의 마케팅 활동을 펼쳐 경쟁자를 압도할 수 있기 때문이다. 반대로 재무적 자원이 적으면 나머지 자원을 활용해 이 같은 약점을 보완해야 한다.

인적 자원은 한마디로 임직원의 역량이다. '인사가 만사'란 말이 있듯 창업 초기 소규모 팀에서는 사업계획을 단계별로 실현해 줄 한 사람 한 사람이 매우 소중하다. 아는 인맥을 총동원해 좋은 사람을 모셔 오기도 하지만 로켓펀치, 데모데이, 비긴메이트, 원티드 등 스타트업 채용에 특화된 사이트14)를 활용하는 사례도 많다.

유능한 인재는 회사에 돈으로는 가치를 매길 수 없는 엄청난 강점이 된다. 마케팅이 중요한 회사에는 초기에 모셔온 최강의 마케터 한 명의 역량이 수십억 원의 광고비 투입보다 나을 수도 있다. 하지만 스타트업은 이런 인재를 모셔오기 힘들다. 유능한 인재를 뽑기 힘들다면 최대한 내가 할 일을 나만큼 잘하는 곳에 아웃소싱해야 한다. 회사가 커지고 이름을 알리기 시작하면 아웃소싱 업체에서 뛰어난 역량을 발휘한 인재를 모셔올 수 있는 기회도 얻을 수 있을 것이다.

조직 자원은 조직 내에서 필요한 제조효율화 프로세스, 품질관리 프로세스, 교육훈련 체계, 정보관리 시스템 등을 뜻한다. 재무적 자원이나 인적 자원이 부족하더라도 조직 자원이 잘 갖춰져 있으면 약점을 커버할 수 있다. 예를 들어 20세기 초반 자동차 회사는 고급 기술자들이 차량 한 대에 몰려서 차체에 엔진, 핸들, 바퀴 등을 조립하는 제조 공정을 가지고 있었다. 투입 인력 대비 시간 당 생산량이 적다 보니 자동차 값이 비쌀 수밖에 없었다. '20세기 자동차왕' 헨리 포드는 당시 광산에서 쓰던 컨베이어벨트를 자동차 제조 공정에 적용하고 한 사람은 나사만, 한 사람은 타이어만 계속 조립하도록 하는 일관공정 제조 프로세스를 개발했다. 업무 범위가 좁아진 노동자는 단시간에 숙련도를 높일 수 있었다. 따라서 시간이 갈수록 자동차 제조비용이 절약돼 차 가격을 크게 낮출 수 있었다. 포드는 한때 전 세계에서 다니는 자동차 10대 가운데 8대를 차지할 정도로 시장을 휩쓸었다.

이처럼 잘 만들어진 조직 자원은 회사의 엄청난 강점이 될 수 있다. 루틴

한 업무가 많은 제조업이나 서비스업에서 특히 중요하다.

기술 자원은 창업자 또는 회사가 보유한 기술 역량을 뜻한다.

모든 제조·서비스 창업에는 특허, 상표, 실용신안, 디자인 등 다양한 종류의 지식재산IP, Intellectual Property이 필요하다. 특히 인공지능, 메타버스 등 기술 기반 창업이라면 사전에 IP 확보에 힘을 써야 한다. 제과제빵 레시피 등 서비스업에서도 최근에는 IP 출원을 통해 차별화를 꾀하는 기업들도 많아지고 있다.[15]

탄탄한 IP를 보유하고 있으면 경쟁자에 대한 진입장벽을 쌓고 있는 것과 같다. 회사의 엄청난 강점이 된다. 반면 타사의 IP를 침해할 소지가 있는 기업이라면 이를 우회할 전략을 사전에 마련해야 한다. 그렇지 않다면 창업 초기 특허 침해 소송 등으로 엉뚱한 데 자원을 낭비할 수밖에 없다.

외부 환경은 경제 환경Economy, 경쟁 환경Competition, 법제도 환경Regulation, 기술 환경Technology, 사회 환경Society이 있다.

경제 환경은 한마디로 경기 변동 주기를 뜻한다. 경기는 호황, 침체, 불황, 회복, 호황, 침체, 불황, 회복을 끊임없이 반복한다. 수출에 주력하고 금융시장이 거의 완벽하게 개방되어있는 우리나라 경제는 미국 금리 동향에 크게 연동돼 있다. 미국이 금리를 인상할 경우 원화가치 하락과 같은 환율 상승, 물가 상승, 주가 하락 등의 경제 현상이 나타난다. 이 같은 부작용을 막기 위해 한국은행이 기준 금리를 올리고, 자연스레 국내 채권시장 금리도 오를 수밖에 없다. 금리와 주식은 거의 반대로 움직이므로, 비상장 주식의 예상 수익률이 떨어지게 된다. 따라서 투자 기관들이 국내 스타트업 투자를 줄이게 된다.

경제 환경은 회사뿐만 아니라 투자자와 고객 모두에게 영향을 미친다. 경기 침체기에 소비를 줄일 수밖에 없는 아이템이라면 창업을 뒤로 미뤄야 한다. 하지만 경제 환경은 아이템에 따라 기회가 될 수도 있고, 위기가 될 수도 있다. 중고 거래처럼 불황이 기회인 창업 아이템도 있다.

경쟁 환경은 넓은 의미의 경쟁 제품·서비스 등장으로 인한 시장 전체의 변화와 함께 직접 경쟁자들의 변화를 뜻한다. 경쟁 환경 변화로 때로는 우리 회사가 노리는 시장 자체가 사라질 수 있다. 2000년대 초중반 CD 플레이어를 대체하면서 빠른 시간에 뜨고 있던 산업이었던 MP3 플레이어는 스마트폰과 음원스트리밍서비스의 등장으로 불과 몇 년 만에 사라져버렸다. 스마트폰 사용이 일반화되면서 청소년들이 게임에 더 많은 시간을 보내, 과거 잘 팔렸던 농구화가 안 팔리기 시작했다는 것도 시사하는 바가 크다.

테슬라의 등장으로 기존 내연기관(휘발유, 경유 엔진) 자동차 회사들이 뒤늦게 전기차 개발에 속도를 내는 것처럼 경쟁자의 변화는 기업 생존에 큰 영향을 미친다. 닥쳐오는 위기를 발 빠르게 대응해 기회로 바꿔야 하기 때문이다.

법제도 환경은 말 그대로 법, 시행령, 시행규칙 등 국내 법규의 변화와 최근 기준이 더 강화되고 있는 기후변화협약 등 국제협약에 의한 변화를 뜻한다. 법제도 환경은 국가가 강제하는 것이기 때문에 회사의 생존에 한순간에 영향을 미친다. 예를 들어 고급 운송 서비스를 지향해서 나온 타다의 경우 국내법 규제로 인해 일순간에 불법 서비스가 되고 말았다.

글로벌 기업들이 기후변화협약에 따라 강화된 자국의 환경 규제에 맞추기 위해 자체적으로 벌이고 있는 노력은 공급업체인 한국의 중소기업에도 영향을 미친다. 예를 들어 글로벌 대기업의 ESG[Environment, Social, Governance] 규정은 부품 공급업체들이 화석에너지를 일정비율 이하로 사용할 것을 규정하고, 이에 맞지 않을 경우 공급망에서 배제하도록 규제하고 있다. 태양광과 풍력 등 대체에너지가 적은 우리나라의 경우 기업들의 잘못이 아님에도 불구하고 글로벌 공급망에서 배제되는 일이 벌어질 수 있다는 말이다. 이 같은 법제도 환경의 변화가 기업에 위협 요인만으로 작용하는 것은 아니다. 잘 이해하고 준비할 경우 반대로 기업에 기회가 될 수도 있다.

기술 환경은 새로운 과학 기술의 발달로 새로운 제품·서비스가 등장할 가능성을 뜻한다. 앞에서 본 경쟁 환경과 뚜렷이 구분하기는 쉽지 않다. 다만 우리 회사에 영향을 미칠 첨단 기술의 등장 가능성 등을 여기서 점검해보면 된다.

예를 들어 과거 바이오 분야에서는 인간 DNA 염기서열 전체를 분석한 휴먼지놈프로젝트 이후로 20년 사이에 엄청난 변화가 일어났다. 전 세계적인 코로나바이러스(코비드-19) 유행으로 고통받고 있던 시절에 단 1년 만에 백신이 개발될 수 있었던 것도 이 프로젝트로 인해 DNA 염기서열 분석이 가능했기 때문이다. 앞으로 양자역학을 활용한 퀀텀 컴퓨터가 등장할 경우 인공지능 분야에 일대 대혁명이 일어날 수도 있다. 기술의 변화를 우리 회사의 기회로 만들려면, 관련 기술 변화에 끊임없이 관심을 가지고 회사 내부 기술에 적용하려는 노력을 기울여야 한다.

사회 환경은 인구구조 변화, 평균수명 변화, 소득 수준 변화, 가치관의 변화 등 사회 구성원과 관련한 변화를 뜻한다. 이 같은 변화를 제품·서비스에 반영해야 한다. 예를 들어 저출산 고령화로 인해 유아용품 시장 전체 파이는 급속도로 줄어들고 있다. 대신 아이를 한 명만 낳는 추세여서 고가 고품질 유아용품이 인기를 끌고 있다.

가치관의 변화는 생각보다 빨리 등장할 수도 있다. 과거에는 별문제가 되지 않았던 환경이나 노동 문제로 인해 기업별 불매운동이 벌어지는 게 대표적이다. 최대한 이 같은 변화에 잘 맞춰야 하고, 변화로 오는 위기를 사전에 점검해 봐야 한다.

SWOT 분석 연습용 탬플릿

	Strength (내부 강점)	Weakness (내부 약점)
Money (재무적 자원)		
Men Power (인적 자원)		
System (조직 자원)		
Technology (기술 자원)		
	Opportunities (외부 기회)	Threats (외부 위협)
Economy (경제 환경)		
Competition (경쟁 환경)		
Regulation (법제도 환경)		
Technology (기술 환경)		
Society (사회 환경)		

돈 되는 시장을 찾아라: 시장 분석 기법 STP

창업 아이템을 찾았다면 그 아이템으로 진짜 돈을 벌 수 있을지를 미리 점검해야 한다. "지금까지 이런 치킨은 없었다"며 무조건 팔릴 것이란 '근자감(근거 없는 자신감)' 마인드로 접근하는 것은 영화에서나 있는 일이다. 돈을 번다는 것은 제품·서비스를 팔 시장이 있다는 말이다. 따라서 가장 먼저 해야 할 일은 우리 제품·서비스로 개척할 시장이 있는지 단계적으로 분석하는 것이다.

시장 분석을 하는 가장 일반적인 기법으로 STP[Segmentation, Targeting, Positioning]가 있다. 전체 시장을 다양한 기준으로 자세히 세분화하고(S), 우리 회사가 공략할 목표 시장을 정한 후에(T), 목표 시장 내에서 경쟁자를 물리칠 차별화를 어떤 방식으로 할 것인지 결정(P)하는 것이다.

S: Segmentation

시장 세분화Segmentation는 한마디로 '우리 제품·서비스를 구매할 고객은 누구인지'를 찾아내는 것이다. 시장 세분화를 하는 이유는 다음과 같다. 우선 스타트업은 재무 자원Money, 인적 자원Man Power, 조직 자원System, 기술 자원Technology 등 내부적인 역량[16]이 한정적이기 때문에 고객을 자세히 세분화하여 가장 먼저 공략할 고객 시장을 찾아야 한다. 그리고 여력이 됐을 때 그다음으로 공략하기 쉬운 세분 시장으로 넘어가면 된다. 또한 세분화된 시장 안에서는 고객의 변화를 세심히 살피고 신속하게 대응하기도 좋아 성공 가능성이 높아진다.

전체 시장을 세분화하는 데는 다양한 방법이 있다. 가장 기본적인 방법이 성별, 나이, 직업, 소득, 교육 등 인구통계학적 세분화다. 도시 위치나 도시 거주 인구 규모에 따른 지리적 세분화, 라이프스타일이나 개성 등 심리학적 세분화, 용도와 편익 등 행태학적 세분화 방식을 사용할 수도 있다. 어떤 방식이든 우리 제품과 관련된 고객의 특성을 모두 고려해야 한다.

예를 들어, 스마트폰 앱 배달 시장에 처음 뛰어든다고 하자. 일단 배달이라는 특성상 소비자가 많고 라이더도 구하기 쉬운 서울을 가장 큰 시장 범주로 잡았다. 시장 세분화의 기준을 (1) 배달 가능한 음식점이 많은 지역(지리적) (2) 스마트폰 앱 사용에 익숙한 고객이 많은 지역(인구통계학적)으로 정했다. 배달 가능한 음식점이 많은 지역을 상권 분석 사이트[17]를 통해 찾았더니 강남구, 서초구, 송파구, 중구, 종로구 등이 상위 5개구에 선정됐다.

시장 세분화 방식

구분	세분화 기준	세분 시장 예시
인구 통계학적 세분화	성별	남성, 여성
	나이	0~9세, 10~19세, 20~29세, 30~39세, 40~49세 등
	직업	사무직, 기능직, 판매직, 자영업, 주부 등
	소득	월 300만 원 미만, 300~400만 원 미만, 400~500만 원 미만 등
	교육수준	고졸, 대졸, 석사, 박사
	주거	아파트, 주상복합, 단독주택 등
지리적 세분화	도시	서울, 부산, 인천, 대구, 대전, 광주 등
	도시 거주 인구 규모	1만 명 미만, 1만~5만 명 미만, 5만~10만 명 미만 등
	기후	열대, 아열대, 온대, 한대, 냉대
심리학적 세분화	라이프스타일	요리, 여행, 오락, 운동, 휴양 등[18]
	개성	실속·과시, 소심·도전, 남성성·여성성 등
행태학적 세분화	사용 용도	가정용, 사무용, 여행용, 운동용 등
	사용량	대량, 중량, 소량 등
	추구하는 편익	기능 중시, 내구성 중시, 디자인 중시, 가격 중시 등

스마트폰 앱 사용에 익숙한 고객은 기존 통계조사를 보니 20~30대가 압도적으로 높았고, 서울에서 20~30대 인구수가 높은 순으로 살펴보니 관악, 송파, 양천, 서초, 강남 순이었다. 결과적으로 (1),(2) 기준이 겹치는 송파, 서초, 강남이 공통 지역으로 선정됐다.[19]

각각의 세분 시장에서 실제 물건을 팔 수 있기 위해서는 마케팅 전략이 적용돼야 한다. 세분시장에 마케팅 전략이 적용될 수 있는지 점검하는 기준을 세분화 요건이라고 한다. 세분화 요건에는 다음의 5가지가 있다. 1.측정 가능성: 세분화된 시장 규모, 특성 등을 통계적으로 측정할 수 있어, 세분 시장끼리 수치 비교가 가능해야 한다. 2.규모 적정성: 세분 시장은 매출과 이익 측면에서 의미 있는 크기가 되어야 한다. 3.접근 가능성: 제품·서비스를 유통시키고, 판매할 수 있어야 한다. 4.동질성: 하나의 세분 시장에서는 하나의 마케팅 프로그램이 적용돼야 하며, 2개가 적용될 경우 시장을 더 쪼개야 한다. 5.실행 가능성: 하나의 세분 시장에서는 뒤에서 설명하는 마케팅 믹스 4P를 실행할 수 있어야 한다.

T: Targeting

시장 세분화 다음에는 목표 시장을 선정^{Targeting}해야 한다. 세분 시장 중에서 선정할 목표 시장은 1개여야만 하는 것은 아니다. 회사의 자원이 충분하다면 여러 개의 목표 시장을 선정할 수 있다. 목표 시장을 선정하는 방식은 다양하다.

가장 쉬운 방법으로 다음의 여섯 가지 질문에 답을 구하고 공통으로 인정할 수 있는 시장을 고르는 것이다.

첫째, 세분 시장의 전체 규모(고객 수와 구매 빈도에 따른 시장 매출)는 우리 회사가 매출을 일으켜 수익을 내고 성장하는 데 적당히 큰 규모인가?

둘째, 세분 시장 내 고객은 우리 제품·서비스에 돈을 지불할 수 있는가?

셋째, 세분 시장 내에서 우리 제품·서비스를 구매하는 고객 수와 구매 빈도는 지속적으로 증가할 수 있는가?

넷째, 세분 시장 내 고객이 우리 제품·서비스의 마케팅 및 판매 조직을 쉽게 접할 수 있는가?

다섯째, 세분 시장 내에서 도저히 따라가기 힘든 경쟁자가 있는가?

여섯째, 세분 시장의 성공을 바탕으로 옆에 있는 세분 시장을 공략할 수 있는가?

앞의 사례를 마저 설명하면, 이미 경쟁사가 상당 부분 배달 망을 구축해 따라가기 힘든 강남을 피하고, 시장의 성장 가능성이 다른 지역에 비해 높은 서울 서초, 송파 지역을 목표 시장으로 선정했다.

보다 이론적인 시장 표적화^{Targeting} 평가 방식도 있다. 시장 분석·자사 분석·경쟁분석[20] 등 평가 항목을 정하고 평가 지표를 세부적으로 결정한 후, 평가항목별로 가중치를 부여하고, 평가를 시행해 목표 시장을 선정하는 것이다.

평가 방식에 따른 시장 표적화 사례: 배달 앱

평가항목	평가지표	가중치	세분시장 (10점만점에 가중치(x0.1, x0.2) 부여)		
			강남	서초	송파
시장분석	시장규모	10%	10	10	10
	수익성	10%	10	10	10
	성장성	10%	10	10	10
자사분석	경쟁자수	10%	5	10	10
	경쟁자 역량	10%	5	10	8
	예상 초기점유율	10%	5	8	10
경쟁분석	배달망	20%	20	20	20
	마케팅능력	10%	10	10	10
	자본력	10%	10	10	10
총점		100%	85	98	98

앞의 사례를 다시 예로 들면, 세분화 결과 선정된 강남, 서초, 송파 가운데 세부 평가 지표를 활용해 카테고리별로 점수를 매겼다. 배달 앱의 경우 배달망 구축이 서비스의 핵심이기 때문에 가중치를 20%로 더 높게 잡았

다. 강남의 경우 경쟁자가 이미 진입해 있고, 경쟁자 역량도 강하기 때문에 점수가 낮게 매겨졌다. 결과적으로, 총점 기준으로 서초, 송파가 선정됐다.

시장의 크기는 '땀, 쌈, 쏨'으로 설명할 수 있다

시장의 크기를 설명하는 기법으로 동남아시아 말처럼 들리는 '땀, 쌈, 쏨'이 있다. 이는 TAM[Total Addressable Market](전체시장), SAM[Serviceable Available Market](유효시장), SOM[Serviceable Obtainable Market](수익시장)의 줄임말이다.

TAM은 창업 아이템이 적용되는 전체 시장의 크기를 뜻한다. 배달 앱 시장에 이제 막 들어가려는 스타트업을 예로 들자. 인구가 적은 시골에서는 배달이 불가능한데다 비용 대비 수익이 아예 안 나올 것이므로 서울, 부산, 인천, 대구 등 주요 대도시 배달 시장을 TAM이라고 할 수 있다. TAM의 경우 인터넷 검색을 통해 쉽게 찾을 수 있어야 한다. 쉽게 통계를 찾을 수 없는 시장이라면 TAM이 아니라 SAM이나 SOM이 된다.

SAM은 창업 아이템으로 비즈니스를 진행할 때 최대 매출이 일어날 수 있는 시장 규모라고 할 수 있다. 우리 회사가 시장을 독점할 때가 SAM의 크기가 된다. 대부분의 경우 SAM과 관련한 직접적인 데이터는 찾기가 쉽지 않다. 여러 데이터를 조합하거나, 아니면 직접 정의를 하고 데이터를 조사하는 수밖에 없다.

상권 분석 사이트를 통해 찾은 배달 가능한 음식점이 많은 지역으로 서울시 강남구, 서초구, 송파구, 중구, 종로구 등이 선정됐다. 스마트폰 앱 사용에 익숙한 고객은 기존 통계조사를 보니 20~30대가 압도적으로 높았고, 서울에서 20~30대 인구수가 높은 순으로 살펴보니 관악구, 송파구, 양천구, 서초구, 강남구가 선정됐다. 결과적으로 (1),(2) 기준이 겹치는 송파구, 서초구, 강남구가 우리의 SAM이 될 수 있다.

SOM은 SAM 내에서 현재와 가까운 미래에 우리 회사가 매출을 일으킬 수 있는, 즉 확보 가능한 시장 규모를 뜻한다. 즉 당장 돈을 벌 수 있는 시장이다. 배달 앱 시장 초기에는 배달 가능한 음식점이 많고, 스마트폰 앱 사용에 익숙한 고객이 많으며, 배달 수수료를 추가 지불할 의향이 있는 고객이 많으며, 끝으로 우리 회사가 경쟁 우위에 설 수 있는 지역이 SOM이 된다. 경쟁 우위 측면에서 불리한 강남구를 제외하니 송파구, 서초구가 우리의 SOM이 됐다.

SOM은 특히나 정교하게 분류하여야 하며, 과장되지 않아야 한다. 혼자서 창업하는 1인 스타트업이나 이제 겨우 서너 명으로 팀 빌딩을 마친 스타트업이 수천억 원 시장을 SOM으로 제시하면 아무도 믿지 않을 것이다.

TAM, SAM, SOM을 찾아나가는 방식은 매우 다양하다. 예시처럼 TAM→ SAM→ SOM으로 하향식 분석을 할 수도 있고, 반대로 공략할 수 있는 시장에서 시작해서 점차 시장 범위를 넓히는 SOM→ SAM→ TAM의 상향식 분석을 할 수도 있다. 시장 분류의 기준도 STP에서 본 것처럼 다양하게 설정할 수 있다. 우리 회사에 맞는 방식을 찾아, 논리적으로 설명할 수 있으면 된다.

시장세분화 기법 '땀, 쌈, 쏨'

P: Positioning

목표 시장이 선정된 다음에는 목표 시장 내에서 우리 회사 제품·서비스가 특별하다는 이미지를 고객들의 머릿속에 각인시켜서 경쟁자들을 물리치는 회사의 포지션을 정해야 한다[Positioning].

포지셔닝을 할 때는 가격, 제품·서비스의 이미지, 사용상황 등 다양한 기준이 적용된다. 우리 회사가 이들 기준에서 경쟁사에 비해 어떤 경쟁 우위를 가질 수 있는지를 파악해야 한다.

제품·서비스의 성능과 품질이 똑같은데도 가격을 더 싸게 할 경우 가격우위 전략이 된다. 코스트코의 경우 국내에 매장이 몇 개 없지만 같은 품질의 제품을 온라인쇼핑몰보다도 더 싸게 판매해서 '줄 서서 들어가는' 대형마트가 됐다. 최저가를 유지하기 위해서는 물류 프로세스를 단순 자동화하고, 대량으로 구매하거나 수요를 예측해 적기 구매해야 하며, 고객 관리를 표준화해야 한다. 그래서 자본력이 많이 필요할 수밖에 없다.

가격은 같거나 비싸더라도 고객을 이끄는 독특한 요인 등을 고객에게 각인시키는 게 차별화 전략이다. 비슷한 맛을 가진 국내의 많은 소주 업체들이 유명 가수나 탤런트를 비싼 값에 모델로 기용해 마케팅하는 것도 이미지를 통한 차별화를 시도한 사례다. 포카리 스웨트의 경우 '몸에 흡수가 빠른 음료'로 포지셔닝해서 운동하는 상황에서 필수 음료로 각인됐다.

우리 회사 제품·서비스가 고객들의 마음 속에 형성되어 있는 이미지를 2차원 또는 3차원 공간에 표시한 지도를 포지셔닝 맵이라고 한다. 포지셔닝 맵을 그려 고객들이 우리회사를 직관적으로 어떻게 인지하고 있는지 파악할 수 있다.[21]

제품/서비스 포지셔닝 맵: 배달 앱 사례

세분 시장 내에서 경쟁자들과의 관계를 고려해 우리 회사가 어떤 지위를 차지하고 있는지를 그리는 것을 시장 포지셔닝이라고 한다.

시장 포지셔닝은 제품이 많고 적음, 고객이 많고 적음에 따라 다음의 세 가지로 구분된다.

시장선도자: 제품·서비스 종류도 다양하고 품질도 우수하며 고객도 매우 많아 결과적으로 매출 1위를 달성한 기업이다.

시장도전자: 시장 선도자에 비해 제품·서비스의 종류가 약간 적고 품질도 조금 낮으며 고객도 덜 다양해 시장 점유율 2~3위에 있는 기업이다.

시장추종자: 시장 선도자의 제품·서비스를 모방하는 기업이다.

니치기업: 특정제품만 전문화하는 기업이다.

시장 포지셔닝 맵

포지셔닝은 목표 시장 내 고객들과 경쟁자들의 변화에 따라 지속적으로 변해야 한다. 이를 리포지셔닝$^{Re-positioning}$이라고 한다. 대표적인 리포지셔닝 사례로 과거엔 중장년층이 마시는 소주라는 이미지가 강했던 진로가 하늘색 두꺼비 캐릭터를 새롭게 만들어 2030 젊은층에 어필하기 시작했다. [22]

가상의 목표 고객 '페르소나'

STP까지 끝냈다면 먼저 공략할 가상의 목표 고객, 즉 페르소나^{Persona}를 미리 그려보는 것도 향후 적절한 마케팅 수단을 선택할 때 도움이 된다. 다수의 목표 고객을 직접 만나 대화하면서 필요한 정보를 수집해 공통점을 뽑아내서 페르소나를 만들어야 한다. 머릿속의 고객과 실제 고객은 완전히 다를 수도 있기 때문이다. 또한 가급적 창업 팀이 모두 참여해 페르소나를 만드는 게 좋다. 각자의 다른 생각이 하나의 인물로 모아지는 과정에서 자연스럽게 우리 회사의 목표 고객을 경험으로 기억할 수 있기 때문이다.

앞의 사례에서 든 스마트폰 배달 앱 고객의 페르소나를 육하원칙에 따라 간단히 정리하면 다음과 같다.

육하원칙에 따른 페르소나: 스마트폰 배달 앱 사례

육하원칙	내용
Who	20~30대 대학생, 사회초년생
What	요리를 하지 않고, 맛있는 음식을
Where	침대에 누워서 또는 게임용 책상 앞에서
When	시간에 구애받지 않고, 특히 퇴근 직후와 주말에
How	스마트폰으로, 할인을 받아서
Why	편리함, 만족감

육하원칙 대신 성별, 연령, 수입 등으로 페르소나를 그려보는 방법도 있다.

페르소나: 스마트폰 배달 앱 사례

구분	내용
성별	남(70%), 여(30%)
연령	20대(70%), 30대(30%)
수입	평균 월 소득 300~400만 원
거주지	서울 서초, 송파
욕구	편리함, 만족감
구매결정기준	평점 높은 음식점, 할인 쿠폰

앞의 두 사례는 이해를 돕기 위해 축약한 것일 뿐, 실제 기업에서는 훨씬 더 구체적으로 페르소나를 정리한다는 점을 기억하기 바란다.

ㅇㅇ주식회사 페르소나: 최뚠뚠

육하원칙	내용
Who	27세, 미혼 남자, 서울시 송파구 가락동 ㅇㅇ아파트 부모님과 함께 거주, ㅇㅇ회사에 다니며 일주일에 한두번 친구들을 불러 5~6시간씩 게임을 함
What	라면과 계란 후라이를 할 정도의 요리 실력, 입맛이 까다로워서 어머니가 대량으로 만들어 놓은 국과 반찬은 이틀 정도 밖에 먹지 않음
Where	집에서는 씻고 밥먹는 시간을 제외하고 침대에 누워있거나, 책상 앞에 앉아 오랜 시간 동안 게임만 함
When	목요일 밤이나 금요일 밤, 그리고 토요일 오후에 친구들을 집으로 불러 게임하며 다양한 배달음식을 시켜먹는 걸 좋아함
How	스마트폰으로 주로 주문, 음식의 질을 중요하게 생각하기 때문에 평점을 꼼꼼히 봄, 가급적이면 쿠폰이 들어온 때는 반드시 배달 음식을 시켜먹음
Why	배달 앱 음식점의 경우 평점을 확인할 수 있어 다양한 음식을 시도해볼 수 있다는 점에서 만족하고 있음, 다만 편리함에 비해서 예전 대비 배달 속도가 느려진 것에 대해서는 불만

우리 회사의 페르소나가 시간 순서로 어떻게 제품·서비스를 소비할지를 예측해보는 고객여정지도$^{User Journey Map}$를 만들어볼 수도 있다. 앞의 스마트폰 배달 앱 사례를 그대로 적용한다면 다음과 같다.

고객 여정 지도 사례

단계	내용
고객 불만	전단지 찾아 전화로 주문하는 게 귀찮다, 배달 음식은 짬뽕 짜장 피자밖에 없다
제품·서비스 인지	친구와 채팅 SNS를 통해 대화하다가 스마트폰 앱을 깔면 배달음식을 편하게 시켜먹을 수 있는 서비스가 있다는 것을 알게 된다
제품·서비스 경험	스마트폰에 앱을 다운로드받고 회원가입을 하고 결제수단을 연결했다, 생각보다 시간이 별로 안 걸렸다
제품·서비스 이용	우리 집 주변 음식점을 평점·종류·가격 별로 안내해준다, 결제도 원클릭으로 되고 배달 시간도 알려준다
제품·서비스 재이용	이제 식당가는 것보다 배달 앱으로 시켜먹는 게 편해졌다, 할인 쿠폰이 뜰 때마다 이용 한다
제품·서비스 이탈	경쟁사에서 더 많은 할인을 해준다, 배달료가 점점 비싸진다, 한번 배달하는 데 50분씩 걸린다

페르소나는 앞으로 회사에서 결정할 모든 의사결정의 기준이 되기 때문에, 우리 회사가 살아있는 한 계속 우리 옆에 존재하게 된다. 어떤 메시지로 마케팅을 펼칠까, 앱에 어떤 서비스를 추가할까, 고객의 결정에 영향을 미치는 제3자는 누가 있는가 등등 회사와 관련한 거의 모든 질문에 페르소나를 염두에 둬야 한다.

제품·서비스의 시판 전 초기 모델(=프로토타입, 베타버전)은 페르소나의 요구를 충분히 만족시키면서^{Sufficiency}(충분성) 꼭 필요한 기능들만 담은 ^{Simplicity}(단순성) 제품·서비스이어야 한다. 시판 전 초기 모델이 나왔을 때 수십 명에서 수백 명의 잠재 고객을 대상으로 테스트를 진행해보는 게 좋다. 이때 고객의 반응에 대한 자세한 설문조사를 통해 초기 모델이 어떤 면에서 부족한지, 우리의 페르소나가 잘못됐는지도 검토해야 한다. 만약 고객설문과 페르소나가 비슷하지 않다면 페르소나를 처음부터 다시 설정해본다. 부정적인 피드백일수록 자세히 기록해서 꼼꼼히 반영해야 한다.

페르소나를 바꾸는 일이 생겨도 걱정할 필요는 없다. 원래 혁신은 일직선으로 우상향하지 않는다. 이보 전진과 일보 후퇴를 반복하고, 뱅글뱅글 돌면서 나선형으로 천천히 올라간다. 대량 생산이나 대량 서비스 전에 실수를 잡아내는 건 오히려 바람직한 일이다.

인간은 나이가 들수록 끊임없이 변화한다. 고객도 마찬가지다. 따라서 회사가 고객에 대해 더 많은 정보를 얻을수록 그에 맞춰 페르소나도 수정해야 한다. 물론 가상의 페르소나 뿐만 아니라 현실의 우리 제품·서비스도 그에 맞춰 수정해 나가야 한다.

구체적인 판매 전략을 세우자: 마케팅 믹스 4P

마케팅 믹스^{Marketing Mix} 4P는 실제 제품·서비스를 판매하는 구체적인 전략을 세우는 단계라고 할 수 있다. 따라서 바로 뒤에 설명하는 비즈니스 모델 ^{BM}을 만든 다음에 고민하는 게 더 일반적이다.

하지만 마케팅 전략 수립은 원래 STP에서 4P로 이어지는 게 자연스럽고 편리하다. STP의 마지막 단계인 포지셔닝은 우리 회사가 사활을 걸고 싸울 목표 시장 안에서 경쟁자와 어떻게 차별화를 시켜 승리할 수 있을 지를 고민하는 단계다. 어떤 제품을, 어느 정도의 가격으로, 어떤 방법을 통해 제공하고, 어떻게 제품을 고객들에게 알릴 것인가가 중요한 고민의 카테고리다.

이 같은 고민을 조금 더 세련된 경영학 용어로 표현한 게 바로 4P 이다. 따라서 이 책에서는 이해를 조금 더 돕기 위해 여기서 마케팅 믹스 4P를 설명한다.

사실 스타트업 실무에서는 STP, 4P, BM을 거의 동시에 고민하기 때문에 어떤 개념을 먼저 이해하는지는 크게 중요하지 않다.

마케팅 믹스는 '기업이 기대하는 마케팅 목표를 달성하기 위해, 기업이 통제할 수 있는 마케팅 수단을 합리적으로 결합시키는 것'을 말한다. 그 수단에는 Product(제품·서비스), Price(가격), Place(유통채널), Promotion(프로모션)이 있다.

앞에서 살펴본 SWOT 분석에서 회사가 자체적으로 통제할 수 있는 내부 역량과 달리 외부 환경은 회사가 통제할 수 없다. 따라서 기업은 경제 환경 Economy, 경쟁 환경 Competition, 법제도 환경 Regulation, 기술 환경 Technology, 사회 환경 Society 등의 변화에 발 빠르게 적응해야 한다. 이 때 빠른 환경 변화에 대응하기 위해 사용할 수 있는 전략이 바로 4P이다.

예를 들어 우리 회사가 맥주를 생산-판매-유통하는 회사라고 하자. 경기 침체로 인한 불경기가 오면 가격을 낮춘 Price 묶음 상품 Product 을 내놓고, 대형 마트 Place 에 추가 할인 쿠폰을 비치해놓든지 Promotion 해서 대량 구매를 유도하는 식으로 줄어드는 수요에 대처해야 한다.

Product

마케팅 믹스에서 말하는 Product는 단순히 판매되는 제품·서비스 그 자체만을 뜻하지 않는다. 제품의 경우 개별 제품의 품질, 특성, 기능, 용량, 포장, 디자인, 상표뿐만 아니라 제품군 구성, 보증, 애프터서비스까지 모두 포함하는 개념이다. 기업이 제품·서비스와 관련해 결정해야 할 모든 변수를 뜻한다.

불경기를 맞은 맥주 회사의 경우 기존 고가 제품의 생산량을 줄이는 한편 저가 주력 제품의 용량을 줄이고 포장비용을 적게 쓰는 대신 10개들이 묶음 상품을 내놓는 방식으로 대응할 수 있다.

넷플릭스, 디즈니플러스 같은 OTT 회사에서는 광고를 보고 영상을 시청해야 하는지, 몇 개의 디바이스에서 시청할 수 있는지 등으로 서비스상품을 카테고리화 한다.

Price

Price는 크게 가격 결정과 가격 조절로 나뉜다. 가격 결정은 원가, 수요, 경쟁사 가격에 우리 회사의 마케팅 목표를 고려해 시판 전에 제품·서비스 기준 가격을 결정하는 것이다. 처음 기준이 되는 가격을 정하는 것이므로 다양한 원가, 수요 등에 대한 다양한 데이터로 시뮬레이션해보는 것이 좋다. 가격 조절은 기준 가격을 기간, 유통채널, 고객층에 따라 할인 등의 방법으로 유연하게 변동하는 것을 뜻한다.

불경기를 맞은 맥주회사가 원래는 저가 주력 제품 6개 묶음 상품을 10,000원에 팔았는데 용량을 줄인 10개 상품을 대형 마트에서만 내놓으며 똑같이 10,000원에 한정 판매하는 식이다.

OTT회사라면 광고를 보지 않고 영상을 시청하는 프리미엄 고객에게 2,000원을 더 받는 전략을 쓸 수 있다.

Place

Place라고 하면 영어 어원 때문에 입지를 떠올리기 쉽다. 하지만 마케팅 믹스에서 말하는 Place는 유통채널, 유통경로를 뜻한다. 제품·서비스가 유통되는 단계의 수, 유통업자의 선정 및 관리, 운송, 보관 등 유통과 관련한 모든 변수가 포함된다.

불경기를 맞은 맥주회사가 저가 주력 제품 10개 들이 묶음 상품을 대형마트에서 한정 판매해 본 후에 편의점 등 다른 유통망으로 확대하는 식이다.

OTT 서비스의 경우 스마트폰에서 구글플레이, 원스토어 등 앱 다운로드 서비스가 유통채널에 해당한다.

Promotion

Promotion은 제품·서비스에 대해 고객들이 좋은 느낌을 갖게 하고 구매할 수 있도록 목표 시장에서 시행되는 다양한 커뮤니케이션 활동을 뜻한다. 흔히 얘기하는 판촉(판매촉진)뿐만 아니라 광고, 홍보 등이 모두 포함되는 개념이다. 광고의 경우 메시지 주제, 광고 모델, 대행사, 미디어 선정 등이다.

불경기를 맞은 맥주회사가 저가 주력 제품을 내놓으면서 평소 서민적인 이미지인 40대 남성 광고 모델을 사용하는 식이다.

OTT 서비스의 경우 새롭게 내놓는 드라마 시리즈 목표 시청자가 국내 지상파 방송 주말 드라마 시청자와 겹친다면 그 시간대에 지상파에 자사 광고를 내보내는 식이다.

제품·서비스는 사람이 유아기, 아동기, 청소년기, 성인기, 중년기, 노년기로 연령에 따라 구분되는 것처럼 고유의 수명 주기가 있다. 이를 마케팅 용어로 제품수명주기Product Life Cycle이라고 한다. 제품수명주기는 도입기, 성장기, 성숙기, 쇠퇴기로 나눌 수 있다.

도입기: 얼리 어답터 고객이 주로 소비하기 때문에 매출과 이익을 내기 쉽지 않다. 마케팅의 목표는 인지도 확대에 있다.

성장기: 고객층이 빠르게 확대되는 시기로 매출이 급성장하고 이익도 흑자로 전환할 수 있다. 다만 경쟁자들이 사업 모델을 베껴 시장에 진입한다.

마케팅 목표는 시장점유율 극대화에 있다.

성숙기: 시장 전체의 고객 성장률이 정점에 이르는 시기로 매출과 이익도 정점을 찍을 가능성이 높다. 시장점유율이 낮은 경쟁자들이 퇴출된다. 마케팅 목표는 시장점유율 유지와 이익 극대화에 있다.

쇠퇴기: 고객 성장률이 정체되거나 서서히 마이너스되는 시기로 매출이 줄면서 이익도 감소한다. 시장점유율이 낮아지는 경쟁자들은 퇴출되어 경쟁자 수는 더 감소한다. 마케팅 목표는 시장점유율 유지와 비용 축소에 있다.

제품수명주기에 따라서 마케팅 전략도 다음과 같이 유연하게 바뀌어야 한다.

제품수명주기에 따른 마케팅 전략 사례

	도입기	성장기	성숙기	쇠퇴기
Product	기본 제품	제품군 확대	브랜드 확대	점유율 낮은 제품 판매 중지
Price	기본 가격	제품에 따라 차별화 시작	고가·중가·저가 브랜드로 차별화	가격 조절(할인, 쿠폰 등)
Place	핵심 유통망 확보	유통망 확대	유통망 방어	이익이 적거나 비용이 높은 유통망 폐쇄
Promotion	적극적인 제품 광고, 홍보	광고, 홍보 제품 및 미디어 확대	브랜드 위주 광고, 홍보	광고, 홍보 최소화

B2B 기업의 4P는 남다르다

출·퇴근 기록 및 휴가, 외근, 출장 등 인사관리 업무에 쓰이는 HR[Human Resource] 애플리케이션[23] 아이템으로 창업한 회사가 있다. 임직원들이 스마트폰에 앱을 깔면 자동으로 GPS나 wifi 접속을 통해 출·퇴근 기록이 되고, 휴가·외근·출장 시에 관련 팀원에게 자동으로 내 일정이 통보되는 등

아주 편리한 앱이다. 인사팀에서는 실시간으로 임직원들의 앱에 업데이트되는 정보를 별도의 관리프로그램을 통해 확인할 수 있다.

자, 그러면 이 회사의 4P는 어떻게 될까.

일단 Product는 앱과 관리프로그램이다. Place는 모바일 앱스토어. 이 둘은 단순하다.

Price는 어떻게 매겨야 할까. 깔리는 앱 숫자에 따라? 관리프로그램 숫자에 따라? 아니면 앱을 깐 임직원의 숫자에 따라?(한 직원이 휴대폰과 탭에 2개씩 깔 수도 있으니까…) 그렇다면 직원 10명인 회사와 1,000명인 회사의 이용가격은 같아야 할까 달라야 할까? 일단 이 앱을 가장 많이 사용하는 곳이 어디인지 고객^{Customer}을 파악해야 한다. 당연히 중소기업과 스타트업이다. 왠만한 대기업은 자체 HR 시스템이 다 구축돼 있기 때문이다.

그렇다면 시장에 경쟁자^{Customer}는 얼마나 있을까? 앱 시장이 대부분 그렇듯 진입장벽이 낮아 이미 경쟁자가 여럿 있다.

우리 회사의 핵심역량^{Company}은? MZ 개발자들이 주축이라 경쟁사에 비해 UI·UX를 단순하고 편리하게, 게다가 예쁘게 만들 수 있다.

3C 분석을 해 봤을 때 내린 결론은 '일단 30인 미만 사업장은 무료로 하고, 30인 이상부터는 종업원 1인당 월 1,000원씩 사용료를 징수하는 것으로 하자'였다.

HR시스템은 개인 기록이 계속 축적되기 때문에 한번 쓰기 시작하면 바꾸기 어렵다. 국내에 HR시스템이 가장 안 깔려있는 곳은 대부분 100인 미만 사업장이다. 그렇다고 100인 미만을 다 무료로 해서는 절대 수익을 낼 수 없다. 그래서 고객 데이터 분석 결과, 초기에 많은 고객을 확보하면서도 향후 고객사들이 커가면서 유료화할 수 있는 Price 전략을 세운 것이다.

Promotion은 어떻게 할까. 주의할 점은 '최종사용자=의사결정권자'인 B2C 기업과 달리, B2B 고객은 '최종사용자≠의사결정권자'일 수 있다는 것이다.

HR 앱의 구매결정은 누가할까를 생각해보면 Promotion을 어떻게 할지 구상할 수 있다. 작은 조직에서는 HR담당 업무를 맡고 있는 임원 또는 대표이사가 구매 결정을 한다. 임원·대표가 유튜브나 SNS만 보고 구매 결정을 하지는 않을 것이다. 모든 조직에서 가장 보수적인 성향을 띤 곳이 HR이기 때문이다. 이들은 각종 데이터와 때로는 권위에 의한 결정을 한다. 레거시 미디어(신문, 방송) 등을 통해 그것도 교수 등 전문가들이 등장해서 할 때 효율적인 Promotion을 할 수 있다는 결론이다.

참고로 '의사결정단위'란 개념이 있다[24]. 구매결정 과정에 영향력을 행사하는 사람을 뜻한다.

챔피온Champion: 구매를 강하게 원하는 사람으로, 최종사용자가 아닐 수도 있다.

최종사용자End User: 제품을 실제로 사용해 피드백을 주는 사람이다.

의사결정권자Primary Economy Buyer: 기업에서 제품·서비스를 구매할 때 지출 결의서에 사인을 하는 사람이다.

모두 1차적으로 중요한 의사결정단위로 Promotion을 할 때는 이들을 최우선적으로 염두에 두고 Promotion 방법을 고민해야 한다.

또한 다음과 같이 2차적으로 구매결정 과정에 영향력을 행사하는 사람들도 고려해야 한다.

여론주도자: 유튜브, 페이스북 등 SNS에서 많은 팔로워를 보유해 잠재 고객들이 제품·서비스를 구매할 때 사전에 참고자료로 활용할 만한 사람이다.

거부권자: 노동조합이나 협회처럼 챔피온, 최종사용자보다 상위에 위치해 제품·서비스 구매에 거부권을 행사하는 사람·조직이다.

구매조직: 구매절차를 담당하는 사내 조직이다. 제품·서비스의 성능과 가격적합성 등을 판정하기 때문에 구매결정 과정에 절차적인 영향력을 미친다.

Ⅱ. 비즈니스 모델^{BM} 만들기

창업 아이디어를 구상하고 성공 가능성을 점검하고 시장 규모를 대략적으로 추산해본 후, 다음 단계로 실제 창업을 구체화시키기 위해 비즈니스 모델을 만들어봐야 한다. BM은 어떤 제품이나 서비스를 어떻게 소비자에게 제공하고, 어떻게 마케팅하며, 어떻게 돈을 벌 것인가 하는 계획 또는 사업 아이디어를 뜻한다.

BM을 수립할 때는 비즈니스 모델 캔버스^{Business Model Canvas}와 린 캔버스^{Lean Canvas}처럼 이미 만들어진 '생각 프레임'을 활용하면 된다. 둘 중에 어느 것을 활용하든 상관은 없다.

캔버스에 그림을 그려라

최근에는 스타트업 뿐만 아니라 투자자들도 린 캔버스 기법을 많이 활용하기 때문에, 이 책에서는 린 캔버스 기법을 먼저 설명해보려 한다.[25]

각자 창업 아이디어가 있다면 아래 표에서 동그라미숫자에 따른 순서대로 자신의 생각을 간결하게 적어 넣으면 된다.

린 캔버스 작성하기

① 문제 (Problem)	④ 해결 방안 (Solution)	③ 고유의 가치 제안 (Unique Value Proposition)	⑨ 경쟁 우위 (Unfair Advantage)	② 고객세분화 (Customer Segments)
	⑧ 핵심 지표 (Key Metrics)		⑤ 채널 (Channels)	
⑦ 비용 구조 (Cost Structure)			⑥ 수익원 (Revenue Stream)	

① 문제Problem: 창업 아이템 분야에서 고객이 느끼는 불만 가운데 가장 중요한 문제 3가지 정도만 적어야 한다. 예를 들어, 음식 배달 앱이라고 하면 '집에서 편하게 음식을 배달시켜 먹고 싶은데 전화번호를 일일이 찾아야 하고, 배달시킬 음식의 종류도 많지 않고, 배달음식의 질도 알 수 없다'는 문제점을 적을 수 있다.

② 고객세분화Customer Segments: 앞의 문제를 겪으며 불만을 느끼는 사람들이 타겟 고객이다. 여기서 고객의 범위는 우리 회사의 제품·서비스를 출시하자마자 사용할 고객이다. 앞에서 배운 STP 분석과 페르소나 개념을 적용하면 된다. 예를 들어 '집에서 자주 피자, 치킨, 자장면을 배달시켜 먹는 20대 남자'라고 타겟 고객을 구체화할 수 있다.

③ 고유의 가치 제안Unique Value Proposition: 고객에게 전달하려는 유무형의 가치 또는 차별화요소를 뜻한다. 타겟 고객이 우리 회사 제품·서비스를 구매해야 하는 이유를 '누구에게, 어떤 편익Benefits을, 어떻게 차별화된 방식으로 제공하는가'로 정의해 적으면 된다.[26]

예를 들어 '음식 배달을 시키려는 고객이 수많은 배달 음식점 가운데 기존 고객이 남긴 평점을 비교 검색한 후 클릭 한 번으로 주문해서 다른 경쟁사보다 빨리 배달받을 수 있다'는 식이다.

가치 제안은 비즈니스 모델에서 가장 핵심 요소일 뿐만 아니라 향후 시장 개척과 투자 유치 등 모든 활동에 있어 상대방을 설득할 수 있는 가장 강력한 무기이다.

④ **해결 방안**Solution: 고객의 문제를 해결하기 위한 핵심 기능 3가지를 적어야 한다. 기술적으로 구현 가능한지를 충분히 검토해야 한다. 또한 시장 조사를 통해 실제 고객이 원하는 기능이 맞는지도 미리 체크해야 한다. 예를 들어 '음식점 데이터, 원클릭 주문 결제 시스템, 고객 평점 랭킹 관리' 등이 주요 기능이 될 수 있다.

⑤ **채널**Channels: 고객 도달 경로를 뜻한다. 우리 회사의 제품·서비스가 목표 고객에게 도달하기까지 과정을 적으면 된다.[27] 백화점이나 마트 같은 물리적 공간, 인터넷이나 휴대폰 앱 같은 가상의 공간 등 다양하다. 앞의 예에서는 스마트폰 어플앱이다.

⑥ **수익원**Revenue Stream: 매출과 영업이익이 발생하는 방식이다. 뒤에 설명하는 다양한 수익모델 가운데 하나 또는 두 개 이상의 조합을 선택해야 한다. 수익은 기업의 생존과 직결되므로, 안정적인 수익을 낼 수 있는 수익모델을 찾아야 한다.

앞의 예에서 수익원은 배달 수수료이다. 포털 서비스의 경우에는 광고비, 게임의 경우 아이템 판매가 주 수익원이다.

⑦ **비용 구조**Cost Structure: 사업을 하기 위해 지출해야 하는 비용을 뜻한다. 창업 초기에는 매출 없이 비용만 나가기 때문에 비용을 최대한 줄이는 것이 관건이다.

배달앱의 경우 고객에게 배달 수수료를 받아서 라이더(배달하는 사람)에게 건당 일정 금액의 비용을 지출하게 된다. 고객 수요와 라이더 공급 시점이 맞지 않을 경우 평소 대비 몇 배의 금액이 나갈 때도 있다. 이같은 비용 구조의 특성을 잘 파악해서 비용을 최소화하는 전략을 짜야 한다.

⑧ **핵심 지표**^{Key Metrics}: 회사의 생존 가능성, 사업 성장 속도를 가늠할 수 있는 가장 직관적이고 명확한 성과 지표 2~3개를 선정한다. 여기서 선정된 지표가 회사 전체의 KPI^{Key Performance Indicator} 또는 KR^{Key Results}이 된다.[28] 예를 들어 전년동월대비 매출 성장률, 월별 결제 고객 수 등이다.

⑨ **경쟁 우위**^{Unfair Advantage}: 경쟁자가 쉽게 따라하기 힘든 기술, 인력 등의 우위를 뜻한다. 경쟁자와 역량이 비슷하다면 결국은 마케팅과 브랜딩에 누가 더 많은 자금을 쏟아붓느냐에 따라 승패가 결정되기도 한다. 예를 들어 배달 앱 사업 초기에는 누가 더 많은 지역에서, 더 많은 서비스 음식점과 라이더 수를 확보했느냐가 승패를 좌우했다.

생산-유통-판매 모델에 적합한 비즈니스 모델 캔버스[29]

앞에서 설명한 린 캔버스처럼 9개의 항목으로 구성되어 있다. 다만 린 스타트업에서 문제가 있어야 할 자리에 비즈니스 모델 캔버스에서는 핵심 파트너가, 해결 방안 자리에 핵심 활동이, 핵심 지표 자리에 핵심 자원이, 경쟁 우위가 있어야 할 자리에 고객 관계가 있다는 점이 다르다.

비즈니스 모델 캔버스 작성하기

④ 핵심 파트너 (Key Partners)	③ 핵심 활동 (Key Activities)	② 가치 제안 (Value Proposition)	⑨ 고객 관계 (Customer Relationships)	① 고객세분화 (Customers)
	⑥ 핵심 자원 (Key Resources)		⑦ 유통 채널 (Channels)	
⑤ 비용 구조 (Costs)			⑧ 수익 흐름 (Revenue)	

핵심 파트너 Key Partners: 제품·서비스의 원재료 및 기초서비스 등을 제공하는 공급자를 뜻한다. 온라인 쇼핑몰의 경우 생산공장, 택배회사, 결제회사 등이다.

핵심 활동 Key Activities: 고객 세분화와 가치 제안을 통해 창업 아이템을 선정한 이후 구체적인 실행 활동을 해야 한다. 온라인 쇼핑몰의 핵심 활동은 구매, 마케팅 등이다.

핵심 자원 Key Resources: 가치 제안을 위해 필요한 회사의 핵심 자원이다. 매장, 제조설비, 운송장비, IT시스템 등 유형 자산과 브랜드, 상표, 특허, 저작권, 데이터, 인력 등 무형 자산이 포함된다. 온라인 쇼핑몰의 경우 강한 브랜드 이미지, 오프라인 쇼핑몰은 좋은 상권에 위치한 매장 등이다.

고객 관계 Customer Relationships: 고객을 어떻게 정의하고 관리하며, 고객 불만에 어떻게 대응할 것인가를 뜻한다. 전문용어로 고객관계관리CRM, Customer Relationship Management라고 불린다. 마케팅, SNS 관리, 반품 및 A/S, 콜센터 등이 모두 고객관계관리에 포함된다.

위 4가지 항목에서 보듯 비즈니스 모델 캔버스는 생산–유통–판매 활동과 관련이 많은 제조업·서비스업 비즈니스 모델을 수립할 때 조금 더 적합하다.

수익 모델도 고민하기

지금까지 창업 아이템을 선정하고, 우리의 진짜 고객을 찾아, 어떤 방식으로 팔 것인지에 대한 방식을 차례대로 배웠다. 실전 경험이 없이 이론 공부만 해 온 스타트업 창업가들은 이 모든 것을 종합한 BM 작성에 지나치게 몰입한다. 하지만 정작 회사 생존에 너무나도 중요한 수익을 어떻게 낼 것인지(린 캔버스와 비즈니스 모델 캔버스의 '수익원Revenue Stream, Revenue' 부분)에 대한 진지한 고민을 하는 창업가들은 의외로 많지 않다.

수익원, 수익 모델의 중요성을 보여주는 대표적인 사례가 구글이다. 구글 이전에도 많은 검색 기능을 가진 포털들이 있었다. 이들은 한 화면에 광고 배너를 여기저기 배치해 놨다. 광고주들이 광고 배너를 돈을 주고 사도록 해서 수익을 내는 방식이었기 때문이다. 구글은 첫 화면에 구글 검색창 하나만 위치시켰다. 사용자가 키워드 검색을 해서 실제 광고주가 원하는 화면으로 들어올 때의 데이터를 모아서 광고주가 광고비를 내는 방식이다. 전혀 다른 수익원을 만든 셈이다. 오늘날의 구글(현재는 알파벳이란 이름을 쓴다)을 만든 것은 키워드 검색을 통해 들어온 광고비로 쌓은 엄청난 자본력이다.

수익을 내는 방식은 다양하다. 한 가지 방식을 쓸 수도 있고, 여러 유형을 혼합할 수도 있다. 아래에서 제시하는 방식 가운데 우리 회사에 가장 적합한 모델이 있는지 고민해보자.[30]

물론 아래 방식들을 조합해서 수많은 방식을 더 만들어낼 수 있다.

거래 수수료Transaction Fee: 최종사용자 고객이 이용할 때마다 기업·개인 고객에게 수수료를 받는 방식이다. 배달 앱이 배달 1건당 식당과 고객에게 일정 수수료를 받는 사례가 대표적이다.

구독료Subscription: 1년이나 1개월 단위로 비용을 부과하는 방식이다. 스타트업에게는 매출이 지속적으로 발생한다는 점에서 굉장히 유리한 방식이다. 음원 스트리밍 등 모바일 앱에서 많이 쓰인다.

정액 요금제 Cell Phone Plan: 영어 이름 그대로 휴대폰 정액 요금제를 떠올리면 된다. 사용량과 가격을 정한 후에 반복적으로 부과하므로 예측 가능성이 큰 모델이다. 사용량이 일정 수준을 넘어서면 추가 요금을 받아, 회사의 비용 부담을 덜 수 있다.

종량제Usage-Based: 전기나 가스 요금처럼 사용량에 따라 비용을 부과하는 모델이다.

광고Advertising: 신문, 방송, 포털 등이 광고를 게재·방송하고 광고주에게서 돈을 받는 모델이다. 무료 앱 서비스 상당수가 광고 모델에 수익을 의존하고 있다.

정보 제공 Reselling the Data Collector: 무료 제품·서비스로 최종사용자를 확보한 다음 사용자 동의를 얻어 그들이 만들어 내는 각종 데이터를 제3자에게 제공해서 돈을 받는 모델이다. 명함 자동입력 앱 서비스의 경우 사용자가 입력한 각종 정보를 기업의 채용 담당자나 헤드헌팅 회사에 팔아 돈을 번다.

소액결제Microtransactions: 온라인 게임산업에 주로 쓰이는 모델로 값싼 아이템을 지속적으로 팔아 돈을 버는 모델이다.

유지보수Maintenance: 빌딩 관리처럼 시설물 관리비를 받아 수익을 내는 모델이다.

프랜차이즈Franchise: 치킨이나 버거 매장처럼 노하우와 브랜드, 원자재 등을 제공하고 가입비와 원자재 구입비 등을 받는 모델이다. 본사에서 부담하는 비용이 크지 않다는 점에서 매력적이나, 가맹점에서 큰 문제가 발생할 경우 본사에도 리스크가 된다는 약점이 될 수 있다.

소모품 의존 Consumables: 제품보다는 제품의 일정 기능을 담당하는 소모품에 지속적으로 비용을 청구하는 모델이다. 면도기나 프린터를 생각하면 이해하기 쉽다. 한번 제품을 구매하면 면도날이나 잉크 카트릿지를 계속 구매해서 사용할 수밖에 없는 고객 사용상황을 활용한 수익 모델이다.

원가 기준 Cost Plus: 고객에게 제품 생산 비용에 일정 비율을 더한 비용을 청구하는 것이다. 성공 불확실성이 큰 사업에 유리한 모델이다. 정부의 연구개발과제 프로젝트 지원 등에 쓰이는 모델이다.

투입 시간 기준 Hourly Rates: 시간당 비용을 청구하는 모델로, 프로젝트 범위가 중간에 바뀔 가능성이 큰 서비스업에 적용된다. 변호사, 로펌 업계에서 주로 쓰는 것으로 유명하다.

기술 이전 Licensing-Out: 특허를 이전하고 전용실시권License에 대한 사용료를 받는 모델이다. 연구개발에 특화된 바이오벤처 등에서 돈을 버는 모델이다.

고객 좋고, 기업 좋고: 고객생애가치와 고객획득비용

고객은 중요하다. 우리 회사의 시작이고 끝이다. '고객은 왕이다'란 말이 있을 정도다. 수년 전, 유명 영화배우를 광고 모델로 쓸 정도로 잘 나가던 한 앱 서비스 대표는 언론 인터뷰 2시간 동안 '고객 가치Customer Value'를 백 번도 넘게 외쳤다. 고객 가치는 고객이 제품·서비스를 사용하면서 얻는 편의를 위해 지급하는 제품·서비스 비용을 뺀 가치를 뜻한다. 소위 말하는 가성비가 높은 제품·서비스는 고객 가치가 높은 것이다. 고객 입장에서야 고객 가치가 높으면 당연히 좋다.

그렇다면 고객 가치만 높이면 우리 회사는 성공할 수 있을까? 정답은 수년째 적자의 늪에서 헤어나오지 못하고 있는 앞의 회사의 사례에서 찾을 수 있다. 비상장 상태에서 기업 가치는 오히려 떨어졌고, 이제는 생존을 걱정해야 할 처지가 됐다.

고객 가치는 고객 관점에서의 비용 편익 분석일 뿐이다. 기업 입장에서는 고객생애가치(CLV, LTV $^{\text{Customer Life-Time Value}}$) 관점에서 비교 분석해야 한다.

고객생애가치는 고객이 평생[31] 자사 제품·서비스를 구매할 때 고객이 아닌, 기업이 얻는 모든 가치를 더한 것이다. 고객은 좋은 제품·서비스를 단 한 번이 아니라 여러번 구매하기 때문이다.

고객생애가치 계산법은 매우 다양하다. 아래 두 가지 방식이 일반적으로 많이 쓰이며, 이를 단순화해 계산하는 방법은 인터넷에서 쉽게 찾을 수 있다.

(1) CLV = { (고객 1인당 평균 매출 - 고객 1인당 평균 비용)÷
(1 - 고객유지율 + 할인율) } - 고객획득비용
(2) CLV = (평균 구매금액 × 총 마진 × 구매 빈도 × 고객 수명[32])
- 고객획득비용

가장 복잡한 방식인 (1)번 계산법을 통해 우리 회사의 고객생애가치를 높이는 방법을 알아보자. 다음의 네 가지 방식이 있다.

a. (고객 1인당 평균 매출 - 고객 1인당 평균 비용) 늘리기:

고객 1인당 평균매출은 일반적으로 ARPU $^{\text{Average Revenue Per User}}$ 또는 ARPPU $^{\text{Average Revenue Per Paying User}}$라고 표현한다.

고객에게 제품·서비스를 판매해서 매출을 일으키는 방식, 즉 수익모델은 바로 앞에서 설명한 것처럼 거래 수수료, 구독료, 정액요금제, 종량제, 광고 등 매우 다양하다. 우리 회사 제품·서비스에 적합한 모델을 하나 또는 여러 가지를 혼합 적용해 매출을 극대화해야 한다.

여기서 비용은 주로 직접적인 생산비용을 뜻한다. '고객획득비용'에 해당하는 영업비와 마케팅비, 간접비에 해당하는 연구개발비와 일반관리비 등은 포함되지 않는다. 대부분 스타트업의 경우 고객 매출에 집중하느라 비용 부분을 간과하는 경향이 있다. 하지만 고객생애가치의 관점에서 100원만큼 매출을 올리는 것과 100원만큼 비용을 줄이는 효과는 똑같다.

예를 들어 온라인에서 비건 화장품 판매를 한다고 할 때, 창업 초기에는 생산을 아웃소싱할 수밖에 없다. 자체 생산보다 아웃소싱이 비용이 더 높다. 제품 종류는 줄이고 한 제품 당 생산량은 늘려야 아웃소싱 업체에 대한 가격 협상력이 높아진다. 전체적인 생산 프로세스 등을 고려해서 비용을 낮추는 최적의 방안을 찾아야 한다.

b. 고객유지율 높이기:

대부분 제품·서비스는 고객이 반복해서 이용하게 된다. 이때 전체 고객에서 다시 우리 제품·서비스를 이용하는 고객의 비율을 고객유지율[Retention Rate]이라고 한다. 반대되는 개념으로 고객이탈율[Churn rate]이 있다. 월 단위 또는 연 단위로 측정한다

예를 들어 비건 화장품 판매 회사에서 지난달 화장품을 구매한 고객 100명 가운데 이번달에 70명이 다시 화장품을 구매했다면 고객유지율은 70%라고 볼 수 있다.

(1)의 계산식에서 분모 값을 줄여야 전체 고객생애가치가 커지게 된다. 고객유지율은 분모에서 마이너스되는 값이므로, 고객유지율이 높을수록 고객생애가치는 커지게 된다.

이는 수많은 통계로 입증되어 있다. 기존 고객의 경우 영업비, 마케팅비가 신규 고객에 비해 훨씬 적게 드는데다 이들이 한번 구매할 때 구입 금액도 더 크다. 비용은 적게 들면서 매출은 빨리 늘어난다. 따라서 고객유지율은 매우 중요한 지표가 된다.

c. 할인율:

할인율은 일반적으로 자본 비용$^{Cost of Capital Rate}$을 뜻한다. 자본금 투자 유치나 금융기관 대출 등을 통해 투자자에게서 자금을 조달했을 때 발생하는 비용이다. (부록 밸류에이션 파트에서 자세히 설명한다.) (1)의 계산 공식에서 분모에서 할인율이 높을수록 기업에는 불리하다는 것을 직관적으로 알 수 있다(고객유지율과는 반대).

여기서는 스타트업의 경우 할인율이 30~80% 수준으로 매우 높을 수밖에 없다는 점만 알면 된다. 고객생애가치를 측정하면서 창업가들이 자주 간과하는 변수[33]이기도 하다.

d. 고객획득비용 줄이기:

고객획득비용$^{COCA 또는 CAC, Cost of Customer Acquisition 또는 Customer Acquisition Cost}$은 신규 고객을 유치할 때 들어가는 비용을 뜻한다. 신규 고객을 유치하기 위한 영업, 마케팅과 관련한 모든 비용이 포함된다.[34] 다음과 같은 공식으로 계산된다.

고객획득비용 = (영업 및 마케팅 총 비용 - 기존 고객 유지비) ÷ 신규 고객 수

대부분의 자원이 부족한 스타트업의 경우 고객획득비용을 낮추기위한 모든 방법을 동원해야 한다. 고객획득비용을 낮추기 위한 몇가지 꿀팁이 있다.

첫째, 우리 회사의 목표 시장에만 초점을 맞춰라. 앞에서 STP 분석과 4P 실행 전략을 다듬은 사실을 기억하자. 오직 목표 시장에만 집중할 때 마케팅 효과가 극대화되고 영업 인력의 생산성도 높아지며 비용도 절감할 수 있다.

둘째, 초기 기업에게는 바이럴(입소문) 마케팅이 최고의 수단이다. 기존 고객이 개인 SNS에 남기는 글, 판매 홈페이지에 남기는 칭찬 리뷰 등 바이럴은 최고의 마케팅 수단이다. 아직 제품·서비스를 써보지 않은 고객들은 바이럴 마케팅에 혹할 수밖에 없다. 또한 기존 고객들도 자신의 선택에 확신을 갖게 된다. 고객획득비용을 낮출 수 있을 뿐만 아니라 고객유지율도 높일 수 있다.

셋째, 자동화를 고민하라. 영업 및 마케팅 총 비용을 줄이는 가장 쉬운 방법은 인건비를 줄이는 것이다. 영업 및 마케팅 프로세스 가운데 가급적 쉬운 부분부터 자동화를 하는 게 좋다. 예를 들어 제품·서비스 재구매가 5회를 넘은 고객 가운데 홈페이지 리뷰를 남긴 고객에게 할인 쿠폰을 주거나, SNS를 통해 지인에게 우리 제품·서비스를 추천해서 이용하면 자동으로 추천자에게 할인 쿠폰을 주는 식으로 마케팅 알고리즘을 구성할 수 있다.

넷째, 잠재고객의 고객전환율을 높여라. 고객전환은 목표 시장에 있는 잠재고객을 실제 돈을 내는 고객으로 만드는 것이다. 고객전환율을 높이는 다양한 수단을 동원해야 한다. 가장 쉽게는 공짜 제품·서비스를 사용하는 방식이 있다. 광고가 붙지 않고 다운로드가 가능한 유튜브 프리미엄이 공짜로

한 달간 사용하는 프로그램을 운영하는 게 대표적인 사례다. 대부분의 앱 서비스는 이같은 방식을 활용해 잠재고객의 서비스 체험을 늘려, 실제 돈을 내는 고객으로 유인하고 있다.

해적 지표로[35] 성장성 측정하기

고객도 경쟁자도 빠르게 변화한다. 당연히 우리 회사의 비즈니스 모델과 세부 전략도 이같은 변화에 발맞춰 빠르게 바뀌어야 한다. 그렇다면 우리 회사가 비즈니스 모델을 잘 수행하고 있는지, 그리고 비즈니스 모델은 언제 수정해야 하는지는 어떻게 알 수 있을까.

고객 및 비즈니스와 관련된 '측정 가능한' 지표를 수치화해서 분석하는 과학적인 방법이 있다. 특히 스타트업들이 많이 활용하는 방식으로 5개 핵심 지표를 관리하는 해적 지표Pirates Metrics라는 게 있다.

해적 지표는 고객여정지도 가운데 핵심이 되는 Acquisition(획득), Activation(활성화), Retention(유지), Referral(추천), Revenue(수익·매출) 등 다섯가지 영역으로 구성되어 있기 때문에 첫 글자들을 따서 AARRR 지표라고도 불린다.

획득: How do customers find you?

"고객은 어떤 채널을 통해서 오는가?"를 측정하는 것이다. 일단 일반인, 즉 잠재고객이 우리 제품·서비스를 한 번이라도 알게 하는 게 비즈니스의 시작이다. 인터넷·앱 쇼핑몰 사업을 하고 있다면 키워드 검색, SNS 광고, 블로그 노출 등을 통한 유입률, 회원 가입률 등을 측정한 후 가장 효율적인 채널을 찾아 마케팅을 집중해야 한다.

활성화: How quickly can you get your customers to the 'Aha-moment'?

"획득한 고객 가운데 만족스러운 초기 경험을 가진 고객 비율은 몇 퍼센트인가?"를 측정하는 것이다. 인터넷·앱 쇼핑몰의 경우 접속횟수(일별, 월별), 조회 수, 검색 빈도, 장바구니 보관 대비 구매율 등을 측정한다. 고객이 우리 제품·서비스를 중요하다고 인지하는 것, 즉 아하 모멘트$^{Aha-moment}$를 최대한 빨리 느낄 수 있도록 하는게 목표다.

유지: How many of your customers are you retaining & Why are you losing the others?

"얼마나 많은 고객이 우리 회사 제품·서비스를 다시 찾는가?"를 측정한다. 인터넷·앱 쇼핑몰의 경우 재방문기간, 반복구매자 비율 및 평균단가, 월별 구매금액 증가율 등이 주요 측정 지표이다. 마지막 방문이 오래된 고객이나 생일을 맞은 고객에게 할인 쿠폰 이메일을 보내는 등 맞춤형 마케팅을 통해 유지율을 높일 수 있다.

추천: How can you turn your customers into your advocates?

"고객이 자신의 친구들에게 우리 회사 제품·서비스를 추천할 것인가?"를 측정하는 것이다. 인터넷·앱 쇼핑몰의 경우 사용자 평점, 리뷰 작성 수, SNS 모니터링, 바이럴 계수[36] 등의 지표가 측정되어야 한다.

수익·매출: How can you increase revenue?

"제품·서비스에서 수익을 낼 수 있는가?"를 측정하는 것이다. 인터넷·앱 쇼핑몰의 경우 고객당 매출, 고객당 매출이익률 등의 지표가 있다. 고객생애 가치와 고객획득비용 개념이 바로 수익률을 높이기 위한 중요 방법이다.

해적 지표의 5개 지표를 각각 수시로 관찰하고, 특히 회사의 비즈니스 전략과 지표의 변화 추이를 꼼꼼히 살펴야 한다. 예를 들어 검색 광고 비용을 1억 원 지출했는데 고객 유입율이 50% 늘었고, 2억 원 지출했을 때 10% 밖에 추가로 늘지 않았다면 검색 광고비 집행을 더 이상 늘릴 필요가 없다. 또한 막대한 비용 지출을 통해 고객 수가 급성장하고, 매출도 늘었지만 고객당 매출은 오히려 줄어들고 있다면 비즈니스 모델 전체를 다시 재점검해야 한다.

이처럼 측정된 숫자로 비즈니스 모델의 효율성을 검증하는 과정에서 "더 이상 이 모델로는 수익률을 끌어올리기 쉽지 않다"고 판단하는 순간이 온다. 이때 경영진은 피벗^{Pivot}을 진지하게 고민해야 한다.[37] 농구를 배울 때 가장 많이 듣는 말인 피벗은, 말 그대로 한 발은 그 자리에 단단하게 디디고 다른 한 발은 새로운 방향을 내딛는 것을 뜻한다. 낡은 비즈니스 모델을 버리고 새로운 모델을 구상해서 실현하는 것이다.

피벗에는 제품·서비스의 핵심 기능을 변화하거나(제품), 시장세분화 분석을 통해 목표 고객군을 변경하거나 고객 니즈 변화에 따라 핵심 가치제안을 바꾸거나(고객), 비즈니스 모델의 수익 창출 방식을 변화(사업구조) 등의 유형이 있다.

예를 들어 유튜브의 경우 처음에는 동영상을 통해 데이트 상대를 찾는 서비스로 시작했다. 발렌타인 데이인 2월 14일에 첫 서비스를 시작했지만 한마디로 '폭망'했다. 그리고 이들은 현재의 동영상 공유 서비스로 방향을 튼다(제품·서비스 변화). 핀터레스트의 경우 처음에 모바일 쇼핑앱으로 시작했지만 쇼핑 아이템을 사진으로 정리하는 고객 니즈가 커지면서 사진 정리 서비스로 변화했다(고객 변화). 마이크로소프트의 경우 과거 워드나 엑셀 같은 MS오피스 제품을 패키지 판매를 통해 돈을 벌었으나, 수년 전부터 구독 방식으로 수익 모델을 바꿨다(사업구조 변화).

III. 팀 짜기^{Team Building}

아무리 좋은 비즈니스 모델을 만들어 놓아도 창업가 혼자서 모든 일을 처리하며 일할 수는 없다.

골목식당이나 동네카페라면 알바생을 쓰면 된다. 하지만, 스타트업 업계의 업무는 대기업 못지않게, 아니 대기업보다 더 심오한 전문성이 필요한 분야가 많다.(스티브 잡스가 당대 최고의 컴퓨터 엔지니어 스티브 워즈니악과 함께 일한 것을 보라!)

특히 정부 기관의 다양한 창업 지원이나 엑셀러레이터, 벤처캐피탈 등 민간 투자를 받으려면 좋은 팀 구성, 즉 탄탄한 팀 구성은 필수이다. 이들이 우리 회사를 평가할 때 팀 구성이 상당한 비중을 차지하기 때문이다.

F에서 시작해서 A로

그렇다면 나와 함께 일할 팀 멤버는 어떻게 찾을 수 있을까. 대부분 처음에는 F에서 시작한다. 친구^{Friend} 또는 가족^{Family}이다. 조금 더 여력이 된다면 가급적 외부인^{Alien}을 발품을 팔아서 찾아다니자.

학교나 직장 안팎의 동아리 모임에서 만난 선배, 친구, 후배 중에서 일 잘하고 뜻을 같이할 사람을 찾거나 지인을 통해 사람을 소개받는 게 가장 처음 시작하는 방식이다. 여기저기 열리는 스타트업 행사나 직종별 전문가 모임, 예를 들어 IT개발자 모임 등에 '쪽팔림을 무릅쓰고' 찾아가서 사람을 만나 친해져야 한다. 로켓펀치, 원티드 같은 스타트업 전문 구인구직 사이트나 인크루트, 잡코리아 같은 종합 채용 플랫폼을 활용할 수도 있다.

우리 회사의 비즈니스 모델을 잘 구현할 전문가들을 찾는 것 못지 않게 회사의 각종 안살림을 챙길 사람 한 명을 두는 것도 중요하다. 스타트업이 커질수록 인사, 총무, 재무, 회계 등 비즈니스 외의 업무량이 증가하기 때문이다. 창업자의 MBTI가 내향성(I)이라서 도저히 일 잘할 사람 찾아다니는 일을 못한다면 안살림을 챙길 직원을 외향성(E)으로 먼저 뽑아서 그런 업무를 맡기는 것도 좋은 해결책이다.

스타트업 팀 빌딩은 향후 회사의 성공 여부를 좌우한다. 성공하는 팀 빌딩을 위한 몇 가지 팁을 소개한다.

첫째, 비슷한 사람을 찾지말고 서로 보완되는 사람을 찾자. 어르신들이 하는 말 중에 "부부는 정반대로 만나야 잘 산다"는 말이 있다. 이는 스타트업에도 적용된다. 소통을 못 할 정도로 꽉 막힌 사람이 아닌 이상 성격도 다르고 전문 분야도 조금씩 다른 사람으로 구성하라는 말이다. 구글의 공동 창업자 래리 페이지와 세르게이 브린은 거의 정반대의 성격을 가진 것으로 알려졌다. 만나자마자 열띤 토론을 벌였던 두 사람은 서로 다른 성격의 보완으로 구글을 성공 궤도에 올렸다.

둘째, 한 사람에게 핵심 업무를 의지하지 말자. '앱 개발이 핵심인 회사인데, 한 명의 프로젝트 리더에게 모든 정보가 쏠렸다. 어느날 대표와 개발 일정 이슈로 대판 싸우고 회사를 나가버렸다. 혼자만 나가면 되는데 본인이 뽑은 신입직원 두 명도 한 달 차이를 두고 회사를 그만뒀다.' 의외로 스타트 업에서 자주 보는 일들이다.

이런 일을 겪지 않도록 미리 대비해야 한다. 핵심 업무가 있으면 팀장 밑에 부팀장을 둬 업무 자체가 백업되도록 해야 한다. 또한 작은 조직일수록 인사권은 가급적 대표가 갖고 있는 게 좋다. 팀장이 자유롭게 팀원을 뽑게 놔두는 것도 나중에는 큰 문제가 될 수 있다.

셋째, 친소 관계로 회사가 운영되면 안 된다. 스타트업 초기에는 많아야 2~3명이 일을 한다. 게다가 대부분 초기에는 친동생, 사촌동생이나 고등학교 동창, 대학교 동창이다. 회사 내에서 'ㅇㅇ형', 'ㅇㅇ야'란 말을 자연스럽게 쓰는 경우가 많다.

그러다 정부 기관 지원을 받고, 엑셀러레이터나 벤처캐피탈 투자를 받아 사람을 늘린다. 새로 이직해 들어온 전문가들은 출근 초기 회사에서 진짜로 외계인^Alien 취급받는다는 느낌을 받을 수밖에 없다. 조직이 제대로 돌아갈 리 없다.

성공한 스타트업들을 소개하는 언론 기사를 보면 "우리 조직에서는 영어 이름을 써요", "우리 회사는 상무, 이사, 팀장같은 직급으로 부르지 않습니다. 모두 ㅇㅇ님이라고 불러요"란 내용이 나온다. 친소 관계를 없애면서 수평적 의사소통을 원활화할 수 있는 좋은 방법이기 때문이다.

넷째, 회사가 커가면서 조직 구조도 유연하게 바뀌어야 한다. 시리즈A 정도 투자를 받은 스타트업의 경우 직원 수가 최소 10명 이상 많게는 수십 명으로 불어나게 된다. 불과 몇 년 만에 조직이 감당하기 힘들 정도로 커지면서 자연스레 효율성이 떨어지게 된다.

아마존 창업자 제프 베조스는 '피자 두 판의 법칙'이란 표현을 썼다.[38] 팀을 구성할 때 팀원들이 모두 모여 피자 두 판을 먹는 정도의 인원수면 충분하다는 뜻이다. 많아야 6~8명을 넘지 않는 숫자다. 이보다 많아지면 팀 내 소통도 어려워지고, 팀장이 팀원의 업무를 명확하게 파악하고 지시하기도 힘들어진다.

가장 효율적인 팀 인원에 대해서는 4명, 5명, 6명, 7명, 8명 등 다양한 숫자가 거론된다. 그마다 각각의 논리가 있다. 어떤 팀은 4명으로 효율적으로 운영될 때도 있고, 8명으로 최상의 성과를 낼 때도 있다. 그때그때 우리 회사 상황에 맞게 유연하게 대처하면서 조직 구성을 하면 된다.

뭐든지 많이 '잘' 먹여라

스타트업 초기에는 열정이 넘친다. 마치 잘나가는 취미 동아리 모임같다. 동아리 모임은 즐겁기만 하면 된다. 하지만 일 때문에 모인 조직은 즐겁기만 해서는 안 된다. 보상이 없는 조직은 오래가지 못한다. 비슷한 시기에 창업한 옆 사무실 스타트업 직원은 얼마를 받았네 하는 소식이 들려오기 시작한 순간 직원들의 마음에는 이미 사표가 써 있다.

2005년 당시 흥행 대박을 친 영화 '웰컴 투 동막골'에서 마을 이장이 마을을 잘 이끈 비결을 묻는 질문에 "뭐를 많이 멕여야지(=먹여야지)"라고 대답한다. 이익을 추구하는 기업에서 인사의 핵심은 적절한 보상이다.

하지만 돈도 없고, 사람도 없는 스타트업 초기에는 '먹일' 수단이 별로 없다. 회사와 내가 함께 클 수 있다는 '꿈' 그리고 대기업에서는 느낄 수 없는 조직의 '유연성'을 큰 무기로 활용해야 한다.

좋은 인력일수록 대부분 월급을 깎아서 모실 수밖에 없다. 대신 2년 이상

근무하는 조건으로 회사 주식을 준다는 계약인 스톡옵션^{Stock Option}을 부여해 인력을 모셔올 수 있다. 당장 받는 월급은 적지만 '회사가 잘 될 경우 주식을 팔아 목돈을 벌 수 있다'는 희망을 보상으로 주는 셈이다. 대부분 스타트업에서 이를 활용한다.

스톡옵션을 부여할 때는 몇 가지 주의할 점이 있다. 첫째, 비상장사의 스톡옵션 부여는 주주총회 결의사항이다. 이사회에서 결의를 했다고 해서 주주총회를 거치지 않고 스톡옵션 부여를 결정하면 나중에 문제가 생긴다. 둘째, 스톡옵션은 벤처기업의 경우 전체 발행주식의 50%까지 부여할 수 있다. 한 사람에 대한 너무 많은 스톡옵션 부여는 추후 기관 투자 유치 과정에서 걸림돌이 될 수 있다.[39] 셋째, 창업 초반에 스톡옵션 한도를 다 쓰면 안 된다. 나중에 회사가 한창 커 나갈 때 우수 인재 유치를 위해 스톡옵션을 활용하지 못할 수 있다.

계획보다 많은 매출을 일으키거나 프로젝트에 성공해 이익을 냈을 경우, 이익의 일정 부분을 상여금(특별 성과급)으로 지급해 직원들의 사기를 높이는 방법도 있다.

예를 들어 올해 매출 목표가 10억 원이었는데 20억 원의 매출을 냈고, 이익이 당초 예상보다 3억 원 더 들어왔다고 치자. 3억 원 가운데 3분의 2인 2억 원 가량을 직원들에게 상여금 형태로 지급하면 다음해 더 열심히 일할 유인이 된다.

상여금을 직원별로 달리 지급할 경우에는 주의할 점 두가지가 있다. 우선 직원마다 기여도를 평가할 수 있는 명확한 기준을 사전에 정해야 한다. 대부분의 사람들은 자신의 역량을 과대평가하는 경향이 있다. 상여금을 줬는데도 '생각보다 덜 받았다'는 느낌을 받게 해서는 안 주느니만 못하다. 어떤 기준에 의해 상여금을 부여하는지를 정교하게 정해서 미리 연초에 공표해야 한다. 또한 가급적 직원들이 받는 상여금 규모를 철저히 비밀리에 해야 한다. 대표가 직원을 보는 시각과 옆자리 직원이 그 직원을 보는 시각은 다를 수 있다. '나보다 일도 못 했는데 나보다 더 받네'라는 생각을 하는 옆자리 직원은 불만을 가질 수밖에 없다.

경영학의 인사조직론에 따르면 조직 규모가 특정 수치를 넘어가면(50명, 70명, 100명으로 다양한 주장이 있다) 필수적으로 조직 내에서 관료화가 진행된다. 즉, 의사결정 속도가 늦어지고 MZ세대가 싫어하는 '꼰대'들이 조직 상부에 자리잡기 시작한다.

스타트업에 오는 경력직 전문가들은 대부분 관료화 조직에서 '학을 뗀' 경험들이 있을 것이다. 따라서 스타트업의 유연한 문화 자체가 인센티브가 될 수 있다.

사전에 정해진 규칙에 따라 성과 평가를 명확하게 할 수 있는 조직이라면 직원들이 출근과 재택근무를 자유롭게 정하고 휴가도 파격적으로 쓸 수 있게 하는 게 좋다. 성과 평가를 명확히 하기 힘들어 반드시 주 40시간 회사 출근을 해야 하는 조직도 최대한 직원들에게 자율성을 주는 게 좋다. 예를 들어 러시아워를 피할 수 있도록 출퇴근 시간을 8시~5시, 9시~6시, 10시~7시 중에 자유롭게 선택하게 한다든지(탄력근무), 반차(오전 또는 오후 휴무)나 반반차(하루 2시간 휴무) 제도를 도입하는 방법이 있다.

회의 시간에 직급의 구분 없이 자유롭게 의사표현을 할 수 있게 하고, 서로 감정을 상하지 않게 열띤 토론을 할 수 있게 하는 문화도 중요하다.

마지막으로 대표이사의 '말'이 가장 큰 인센티브일 수 있다는 점도 명심해야 한다.

하루하루 성과지표를 쳐다보며 한숨 쉬고, 잔소리하고, 짜증만 내는 사람 밑에서 누가 일을 하고 싶어 하겠는가. 조직에 긴장감을 불어넣는 한편 "수고했다", "잘했다", "최고다"라는 칭찬을 적절히 구사하고, 힘든 일이 있어도 티를 내지 않는 믿음직한 대표가 되어야 한다.

지분 나눌 때 주의할 점

래리 페이지와 세르게이 브린이 구글을 창업할 때 두 사람은 사이좋게 거의 비슷한 주식 수를 나눠 가졌다. 미국 스타트업에서는 공동 창업자끼리 같은 주식 수를 갖는 게 흔한 일이다. 법상 차등 의결권(주주총회에서 의결할 경우 특정 주식을 가진 주주가 의결권을 더 많이 가져갈 수 있도록 하는 제도)이 허용되는 미국 제도의 특성상 회사를 경영할 때 주식의 규모가 큰 의미가 없기 때문이다.

하지만 한국에서는 법제도상 차등의결권이 허용되지 않는다. 따라서 50 대 50으로 지분을 나눠 공동 창업을 해서 회사가 잘 나갈 경우, 창업자끼리 경영 주도권을 놓고 다툼이 벌어질 가능성이 있다.

스타트업이 만나게 되는 엔젤 투자자나 엑셀러레이터, 벤처캐피탈 일부도 투자 회사 선정의 여러 기준 가운데 '최대 주주가 적정 수준의 지분율을 갖고 있는가'를 중요하게 보기도 한다. 특히 이들 중에는 첫 투자를 받을 때 통상 최대 주주 지분율이 60~70% 이상이어야 한다는 기준점을 제시하는 곳도 있다. 안 그래도 성장하느라 바쁜 기업이 이후에 경영권 다툼을 하느라 시간을 허비하는 모습을 보고 싶어하지 않기 때문이다.[40]

다만 반드시 '대표이사 = 최대주주'일 필요는 없다. 대표는 2대, 3대 주주이면서 전문성이 높은 사람이면 된다. 최대주주는 CFO(최고재무책임자),

CTO(최고기술책임자), COO(최고운영책임자) 중에 한 명이면서 등기이사이면 된다.

좋은 기업의 한 가지 특징은 계약서를 꼼꼼히 쓴다는 것이다. 친구나 선후배 사이라고 "잘 해줄게 그냥 와"라고 해서는 안된다.

친구 3명을 모아 대표A 60%, 친구B 30%, 친구C 10%로 창업을 했다고 치자. 첫 투자를 받고 회사 가치가 올라갔을 때 갑자기 친구B가 그만두고 나가버린다. 그렇다면 남아있는 친구C는 '내가 앞으로 열심히 일해봤자 친구B 돈 벌어주는 것 밖에 더 되나'라는 자괴감에 빠질 것이다. 결국 친구C도 얼마 있다가 그만두게 된다.

이럴 때를 대비해 주주간 계약서에 '입사 3년까지는 보유 지분의 20%만 가져갈 수 있고, 3~5년미만은 50%, 7년이 넘어야 100%를 가져갈 수 있다'는 식의 조항을 명기해야 한다. 이를 법률 용어로 주주간 계약서상 공동 창업자의 주식매도청구권Call Option이라고 한다.

공동창업자간 주주간계약서상 주식매도청구권(Call Option) 사례

퇴사 주주	회사설립일~퇴사일까지 기간	Call Option 한도 적용 물량(액면가 적용)
A,B	~1년 미만 1년 이상~2년 미만 2년 이상~3년 미만 3년 이상~4년 미만 4년 이상~5년 미만 5년 이상~6년 미만 6년 이상~7년 미만 7년 이상~	퇴사 주주 본인이 보유한 주식의 100% 퇴사 주주 본인이 보유한 주식의 90% 퇴사 주주 본인이 보유한 주식의 80% 퇴사 주주 본인이 보유한 주식의 65% 퇴사 주주 본인이 보유한 주식의 50% 퇴사 주주 본인이 보유한 주식의 35% 퇴사 주주 본인이 보유한 주식의 10% 퇴사 주주 본인이 보유한 주식의 0%
C	~1년 미만 1년 이상~2년 미만 2년 이상~3년 미만 3년 이상~4년 미만 4년 이상~5년 미만 5년 이상~	퇴사 주주 본인이 보유한 주식의 100% 퇴사 주주 본인이 보유한 주식의 80% 퇴사 주주 본인이 보유한 주식의 60% 퇴사 주주 본인이 보유한 주식의 40% 퇴사 주주 본인이 보유한 주식의 20% 퇴사 주주 본인이 보유한 주식의 0%

주주간 계약서에는 지분율뿐만 아니라 역할 및 책임 분담[R&R, Roles & Responsibilities], 이사회 구성, 주식 처분 제한 등 다양한 내용을 담아야 한다. 자세한 내용은 3부 계약서 부분에서 설명한다.

IV. 사업계획서 작성하기

사업계획서^{Business Plan}는 회사 창업 동기와 함께 일반 현황, 시장·전략·매출·기술·인력·자금 등의 구체적인 계획을 담은 문서를 뜻한다. 적게는 5페이지부터 많게는 40~50페이지까지 작성한다.

앞에서 설명한 창업 아이템, STP, SWOT, 비즈니스 모델, 4P, 팀 빌딩을 순서대로 잘 준비했다면 이같은 개념을 골고루 담아서 사업계획서를 작성하면 된다.

스타트업은 사업계획서를 쓰면서 고객의 변화를 점검하고, 회사의 장단점을 파악하고, 전략·영업·마케팅·인사·재무 등 기업의 다양한 역할에 대한 세부 전략을 수립하게 된다. 실제 현실에서 접하게 될 문제를 미리 서류상으로 점검하는 도구라고 할 수 있다.

또한 사업계획서는 사업 실행을 위한 방향을 제시하는 '나침반' 같은 역할을 한다. 분기·반기·연 단위로 사업계획서를 업데이트하면서 실제 계획대로 성과를 냈는지를 반성하는 '평가 기준'이 되기도 한다.

액셀러레이터나 벤처캐피탈 등 투자회사나 공공·민간 창업 지원 기관은 사업계획서를 바탕으로 일차적인 투자의사결정을 한다.

결국 사업계획서는 본격적인 사업을 시작하기에 앞서 과거·현재·미래를 모두 점검하는 중요한 서류다.

사업계획서를 쓸 때는 최대한 논리적이면서도 객관적이어야 한다.[41]

논리성은 맥킨지의 사고방식으로 유명한 미씨MECE, Mutually Exclusive and Collectively Exhaustive를 염두에 두면 된다. 항목들이 서로 중복되지 않으면서도, 전체적으로 빠짐없이 체계적으로 표현되어야 한다는 말이다.

객관성은 각종 통계 자료, 논문, 보고서 등을 활용해서 확보한다. 특히 수치 데이터의 경우 반드시 출처 표시를 해야 하며, 미래 전망치나 예상치는 별도로 '예상' 'E' 등과 같은 표시를 해야 한다.

사업계획서는 TPOTime, Place, Occasion, 즉 시간, 장소, 상황에 맞게 작성돼야 한다. 정부 정책 자금을 따내기 위한 사업계획서와 민간 투자자를 설득하기 위한 사업계획서는 다를 수밖에 없다.[42]

보기 좋은 사업계획서 작성법

사업계획서의 형식은 다양하다. 일반적으로 개요, 회사 일반 현황 다음에 시장 현황 및 분석, 비즈니스 모델 및 차별화 전략(경쟁우위), 인력 구성 등이 들어가며 마지막 부분에 배치되는 재무 현황 및 자금 조달 계획 등은 표 또는 그래프를 넣는다.

개요 또는 요약 부분은 사업계획서의 첫 부분이다. 당연히 우리 회사의 첫 인상을 주는 부분이다. 따라서 요약 부분에서 회사의 핵심 내용을 담아 좋은 인상을 남겨야 한다. 대개 1~3페이지 정도로 구성한다.

회사 일반 현황은 간단하게 넣는다. 대부분 사업계획서는 1페이지에 간단한 표와 사진, 그림을 넣는다.

시장 현황 및 분석에는 시장세분화 분석에서 사용한 시장 분석 그래프를 활용하고 시장 내 경쟁업체가 누구인지 등을 보여준다. 경쟁 업체에 대해 최대한 객관적이고 과학적으로 분석하는 게 좋은 인상을 줄 수 있다.

비즈니스 모델 및 차별화전략은 우리 회사의 비즈니스 모델을 통해 어떻게 경쟁을 뚫고 수익을 내며 회사가 성장할 수 있는지를 체계적으로 설명하는 부분이다. 특히 외부인들이 가장 관심을 보이는 부분이 차별화 전략이다. 여기서 보여주는 각종 전략은 뒤의 재무 현황과 연결될 수 있도록 논리적 정합성을 유지해야 한다.

인력 구성은 초기 스타트업에게는 가장 중요할 수 있는 부분이다. 창업자의 이력과 경험이 비즈니스 모델과 맞아떨어지는 게 가장 좋다. 그렇지 않다면 이를 보완하는 팀 구성이 필요하다.

재무 현황 및 자금 조달 계획은 언제쯤 흑자 전환을 하고, 언제쯤 엑시트[Exit]를 할 만큼 이익을 내는지를 표 또는 그래프로 보여주는 부분이다. 대차대조표, 손익계산서, 현금흐름표 등 기본적인 재무제표에 정교한 예측 수치를 담거나 핵심 수치들을 그래프 한 장으로 보여주면 된다. 자금 조달 계획도 앞의 재무계획에 맞춰 언제쯤 무슨 명목으로 자금 조달이 필요한지를 넣으면 된다. 만약 기존 투자자들이 있다면 주주구성과 주요 투자자정보(주로 5% 이상)를 간단하게 보여준다.

투자자들에게 보여주고 싶은 각종 증빙 자료는 사업계획서 가장 뒷부분에 부록으로 넣으면 된다. 시장조사자료, 관련기사, 계약관계서류, 특허관련 서류 등이 담긴다.

사업계획서를 작성할 때 초기 스타트업들이 흔히 저지르는 실수가 과대

포장을 하는 것이다.

우리 회사 사업계획서를 보는 사람들은 하루에도 스타트업 보고서를 많게는 수십 개씩 보는 사람들이다. 눈길을 사로잡는 것은 독창적인 아이디어와 이를 실행할 인력 구성이지, 과장된 또는 왜곡된 정보가 아니다. 특히 아예 틀린 정보를 가져다 쓰지 않도록 두 번 세 번 확인해야 한다. 최대한 객관적으로 시장, 경쟁자, 그리고 우리 회사에 대한 정보를 제공하도록 한다. 또한 이해하기 쉬워야 한다. 특히 기술 창업의 경우 '중학생도 이해할 만큼' 쉬운 용어와 그래프를 활용해 자신의 기술을 소개해야 한다.

PSST 방식 사업계획서 작성법

사업계획서 작성법에도 일종의 유행이 있다. 최근 수년간은 모바일 앱을 기반으로 하는 플랫폼 사업 창업이 많아졌다. 원래 있던 고객의 페인 포인트$^{Pain Point}$를 혁신 기술을 적용해 해결하는 방식이다. 이같은 스타트업 창업이 많아지면서 PSST 방식 사업계획서 작성법이 유행했다. 이에 따라 예비창업패키지 등 정부 지원 사업에 공모할 때 제출해야 하는 사업계획서 양식 대부분이 PSST 방식에 기반하고 있다.

PSST 방식 사업계획서의 앞부분에도 회사 일반현황과 제품·서비스 개요 등이 배치된다. 이후 본문 파트가 PSST 순서로 작성된다. 즉 창업 팀이 고객의 문제를 찾아내^{Problem}, 문제 해결방안을 창업 아이템으로 선정하고^{Solution}, 사업의 성장 가능성을 보여주며$^{Scale Up}$, 이를 실행할 창업 팀의 역량을 제시하는^{Team} 순서다.

문제 인식^{Problem}에서는 창업 아이템 분야에서 고객들이 겪는 것으로 창업 팀이 인식하고 있는 핵심 문제, 고객들이 직접 지적한 문제점과 해당 분야 전문가들이 제시하는 문제점, 시장내 경쟁 제품·서비스에서 여전히 개선되지 못하고 있는 문제점 등을 보여준다.

실현 가능성^{Solution}에서는 우리 회사 제품·서비스가 어떻게 핵심 문제를 개선했는지를 보여주고, 현재 구현정도를 소개한다. 특히 문제 개선과 관련해서는 고객과 전문가가 제시한 문제를 우리 회사 제품·서비스가 어떻게 해결했는지, 시장내 경쟁자와 대비해 우리 회사 제품·서비스가 문제점을 개선하는 데 얼마나 우월한지 등을 다각도로 보여준다.

문제 인식과 실현 가능성은 거의 일대일 매칭이 되도록 논리적 정합성을 갖춰 설명해야 한다.

성장 전략$^{Scale\ Up}$에서는 국내시장 확대 전략 및 해외시장 개척 전략을 보여준다. 국내시장 확대 전략은 시장세분화와 목표시장 분석, 진출 시기, 판매 전략, 과거 성과 등을 구체적으로 제시한다. 해외시장 개척 전략은 글로벌 진출 역량, 수출망 확보 계획, 과거 성과 등을 설명한다. 정부 지원 사업에 제출하는 사업계획서에는 이 부분에 추가로 외부 투자 유치 전략 및 계획, 자금 소요 계획 등을 작성하도록 요구한다. 하지만 벤처캐피탈 등에 제출할 때는 자금 및 투자와 관련한 부분은 부록에 담는 게 일반적이다.

팀 구성^{Team}에서는 대표자 및 팀원의 우리 회사 제품·서비스와 연관된 경력, 학력, 기술력, 노하우 등을 보여준다. 자문위원, 업무 파트너 등이 우수하다면 함께 소개한다.

예비창업패키지 사업계획서 작성 사례

상당수 스타트업들은 법인 설립 전에 정부에서 자금, 교육, 멘토링 지원을 하는 '예비창업패키지'에 도전한다. 여기서는 예비창업패키지에 제출할 공식 서류를 기준으로 사업계획서에 들어갈 내용을 구체적으로 설명하도록 한다. 예비창업패키지 제출용 사업계획서는 대표적인 PSST 방식으로, 목차와 대분류가 정해져 있는 양식을 다운로드 받아 채워넣으면 된다.

2022 창업사업화 지원사업 사업계획서 작성 목차[43)]

항목	세부항목
□ 신청현황	– 사업 관련 상세 신청현황
□ 일반현황	– 대표자의 일반현황
□ 창업 아이템 개요(요약)	– 창업 아이템의 명칭·범주 및 소개, 목표시장, 경쟁사 대비 차별성 등을 요약
1. 문제인식 (Problem)	1-1. 창업 아이템의 개발 동기 · 개발 추진경과(이력) – 제품·서비스를 개발하게 된 내·외적 동기 등 – 제품·서비스의 개발을 위해 사업 신청 전 기획, 추진한 경과(이력) 등 * 소셜벤처 분야 : 소셜벤처로서 인식하고 있는 사회적 문제 기재
	1-2. 창업 아이템의 개발 목적 – 제품·서비스 개발 동기에서 발견한 문제점에 대한 해결 방안, 목적 등 * 소셜벤처 분야 : 사회적 문제에 대한 해결방안, 사회적 성과 등을 기재
	1-3. 창업 아이템의 목표시장 분석 – 진출하려는 목표시장의 규모·상황 및 특성, 경쟁 강도, 고객 특성 등
2. 실현가능성 (Solution)	2-1. 창업 아이템의 개발 방안 · 진행(준비) 정도 – 협약기간 내 개발할 제품·서비스의 최종 산출물 정의 – 제품·서비스의 개발 방법, 사업 신청 시점의 개발 단계, 진행(준비)정도 등 – 제품·서비스 개발 후, 기술 유출 방지를 위한 기술 보호 계획 등
	2-2. 창업 아이템의 차별화 방안 – 보유역량 기반, 경쟁제품·서비스 대비 경쟁력을 확보하기 위한 방안 등
3. 성장전략 (Scale-up)	3-1. 창업 아이템의 사업화 방안 – 제품·서비스의 수익화를 위한 수익 모델(비즈니스 모델) 등 – 목표시장에 진출하기 위한 구체적인 생산·출시, 홍보·마케팅, 유통·판매 방안 등
	3-2. 사업 추진 일정 – 전체 사업 단계에서의 목표 및 목표를 달성하기 위한 상세 추진 일정 등 – 협약기간 내 달성 가능한 목표 및 목표를 달성하기 위한 상세 추진 일정 등
	3-3. 자금소요 및 조달계획 – 사업 추진에 필요한 사업비(정부지원금) 사용계획 및 구체적인 조달계획 등 – 사업비(정부지원금) 외 본인 부담금, 추가 자본금에 대한 구체적인 조달계획 등

4. 팀 구성 **(Team)**	4-1. 대표자 현황 및 보유역량 – 대표자가 보유하고 있는 창업 아이템 구현 및 판매 관련 역량 등 * 소셜벤처 분야 : 사회적 가치창출 역량 기재(사회적 가치창출 관련 조직에 근무한 경력, 사회적 가치 창출 관련 교육 이수내역, 소셜벤처 관련 공모전 등 관련 활동 등) 4-2. 팀 현황 및 보유역량 – 팀 및 팀 구성 예정(안)에서 보유 또는 보유할 예정인 창업 아이템 관련 역량 등 * 1인 기업으로 사업을 신청하는 경우, 대표자의 역량 등을 중심으로 기재 – 업무파트너(협력기업)의 현황 및 역량 등

사업계획서 초안을 한번 제대로 작성해 놓으면 목차 구성 등만 새롭게 편집해 다양한 용도로 쓸 수 있다.

일반현황에는 창업팀과 창업기업의 기본 정보를 적어넣기 때문에 그냥 지나치기 쉽다. 하지만 평가자 입장에서는 일반현황 맨 위에 들어가는 창업 아이템명에서 회사의 첫인상을 받게 된다. 창업 아이템명을 정할 때 목표고객, 고객에게 전달하려는 가치, 사업 분야, 차별화(경쟁우위) 포인트 등을 담아 작명하는 게 좋다.

예를 들어 '가정용 식물 재배기'라는 식으로 두루뭉술하게 적는 대신 'LED 자동조절기술을 활용한 가정용 엽채류 재배기'라는 식으로 이름만 보고도 창업 아이템을 떠올릴 수 있게 정해야 한다. 제목에서 이미 경쟁우위 포인트(LED 자동조절기술), 고객에게 전달하려는 가치(엽채류 재배), 목표고객(가정용), 사업 분야(식물 재배기)를 보여주고 있다.

창업 아이템 개요(요약)

모든 사업계획서 첫 부분에는 전체 요약문^{Company Profile}이 들어있어야 한다. 정부 지원 사업의 심사위원이든, 투자 회사의 심사역이든 개요 부분에서 좋은 인상을 받아야, 나머지 사업계획서 부분을 더 꼼꼼히 읽어보게 된다. 따라서 뒤에 있는 본문을 다 쓴 후에 1~2페이지로 심혈을 기울여 축약해서 개요(요약)를 작성해야 한다.

창업 아이템의 명칭, 범주^{Category}를 소개하고 고객에게 어떤 도움을 줄 수 있는지의 관점에서 제품·서비스의 핵심 기능과 사양을 설명한다. 이 부분에서 간단한 사진이나 개념도를 사용하는 것이 좋다. 또한 시장의 규모를 세분화하여 설명하고 목표 시장 내에서의 경쟁 강도 및 고객 특성, 목표 시장의 성장성 등을 설명한다.

이후 목표 시장 내 경쟁 제품·서비스 대비 어떤 차별성이 있는지, 회사의 경쟁력은 무엇인지를 설명한다. 간단한 표 형태로 정리해보는 것도 좋다. 회사의 제품·서비스를 한 눈에 알 수 있는 사진과 함께 특허출원증·특허등록증 이미지 파일, 서비스 플로우 차트 등을 첨부한다.

I. 문제인식^{Problem}

a. 창업 아이템의 개발 동기·개발 추진 경과(이력):

※ ①외적 동기(사회·경제·기술 분야 국내·외 시장의 문제점·기회 등), ②내적 동기(대표자 및 팀의 보유역량, 가치관, 비전 등)의 관점에서 제품·서비스를 개발하게 된 동기를 기재

※ 제품·서비스의 필요성에 대한 문제를 인식하고, 해당 제품·서비스 개발을 위해 본 사업에 신청하기 전 기획, 추진한 경과(이력)에 대해 기재

기존 제품·서비스의 문제점이나 시장 환경 변화로 인한 고객 잠재수요 변화 등에서 창업 아이템의 기회를 발견하고, 이를 혁신적으로 해결하는 우리 회사 제품·서비스의 개발 과정을 스토리텔링 형식으로 풀어나가면 된다.

외적 동기는 SWOT 분석에서 배운 외부 환경, 즉 경제 환경^{Economy}·경쟁 환경^{Competition}·법제도 환경^{Regulation}·기술 환경^{Technology}·사회 환경^{Society} 등의 변

화에서 오는 시장과 고객의 문제점을 해결하는 데서 우리 회사에게 찾아오는 기회^{Opportunity}를 뜻한다.

예를 들어 'LED 자동조절기술을 활용한 가정용 엽채류 재배기' 사업에서는 유기농에 대한 관심 증가로 상추, 로메인 등 엽채류를 직접 재배해서 먹고 싶어 하는 소비자 증가(사회 환경), 석유 전기 등 가격상승으로 인해 스마트팜에서 재배하는 엽채류 가격 폭등(경제 환경) 등 외적동기이다.

내적 동기는 창업자의 가치관, 비전 등과 함께 SWOT 분석에서 배운 내부 역량, 즉 재무적 자원^{Money}·인적 자원$^{Man\ Power}$·조직 자원^{System}·기술 자원^{Technology} 등에서 가진 강점을 뜻한다.

앞의 사례에서 소형 스마트팜 연구로 박사학위를 받은 대표이사가 LED 등 전기공학연구를 오래한 팀원을 만나(인적 자원) 본격적으로 창업 아이템을 구상해 경쟁사 대비 월등한 기술력을 확보했다고(기술 자원) 풀어나가면 된다.

문제 해결을 위해 추진한 과정을 적을 때는 앞에서 고객 수요를 파악하고 문제 해결을 위한 다양한 기법(디자인씽킹, 브레인스토밍, 스캠퍼, 델파이 등)을 활용할 때 작성한 내용이나 통계 수치 등을 제시하면 된다.

앞의 사례에서 엽채류 생산량 증대를 위한 핵심 기술이 결국 LED를 통한 빛의 양을 조절하는 것이라는 점을 알아내는 과정 등을 적는다. 음식배달앱 업체의 경우에는 고객 페르소나를 만들기까지의 각종 고객대상 설문, 통계자료 등을 제시한다.

최근까지의 제품·서비스 개발 경과·이력은 간단한 표로 기재해도 된다.

b. 창업 아이템의 개발 목적:

※ 개발 동기에서 발견한 문제점·기회에 대해 해당 제품·서비스가 제시할 수 있는 혁신적인 해결방안, 개발의 필요성, 고객들에게 제공할 혜택 등의 관점에서 제품·서비스를 개발하려는 목적을 기재

우리 회사 제품·서비스를 소개하는 항목이다. 현재 문제를 어떻게 해결하고, 문제 해결로 인해 고객들이 얼마나 혜택을 받을지를 적는다.

린 스타트업 비즈니스 모델에서 4. 해결 방안^{Solution} 3. 고유의 가치 제안 Unique Value Proposition을 구체적으로 풀어서 쓰면 된다.

먼저 고객의 문제를 해결하기 위한 핵심 기능들을 적어야 한다. 이때 기술적으로 구현 가능한지를 충분히 검토했다는 점과 시장 조사를 통해 고객이 원하는 기능을 다 갖췄다는 내용이 들어가면 좋다.

앞의 사례에서 LED를 통한 광량 자동조절 기술과 스프레이형 습도조절 기술을 통해 고객이 간편하게 재배할 수 있고, 전기료는 한 달 내내 가동해도 200원 수준이며, 상추를 재배할 경우 1년만 사용하면 구입비용을 커버하고 남는다고 기재한다.

다음으로 고객에게 전달하려는 유무형의 가치 또는 차별화 요소를 설명한다. STP 분석의 포지셔닝에서 정리한 다양한 전략(가격우위·차별화·집중화) 중에서 우리가 택한 전략이 고객에게 어떤 혜택을 주는지를 설명한다.

앞의 사례에서 기존 가정용 스마트팜 제품 대비 가격은 절반이면서도(가격우위) 에너지 소모는 적고 생산량은 더 많다는 점(차별화)을 수치로 보여준다.

c. 창업 아이템의 목표시장 분석:

※ 진출할 목표시장의 규모·상황 및 특성, 경쟁 강도, 향후 전망(성장성), 고객 특성 등 기재

시장 분석 기법인 STP를 우리 회사 제품·서비스에 적용한 내용을 자세히 적는 부분이다.

시장 규모와 목표 시장 성장성은 TAM·SAM·SOM 개념을 활용해 설명한다. 이때 연령, 성별, 소득, 지역, 소비행태 등 우리 제품·서비스와 관련성이 깊은 고객의 특성을 고려해 목표 시장이 선정^{Targeting}됐음을 설명한다.

앞의 사례에서 기존 경쟁사가 제시한 가정용 스마트팜 전체 시장은 2조 원인데^{TAM}, 토마토 등 과채류와 튤립 등 화훼류를 제외한 엽채류용 시장으로만 구분했을 때 1조 원이며^{SAM}, 우리 회사 제품 판매와 A/S망을 고려한 서울, 경기 일부, 부산 지역 시장은 5,000억 원 규모^{SOM}로 추정된다고 보여준다. 또한 SOM은 판매 및 A/S망 확대를 통해 단기간에 인천, 대구, 대전, 광주 지역으로 확대할 수 있다는 내용을 구체적인 조사 및 통계 자료와 함께 설명한다.

목표 시장 상황·특성은 STP 분석의 시장 세분화^{Segmentation} 개념을 활용해서 분석한다.

앞의 사례에서 목표 시장은 현재 가정용 스마트팜 경쟁 기업 2곳이 경쟁하고 있으며 1곳은 과채류, 화훼류 위주에 집중해 직접 경쟁자는 1곳에 불과하다. 또한 잠재고객 설문조사 결과 가격, 생산량, A/S망에 따라 수요가 바뀌는 특성이 있다.

목표 시장 내 경쟁 강도는 고객, 경쟁사와 관련한 자료 및 통계 데이터를 최대한 활용한다. 우리 회사 제품·서비스와의 비교 분석은 뒤에 나오는 차

별화 방안에서 표, 그래픽으로 보여줄 예정이므로 여기서는 경쟁 제품·서비스 사진 등과 함께 주요 특성을 분석한 표를 넣으면 된다.

앞의 사례에서 가정용 스마트팜 경쟁사의 IR덱 등을 꼼꼼히 분석한 내용을 경쟁사 제품 사진과 함께 경쟁사 제품 주요 특성을 간단한 표로 보여준다.

목표 시장 고객 특성은 STP 분석 포지셔닝을 끝내고 만들었던 가상의 고객, 즉 페르소나를 육하원칙에 따라 설명하면 좋다. 고객 페르소나는 창업 아이템 부분에서 설명한 배달 앱 사례를 참고하자.

2. 실현가능성^{Solution}

a. 창업 아이템의 개발 방안·진행(준비) 정도:

※ 협약기간 내 개발할 제품·서비스의 최종 산출물(형태, 수량 등), 개발 방법(대표자 직접 개발, 인력 채용, 외주용역), 현재 시점(본 사업 신청 시점)의 개발단계 및 진행(준비) 정도 등 기재

※ 제품·서비스 개발 후, 기술 유출 방지를 위한 기술 보호 계획(보안규정 및 관리체계 등) 기재

＊기술 보호(보안) 관리 체계(보안담당자 지정, 관련 교육 및 규정 제정, 보안시스템 운영 등)

정부 지원 사업은 '협약 기간'이란 게 주어진다. 사업마다 다르지만 대개 8개월~1년으로 보면 된다. 이 부분은 예비창업패키지의 협약 기간 내에 창업 아이템을 어떻게 구체화하여 시제품, 즉 최소요건제품^{MVP, Minimum Viable Product}을 만들어낼 것인지를 구체적으로 적으면 된다. MVP 관련 그래픽이 있다면 넣는 게 좋다.

현 시점의 개발 진행정도는 관련 기술 습득 과정(세미나, 학회, 교육 등)

과 MVP 제작을 위한 지금까지의 준비 과정을 표로 만들어 세세하게 적으면 된다.

기술 보호(보안) 관리 체계는 임직원 모두 비밀유지계약[NDA]를 체결하고, 문서마다 대외비 등급을 분류하여 운영하고 있으며, 기술 유출 방지에 대한 정기 교육을 받고, MVP 제작 과정에서 설계도면은 인증 권한이 부여된 사람만 접근가능하며, 개발 결과물에 대해서는 선제적인 특허 출원을 하고, 이 모든 과정은 CTO가 보안책임자로서 관리한다는 등의 내용을 적으면 된다.

(다만 협약 기간이 없는 일반적인 사업계획서는 이 부분에 기재할 내용을 뒤에 나오는 3-b. 사업 전체 로드맵에 포함시키면 된다.)

b. 창업 아이템의 차별화 방안:

※ 경쟁제품·서비스와의 비교를 통해 파악된 문제점에 대해 (예비)창업팀의 보유역량을 기반으로 경쟁력을 확보하기 위한 방안 등 기재

경쟁 제품·서비스를 시장 점유율 순으로 순위를 만들어, 제품·서비스의 핵심 요소를 기준으로 강점과 약점을 객관적으로 분석해 보자.

창업팀의 경쟁력 확보 방안은 린 스타트업 비즈니스 모델의 9. 경쟁 우위[Unfair advantage] 개념과 SWOT 분석의 내부 역량 부분을 활용해보자. 특히 강점은 더욱 강화해 경쟁자가 따라올 수 없는 '초격차'를 만들고, 약점은 체계적으로 보완해 나갈 수 있는 방안을 구체적으로 기술한다.

앞의 가정용 스마트팜 사례에서 목표 시장내 고객들이 최우선적으로 고려하는 사항인 가격과 생산량, A/S망과 함께 우리 회사 강점을 보여줄 수 있는 기술 등을 기준으로 우리 회사와 경쟁사의 상세비교 표를 제시한다. 또한 우리 회사 차별화 포인트인 가격과 생산량을 강조한 포지셔닝 맵 그래

프를 작성해 보여준다. 현재 약점으로 보이는 A/S망의 경우 투자 유치 등을 통해 최우선으로 확대한다는 보완 계획을 제시한다.

3. 성장전략 Scale-up

a. 창업 아이템의 사업화 방안

• 비즈니스 모델 BM:

※ 제품·서비스 비즈니스 모델 중 수익화를 위한 수익 모델 기재

우리 회사의 목표는 사업에 성공하는 것이다. 단순히 정부 지원 사업을 받는 것에 그치지 않고, 유니콘 기업으로 성장할 가능성을 키워야 한다. 따라서 비즈니스 모델은 매우 중요하다.

린 캔버스와 비즈니스 모델 캔버스 등을 활용해서 '고객에게 어떤 방법을 통해 가치를 제안하여 어떤 방식으로 수익을 낼 것인지'를 구체적으로 설명한다. 단순히 '돈을 버는 방식'이 아니라 '돈을 지속적으로 벌 수 있는 시스템'을 보여준다고 생각하면 된다. 전체적인 비즈니스 모델에서 수익이 발생하는 흐름도를 그리는 것도 좋다.

앞의 사례에서 가정용 스마트팜을 판매하는 우리 회사의 1차 수익 모델은 판매 수익이다. 여기에 더해 소모품인 씨앗, 배양토(영양분이 담긴 흙), 양액(영양분을 담은 물)을 판매하는 게 2차 수익 모델이다. 이같은 모델을 그래픽화해서 보여준다.

• 목표시장 진출 방안:

※ 목표시장에 진출하기 위한 구체적인 방안(생산·출시, 홍보·마케팅, 유통·판매, 인력·네트워크 확보 등) 기재

마케팅 믹스 중에서 회사 제품·서비스에 적용된 Product, Place,

Promotion 분석을 자세히 설명하면 된다. 마케팅 믹스를 적용한 앞의 사례는 다음과 같다.

가정용 스마트팜 목표 시장 진출 방안 사례

	테스트(MVP 제작 직후 3개월)	양산(MVP 제작후 3개월 이후)
Product	상추 1개 품종 대상 LED, 습도조절기 등 최소기능모델	품종 확대 및 배양토, 양액 등 추가 조합한 모델
Place	자사 온라인몰·모바일 앱	대형 마트 등 오프라인 진출
Promotion	SNS 등 바이럴 마케팅 위주	포털, 유튜브 광고 등 시작
인력 및 네트워크	온라인 판매 관리 2명, A/S 3명, SNS 마케팅은 아웃소싱	마케팅 기획 및 실무 2명, 온라인 판매 관리 5명, 오프라인 판매 관리 5명, A/S 10명

b. 사업 추진 일정

• 사업 전체 로드맵:

※ 전체 사업 단계에서 추진하는 목표 및 종합적인 일정 등 기재

다음과 같은 표 형태로 만들어 기재하면 된다. 시제품, 즉 최소요건제품 MVP, Minimum Viable Product 관련 그래픽이 있다면 넣어도 좋다.

전체 사업 단계 사업 추진 일정 예시

순번	추진 내용	추진 기간	세부 내용
1	시제품 설계	00년 상반기	시제품 설계 및 프로토타입 제작
2	시제품 제작	00.00 ~ 00.00	외주 용역을 통한 시제품 제작
3	정식 출시	00년 하반기	신제품 출시
4	신제품 홍보 프로모션 진행	00.00 ~ 00.00	OO, OO 프로모션 진행
...			

• 협약기간 내 목표 및 달성 방안:

※ 제품·서비스(시제품)의 개발을 위해 협약기간 내 추진하려는 달성 가능한 목표 및 상세 추진 일정 등

아래와 같은 표 형태로 만들어 기재하면 된다.

협약 기간 내 사업 추진 일정 예시

순번	추진 내용	추진 기간	세부 내용
1	필수 개발 인력 채용	00.00 ~ 00.00	OO 전공 경력 직원 00명 채용
2	제품 패키지 디자인	00.00 ~ 00.00	제품 패키지 디자인 용역 진행
3	홍보용 웹사이트 제작	00.00 ~ 00.00	웹사이트 자체 제작
4	시제품 완성	협약기간 말	협약기간 내 시제품 제작 완료
...			

(다만 협약기간이 없는 일반적인 사업계획서는 이 부분을 생략한다.)

c. 자금 소요 및 조달 계획

• 사업 추진을 위한 자금 소요계획:

※ 자금의 필요성, 금액의 적정성 여부를 판단할 수 있도록 사업비(정부 지원금) 집행계획 기재

＊신청사업의 운영지침 및 사업비 관리기준 내 비목별 집행 유의사항 등에 근거하여 기재

※ 사업비 집행계획(표)에 작성한 예산은 선정평가 결과 및 제품·서비스 개발에 대한 금액의 적정성 여부 검토 등을 통해 차감될 수 있으며, 신청금액을 초과하여 지급할 수 없음

사업비(사업화 자금) 집행계획은 정부 지원 자금을 받아 협약 기간내에 어디에 어떻게 쓸 지를 상세히 기록해야 한다. 사업에 선정된 후 협약을 맺는

과정에서 수정 사업계획서를 통해 수정 사업비 집행계획이 최종 확정된다.

　아래와 같은 표 형태로 만들어 기재하면 된다.

사업비 집행 계획

비 목	산출근거	정부지원금(원)
재료비	· DMD소켓 구입(00개×0000원)	3,000,000
	· 전원IC류 구입(00개×000원)	7,000,000
외주용역비	· 시금형제작 외주용역(OOO제품 …. 플라스틱금형제작)	10,000,000
지급수수료	· 국내 OO전시회 참가비(부스 임차 등 포함)	1,000,000
…		
합 계		100,000,000

(다만 협약기간이 없는 일반적인 사업계획서의 경우 이 부분은 생략한다.)

　• 기타 자금 조달계획:

　※ 본 지원사업을 통한 사업비(정부지원금) 외 '본인 부담금(부가세 집행 등)' 및 '추가 자본금'에 대한 구체적인 조달 방안 기재

　예비창업패키지처럼 창업 지원 금액이 정해진 사업·프로젝트 이외의 다른 자금 조달 계획, 예를 들어 민간 투자자의 투자 유치 계획 등을 적는다.

　(일반적인 사업계획서는 '사업 추진을 위한 자금 소요계획'과 '기타 자금 조달계획'을 통합하여 자금 소요 및 투자 유치 계획을 작성하는 게 보편적이다.)

　먼저 회사가 벌어들일 수 있는 돈에 대한 다양한 정보를 제시해야 한다. 3~5개년의 추정 손익계산서, 추정 대차대조표, 추정 현금흐름표와 함께 과거 매출이 있다면 과거의 손익계산서, 대차대조표를 기재한다. 추정 수치에는 다양한 가정에 대한 객관적 근거를 제시해야 한다.

향후 3년간 추정 손익계산서 사례 (단위=천 원)

과목	FY2023	FY2024	FY2025
매출액	1,000,000	…	…
매출원가	700,000	…	…
매출이익	300,000	…	…
판매비 및 관리비	200,000	…	…
영업이익	100,000	…	…

일반적인 사업계획서의 경우 자금 조달 계획은 정부 지원 사업, 액셀러레이터 및 벤처캐피탈 투자 유치, 전략적 투자자 투자 유치 등의 항목으로 나눠 기재한다.

투자 유치를 위한 자금 소요 계획에는 전체적인 자금 소요 규모 뿐만 아니라 투자받은 자금의 사용 용도 등을 자세히 기재해야 한다.

4. 팀 구성^{Team}

a. 대표자 현황 및 보유역량:

※ 대표자가 보유하고 있는 역량(경영 능력, 경력·학력, 기술력, 노하우, 인적 네트워크 등) 기재

　* 역량 : 창업 아이템을 구현하고 판매할 수 있는 능력

　* 유사 사업화 경험, 사업화 지원사업 수행 이력, 관련 교육 이수 현황, 관련 수상 실적 등 포함

창업 아이템과 관련한 전공을 했거나 석사, 박사 때 논문을 썼다면 자세히 기재하는 게 좋다. 또한 창업 아이템과 유사한 아이템을 보유한 회사에서의 연구원이나 인턴 경험, 해외에서 유사한 프로젝트에 참여한 경험, 교내외 창업경진대회 수상 내역, 교내 창업동아리 활동 내역도 도움이 된다.

b. 팀 현황 및 보유역량:

※ 팀에서 보유 또는 보유할 예정인 장비·시설, 직원 역량(경력·학력, 기술력, 노하우 등) 기재

※ 현재 시점에서 채용 완료했거나 협약기간 내 채용 예정인 인력에 대해서만 기재

※ 인력 채용 예정이 없는 1인 (예비)창업팀의 경우, 대표자의 역량, 보유 장비·시설 등을 중심으로 기재

※ 제품·서비스와 관련하여 협력 예정인 업무파트너가 보유하고 있는 역량, 협력사항 등 기재

임원 및 직원의 역량(창업 아이템을 구현하고 판매할 수 있는 경영 능력, 경력 및 학력, 기술력, 노하우, 인적 네트워크 등)을 기재한다. 유사 사업화 경험, 사업화 지원사업 수행 이력, 관련 교육 이수 현황, 관련 수상 실적 등도 기재한다.

대표자 보유역량 부분에서 쓴 것처럼 팀원도 창업 아이템과 연관성이 많은 경력 등은 빠짐없이 자세히 적는 게 좋다. 창업팀 구성에서는 팀 빌딩 부분에서 설명한 것처럼 서로서로 부족한 부분을 보완하는 팀 구성이 바람직하다.

앞의 사례에서 대표이사는 소형 스마트팜 연구로 박사학위를 받았다. 기술분야에서 부족한 부분은 LED 등 전기공학연구를 오래한 팀원을 영입해 해결했다. 사업화 자금 지원을 받게되면 마케팅 분야 전문가 한 명을 추가로 영입할 계획임을 설명한다. 또한 부족한 부분을 보완할 협력 파트너 기업 등도 상세히 기재한다.

아래와 같은 표 형태로 만들어 기재하면 된다.

예비창업팀 구성 예정안

순번	직위	담당 업무	보유역량(경력 및 학력 등)	구성 상태
1	공동대표	기술 및 사업 총괄	OO학 박사, OO학과 교수 재직(00년)	완료('00.00)
2	상무	기술개발 총괄	00학 석사, 00전자 연구원 재직(0년)	완료('00.00)
3	대리	홍보 및 마케팅	OO학 학사, OO 관련 경력(0년 이상)	예정('00.00)
...				

업무파트너(협력기업 등) 현황 및 역량

순번	파트너명	보유역량	협력사항	협력 시기
1	○○전자	시제품 관련 H/W 제작·개발	테스트 장비 지원	'00.00
2	○○기업	S/W 제작·개발	웹사이트 제작 용역	'00.00
...				

(일반적인 사업계획서는 대표자 현황 및 보유 역량과 팀 현황 및 보유 역량을 통합해 팀 구성 및 운영 계획을 기재하는 게 보편적이다. 경영 조직도 그래픽을 넣는게 좋으며, 도움이 될 경우 외부 자문 인력을 포함하기도 한다.)

기타 참고자료 및 가점 증빙서류

정부 및 지방자치단체가 주관하는 지원사업의 경우 특허권 및 실용신안권 등록원부, 최근 2년 정부 주최 전국단위 창업경진대회 수상자 등에 가점을 준다. 관련 서류를 첨부해 제출하면 된다.

기타 참고자료에는 회사의 역량을 입증할 만한 자료들을 모두 첨부하는게 좋다. 가점 증빙서류로는 제출하지 못하지만 특허출원서와 정부 주최 지역단위·민간 주최 창업경진대회 수상실적, 언론 기사, 제품·서비스 관련 도면 등도 좋은 참고자료가 될 수 있다.

눈길 끄는 IR덱 만들기

정부 지원 사업이나 민간 기관 투자 유치 모두 사업계획서 제출 후 얼마 뒤에 대표이사가 IR 피칭Pitching(발표)을 하게 된다. 이때 사용되는 사업계획서 요약 자료를 IR 피칭 덱Deck 또는 IR덱이라고 한다. 주로 파워포인트PPT 파일로 작성한다.

좋은 IR덱을 만드는 방법에는 정답이 없다. 다만 길게 써도 괜찮은 사업계획서와 달리 IR덱은 짧게는 5분, 길어야 20분에 끝이 나는 IR 피칭 시간을 감안해 만들어야 한다. 우리 회사의 강점을 최대한 강렬하게, 논리적으로 보여줘야 한다는 말이다.

전문가들은 IR덱에 들어가야 하는 항목으로 회사의 목적과 비전, 기존 제품·서비스의 문제점, 우리 회사 제품·서비스를 통한 해결방법, 시장 및 경쟁사 분석, 비즈니스 모델 및 수익 모델, 성장 전략 및 마케팅 전략, 팀 소개, 재무 및 투자 정보 등 8가지를 꼽는다. 우리 회사를 가장 잘 보여줄 수 있는 목차와 내용으로 구성하면 된다.

회사의 목적과 비전은 우리 회사 슬로건과 제품·서비스에 관한 이미지 사진을 담은 표지 페이지로 대체하기도 한다. 단, 나이키의 'Just Do it', 애플의 'Think Different'처럼 기억에 남는 슬로건을 만들어야 한다.

기존 제품·서비스의 문제점은 IR을 듣는 사람들이 바로 공감할 수 있거나 쉽게 이해할 만한 내용으로 보여줘야 한다. 고객이 겪는 문제와 시장 전반의 문제, 때로는 최근 사회적으로 이슈가 된 문제 등을 사례와 함께 보여주면 좋다. 일반인의 기준으로 이해하기 힘든 문제라면 전문가의 말을 인용하거나 IR을 듣는 사람에게 퀴즈를 내고 응답을 하는 형식으로 풀어나가도 좋다.

우리 회사 제품·서비스를 통한 해결방법은 문제점과의 일대일 비교 표를 통해 설명하거나 그래픽과 사진을 활용해 최대한 쉽고 간단하게 보여주는 게 좋다. 기술 기업의 경우 너무 어렵게 느껴지지 않게 비유를 활용해야 한다. 기술력을 강조한답시고 너무 장황하게 풀어나가다 보면 오히려 IR을 지루하게 만드는 요소가 된다. 최근에는 IR 덱에 수 초~수십 초의 간단한 동영상을 넣어 보여주는 방식도 자주 활용된다.

시장 및 경쟁사 분석은 가장 논리적으로 설득을 해야 하는 부분이다. STP 등 시장분석기법을 활용해 아주 구체적으로 숫자를 활용해 보여주면 좋다. 특히 기술 기업의 경우 "세계 최초 기술이라 경쟁사가 없다"는 식의 주장은 하지 말아야 한다. 유사 경쟁 기업 대비 장단점을 ○나 X로 보여주는 표, 우리 회사 차별화 포인트를 강조한 포지셔닝 맵 그래프를 활용하는 방법이 있다.

비즈니스 모델 및 수익 모델, 성장 전략 및 마케팅 전략은 그래픽과 표를 활용해 압축적으로 보여주는 게 좋다. 특히 수익 모델의 경우 구체적인 숫자로 설명해야 한다.

팀 소개는 우리 회사 제품·서비스 경쟁력과 연관된 팀원의 장점만 보여주면 된다. 팀원 수가 너무 적다면 자문위원, 업무 파트너의 우수성을 강조하는 게 좋다.

재무 및 투자 정보는 과거, 현재, 미래의 예상 매출 및 이익을 보여준다. 특히 미래는 목표 고객수와 매출 추이 등 마일스톤을 그래픽으로 넣으면 좋은데, 자랑할만한 과거 성과가 전혀 없다면 유의미한 제품·서비스 테스트 결과, 구매의향서, 특허 등을 보여줘 미래 예상 매출과 이익에 대한 실현 가능성이 높다는 것을 뒷받침해야 한다.

예를 들어, 스마트팜 데이터분석을 통한 생산성 증대 기술을 갖고 있는 애그테크$^{Ag\text{-}Tech}$ 기업 파이토믹스(대표 정용석) IR 피칭 자료를 보자면, 우선 가장 앞 페이지인 표지 다음에는 목차가 배치되어야 한다.

파이토믹스의 경우 경쟁사를 압도하는 기술력에 강점이 있으므로 시장 분석 및 문제점, 해결책 뒤에 바로 기술을 상세 설명하는 덱을 넣는 순서로 목차 구성을 했다.

파이토믹스 창업 아이템은 스마트팜 시장의 크기가 중요하다. 따라서 시장 분석을 문제점과 함께 가장 앞에 배치했다. 아래에서는 가장 큰 시장인 TAM$^{Total\ Addressable\ Market}$(전체시장)만 보여주고 있다. 보통은 TAM보다 작은 SAM$^{Serviceable\ Available\ Market}$(유효시장)과 목표 시장에 해당하는 SOM$^{Serviceable\ Obtainable\ Market}$(수익시장)을 설명하는 덱이 추가로 더 있어야 한다. 하지만 여기서는 영업 비밀상 생략했다.

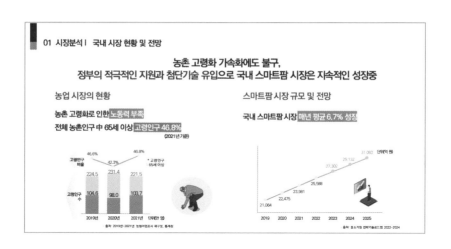

파이토믹스처럼 기술력이 경쟁사 대비 우위에 있는 기업의 문제와 해결책을 함께 보여주고, 투자자들이 가장 관심을 가질 회사의 고유 기술을 자세히 설명하는 게 좋다.

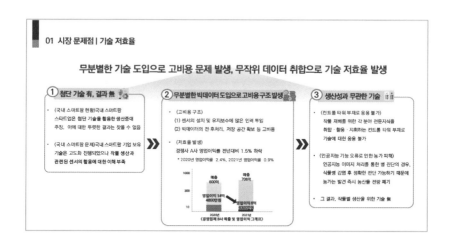

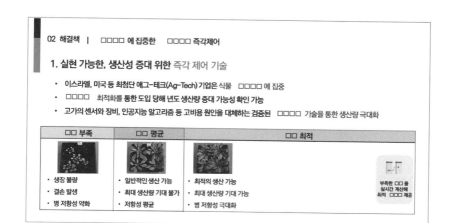

기술기업의 경우 이후 해결책을 구현할 수 있는 훨씬 구체적인 기술을 그래픽, 사진과 함께 보여준다(상세 기술 덱은 영업 비밀상 생략).

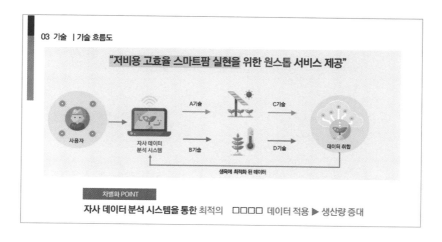

파이토믹스의 경우 기술 우위를 보여주기 위해 바로 경쟁사 분석을 뒤에 붙인 후 비즈니스 모델 설명으로 넘어갔다. 일반적으로는 비즈니스 모델 뒤에 경쟁사 분석을 보여줘도 상관없는데, 비즈니스 모델 설명은 조금 더 자세히 해도 된다.

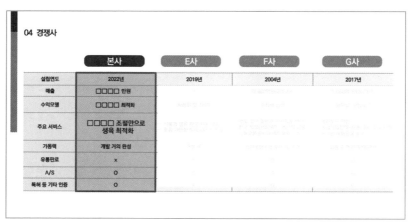

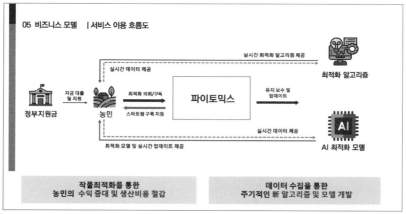

일반적으로 IR덱의 마지막 장은 팀원 소개로 끝이 난다. 팀원을 한 장에, 자문단을 다른 한 장에 보여주기도 한다. 아래는 일반적인 회사의 팀원 소개 덱을 보여주고 있다.

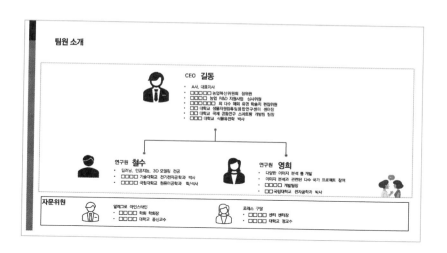

공식적인 IR덱 뒤에는 부록이 배치된다. 주로 질의응답Q&A 때 바로 보여줄 수 있는 장표를 넣는다. 대차대조표, 손익계산서, 현금흐름표 등 기본적인 재무제표와 함께(기존 투자자들이 있다면) 주주구성과 주요 투자자정보, 기술관련 사진 또는 그래픽, 시장조사자료, 계약관계서류, 특허관련서류, 언론 기사 등을 담으면 된다.

V. 법인 설립하기

초기 팀을 갖추고 사업계획서 작성까지 마쳤다면 '법적인' 창업 절차인 사업자등록을 해야 한다.

이때 주의할 점이 있다. 3부에서 설명할 다양한 종류의 창업 지원금 가운데 예비 창업 단계(=사업자 등록 이전 단계)에서 주는 창업 지원금을 받기 위해서는 사업자등록을 먼저 하면 안 된다. 창업 지원금을 주는 기관에서는 '지원 대상으로 선정돼 협약을 체결한 후 2~3개월 내에 사업자등록을 해야 한다'는 조항을 붙이기 때문이다. 따라서 예비 창업 단계에서 지원서를 제출하고, 선정이 된 후에 협약 기관이 원하는 시기 안에 사업자등록을 하면 된다. 일부 창업 지원 사업은 복수로 신청할 수 있기 때문에 예비 창업 단계에서 최대한 많은 지원금을 확보할 수 있다.

다시 한 번 강조하면 '예비 창업자에게 주는 창업 지원금을 받기 위해서는' 사업자등록을 먼저 하면 안 된다![44]

개인사업자 vs 법인사업자

사업자등록을 할 때는 개인사업자 또는 법인사업자로 등록해야 한다.

당장 매출이 있어서 외부 투자자를 유치할 필요가 없는 경우에는 개인사업자 등록이 유리하다. 개인사업자 등록은 국세청 홈택스^{www.hometax.go.kr}에서 할 수 있다. 법인에 비해 설립 절차는 훨씬 간단하다.

창업 이후에 엔젤이나 벤처캐피탈 투자를 받아야 하거나 매출이 많이 발생해 법인세를 내야 할 경우에는 절세 혜택을 받기위해 법인등록을 해야 한다. 법인은 상법상 주식회사, 유한회사, 합명회사, 합자회사, 유한책임회사가 있다. 스타트업은 향후 경영 및 투자 유치 편의성 등 다양한 이유 때문에 주식회사 형태로 창업을 하는 게 좋다.

개인사업자와 법인[45]

구분	개인사업자	법인
설립 절차	세무서 사업자등록만으로 사업 개시 가능	복잡한 설립절차 거쳐 설립 등기 후 세무서에 법인설립신고 및 사업자등록
의사 결정	1인 단독 결정으로 신속한 결정 가능	주요 결정사항은 이사회 또는 주주총회 결의 필요
경영 역량	개인 능력에 의존	소유·경영 분리 가능해 경영 효율성 극대화
자본 조달	개인 전액 출자	다수 출자자가 분담 가능
이윤 분배	개인 기업주 독점	출자자의 지분율에 따라 분배
기업 영속성	개인 기업주 사망으로 기업활동 중지	대표 유고 시에도 법인 지속, 기업활동 유지
비밀유지	유리	불리
세금	소득금액이 일정 규모 이하일 경우 법인에 비해 유리. 누진세율로 인해 소득이 많은 경우 소득세 부담 높음	이익이 많은 경우 개인사업자에 비해 유리

특히 정부 및 관련 기관의 창업 지원금을 받아야 하는 경우에는 의무적으로 온라인법인설립시스템[www.startbiz.go.kr]에서만 법인 등록을 해야 한다. 온라인법인설립시스템 체험서비스에 들어가서 미리 꼼꼼히 절차를 따라해본 후에, 실제 설립절차를 시작해 단계별로 따라가면 된다.

창업 지원금을 받지 않고 법인 설립에 들어갈 경우엔 굳이 온라인법인설립시스템을 이용하지 않아도 된다. 법무사한테 맡기면 수십만 원의 비용으로 손쉽게 법인 등기를 마칠 수 있다.

주식회사 설립 절차 따라하기

주식회사 설립에 관한 일반적인 정보는 알기쉬운 생활법령정보[easylaw.go.kr]에 들어가서 '주식회사 설립'으로 검색하면 쉽게 찾을 수 있다.

스타트업이 창업하는 일반적인 주식회사 발기설립[46] 과정은 발기인의 구성 → 설립목적 정하기 → 회사상호 정하기 및 자본금 결정 → 정관 작성 → 주식발행사항 결정 → 발기인의 주식인수 및 주금납입→임원 선임→설립경과 조사 → 인허가 및 세금납부 → 설립등기 및 사업자신고 순이다.

스타트업 임직원이 알아둬야 할 내용만 알기 쉽게 정리했다.

발기인의 구성(상법 제288조):

주식회사를 설립하는 사람들을 발기인이라고 한다. 발기인이 될 수 있는 자격조건에는 제한이 없다. 미성년자도 법정대리인(친권자 또는 미성년 후견인)의 동의를 받아 발기인이 될 수 있고, 법인도 다른 회사의 발기인이 될 수 있다.

주식회사 설립 때 필요한 발기인의 인원수에는 제한이 없다. 따라서 1인만으로도 가능하다. 여러 명이 발기인일 경우에는 그중 한두 명이 주식인수대금 납부에 실패했을 때 나머지 발기인들이 대신 납입해야 하는 등 회사설립과 관련한 다양한 의무가 발생한다.

발기인은 주식회사를 설립할 때 회사의 정관을 작성하고 그 정관에 기명날인 또는 서명을 해야 한다.

설립목적 정하기(상법 제289조 제1항 제1호):

회사의 설립목적은 회사의 존재 이유 또는 수행하려는 사업에 관한 것이다. 발기인은 정관을 작성할 때 회사의 목적을 정해야 한다.

설립목적은 통계청 통계표준분류^{kssc.kostat.go.kr}에서 한국표준산업분류를 클릭해 들어가서 찾으면 된다. 예를 들어 의류 제조업을 하려는 경우 단순히 '제조업'으로 기재하면 안된다. 임직원, 주주, 거래처, 고객 등 다양한 이해관계자들이 예측할 수 있도록 기재해야 하므로 '봉제의복 제조업'처럼 아주 구체적으로 기재해야 한다.

설립목적은 앞으로 수행할 주된 사업 내용을 우선하여 작성하되 향후 펼쳐나갈 사업과 관련한 여러가지 목적을 함께 기재하는 게 좋다. 마지막 항에는 '위와 관련한 부대사업일체'라는 문구를 적는 게 좋다.

특히 법률상 신고 및 인허가 업종일 경우에는 반드시 설립목적에 해당 신고·인허가 사업을 기재해야 한다.

설립목적을 기재하는 이유는 이사의 업무집행범위를 규정해, 이를 벗어난 사업을 하여 회사에 손해를 끼치지 않도록 하기 위함이다. 따라서 나중에 설립목적을 변경하거나 추가할 경우 주주총회를 열어 정관을 변경하여야 한다.

회사 상호 정하기(상법 제18,19,21,23조) 및 자본금 결정:

상호는 주식회사의 이름을 뜻한다. 주식회사의 상호는 원칙적으로 자유롭게 정할 수 있다. 다만 주식회사의 상호에는 반드시 '주식회사'란 문자가 들어가야 한다. 따라서 '○○ 주식회사 또는 주식회사 ○○' 식으로 상호를 정해야 한다.

국내에 널리 인식된 타인의 상호 등과 동일하거나 유사한 것을 사용하여 타인의 영업상의 시설 또는 활동과 혼돈하게 하는 행위는 법적으로 금지된다.[47] 동일·유사 상호가 있는지를 확인하려면 대법원인터넷등기소www.iros.go.kr 에서 등기열람·발급→법인→상호찾기에서 검색하면 된다.

법인설립등기 과정에서 회사 상호에 대한 변경 요청이 있을 수 있다. 따라서 회사의 로고나 명함 등은 법인등기가 완료된 이후에 제작하는 게 좋다.

정관작성에 앞서 가장 중요한 부분 가운데 하나인 자본금 총액(1주의 금액×회사 설립 시 발행하는 주식의 총수)도 결정해야 한다. 특히 인허가 사업은 법률상 최저 자본금 규모가 규정되어 있으므로 이 금액 이하로 설정하지 않아야 한다.

정관 작성(상법 제289조):

정관은 회사의 조직과 활동을 정한 근본규칙 또는 이를 기재한 서면을 뜻한다. 국가에 헌법이 있다면, 기업에는 그 역할을 정관이 한다. 주식회사를 설립할 때는 발기인이 정관을 작성해야 한다.

인터넷 포털에 '주식회사 표준정관'을 검색해 찾은 파일을 바탕으로 작성하면 된다.

정관의 기재사항에는 1. 반드시 기재해야 하고 만일 누락될 경우 정관이 무효가 되어 결과적으로 회사설립 자체가 무효가 되는 절대적 기재사항, 2. 정관에 기재가 누락되더라도 정관의 효력에는 영향이 없지만 해당 내용이 구속력을 가지기 위해서는 정관에 기재되어야 하는 상대적 기재사항, 3. 정관에 기재되어야만 효력이 생기는 것은 아니지만 그 내용을 기재하면 그 기재대로 효력이 발생하는 임의적 기재사항이 있다:

1. 절대적 기재사항: 설립목적, 상호, 회사가 발행할 주식의 총수, 액면주식을 발행하는 경우 1주의 금액, 회사 설립 시 발행하는 주식의 총수, 본점의 소재지, 회사가 공고를 하는 방법[48], 발기인의 성명·주민등록번호·주소

2. 상대적 기재사항: 주식매수선택권의 부여, 종류주식발행, 전환주식의 발행, 서면투표의 채택, 감사위원회 등 이사회 내부위원회 설치, 이사임기의 총회종결까지의 연장, 대표이사를 주주총회에서 연임하는 것, 이사회소집기간의 단축 등

3. 임의적 기재사항: 주식회사의 본질, 법의 강행규정, 사회질서에 반하지 않는 범위에서 회사운영에 대한 사항(이사·감사의 수, 총회의 소집시기, 영업연도, 지점의 설치·이전·폐지 등)

정관은 자본금 총액이 10억 원 미만인 회사의 경우 각 발기인이 정관에 기명날인 또는 서명함으로써 효력이 발생한다.[49]

주식발행사항 결정(상법 제291조):

주식발행사항이란 정관의 절대적 기재사항(1주의 금액, 회사 설립 시 발

행하는 주식의 총수) 외에 자본금에 관한 구체적인 사항을, 정관에 다른 규정이 없는 경우 발기인 전원의 동의로 결정하는 사항이다.

특히 주식의 표준이 되는 보통주 외에 의결권제한주식, 전환주식, 상환주식, 우선주 등 종류주식을 발행하는 경우에는 그 발행하는 주식의 종류와 수를 결정해야 한다.

의결권제한주식: 이익배당에서는 우선적 권리가 있지만, 의결권은 없는 주식

전환주식: 회사가 권리내용이 다른 여러 종류주식을 발행하는 경우 다른 종류주식으로 전환할 수 있는 권리(=전환권)가 인정되는 주식. 회사가 전환주식을 발행하는 경우 전환의 조건, 전환의 청구기간, 전환으로 인하여 발행할 주식의 수와 내용을 정해야 하며, 주식청약서 또는 신주인수권증서에도 그 내용을 적어야 한다.

상환주식: 회사가 자금이 필요한 경우 발행하였으나 일정 기간이 지난 후 해당 주식을 회수하여 소각하려는 경우에 발행하는 주식

발기인의 주식인수(상법 제293조) 및 주금납입(상법 제295조):

각 발기인은 서면에 의하여 주식을 인수해야 하며, 발기인이 설립등기를 신청할 때에는 주식의 인수를 증명하는 정보(=주식인수증)를 제출해야 한다.

주식인수증을 작성하는 자세한 방법은 온라인 법인설립시스템[www.startbiz.go.kr]에서 확인할 수 있다. 주식인수증에는 상호, 인수할 주식의 종류와 수, 인수주식 총액, 1주의 금액, 납입기관 및 장소, 주식 인수자의 성명·주민등록번호·주소, 기명날인을 기재한다.

발기인이 회사의 설립 시에 발행하는 주식의 총수를 인수한 때에는 지체

없이 각 주식에 대하여 그 인수가액 전액을 회사가 정한 금융기관에 납입해야 한다. 자본금 총액 10억 원 미만의 주식회사는 금융기관이 발행해주는 잔고증명서(=예금 잔액증명서)를 설립등기 때 제출하면 된다.[50]

임원 선임(상법 제296조):

발기인의 인수가액에 대한 전액 납입이 완료된 때에 발기인은 지체 없이 의결권(1주 1표 원칙)의 과반수 찬성으로 이사와 감사를 선임해야 한다. 자본금 총액이 10억 원 미만인 회사는 이사를 3인 이하로 둘 수 있으며, 감사를 선임하지 않을 수도 있다.[51]

대표이사는 설립등기시에 등기해야 하므로 설립등기 전에 대표이사를 선임하는 게 원칙이다. 그러나 정관으로 주주총회에서 대표이사를 선정할 것을 정할 수도 있다. 대표이사는 여러명이 할 수도 있지만, 스타트업에서는 대부분 한 명이 하는 게 보통이다.

설립경과 조사:

이사와 감사는 취임후 지체 없이 회사의 설립에 관한 모든 사항이 법령 또는 정관의 규정에 위반되지 않는지 여부를 조사하여 발기인에게 보고해야 한다.

이사와 감사 중 발기인이었던 사람은 이와 같은 조사·보고에 참가하지 못한다. 따라서 이사와 감사 전원이 발기인일 경우에는 이사는 공증인으로 하여금 조사·보고를 하게 해야 한다. 공증인의 조사보고서는 회사설립 등기신청때 제출한다.

인허가 및 세금납부:

폐기물처리업처럼 일부 업종에서는 관계법령에 따라 사업 개시 전에 행정관청으로부터 허가를 받거나 행정관청에 등록 또는 신고를 끝내야 사업을 할 수 있다.

창업을 하려는 업종이 인허가를 받아야 가능한지 여부는 국세청 홈택스에서 확인할 수 있다. 국세청 홈택스 홈페이지에서 신청·제출→사업자등록신청·정정 등→사업자등록증신청(법인)→업종 선택에서 업종입력·수정을 클릭한 후 업종코드에서 해당 업종을 찾아 검색하면 인허가 업종인지 여부와 함께 근거법령, 제출서류, 접수기관, 민원사무명 등 인허가를 받기위해 필요한 정보를 확인할 수 있다.

법인설립 등기를 위해서는 사전에 등록면허세와 지방교육세를 납부해야 한다. 둘 다 지방세이기 때문에 관할구청이나 시청세무과를 직접 방문해 납부하면 된다.(국세청 세무서를 찾아가면 안된다) 전자신고 및 전자납부를 하려면 서울시는 이택스$^{etax.seoul.go.kr}$에서, 다른 지역에서는 위택스$^{wetax.go.kr}$에서 할 수 있다.

설립등기(상법 제317조) 및 사업자신고:

회사는 본점소재지에서 설립등기를 함으로써 성립한다.

회사 등기는 대표자(대표이사) 또는 대리인(변호사, 법무사, 법무법인, 법무사법인)이 시·도별 등기소에 출석하여 서면으로 제출할 수 있다. 또한 대법원 인터넷등기소 사이트$^{www.iros.go.kr}$에서 신청할 수도 있다. 설립등기 신청서에 기재해야 할 사항과 추가 제출 서류 등도 인터넷등기소 사이트에서 확인할 수 있다.

마지막 단계로 국세청에 법인설립신고 및 사업자등록을 해야 한다. 이는 납세 의무를 지는 사업자 정보를 세무서의 대장에 수록하는 절차이다. 국세청 홈페이지[www.nts.go.rk]에서 국세정책·제도→사업자등록 안내→제출서류 및 교부에서 법인설립신고 및 사업자등록 절차와 제출 서류를 확인할 수 있다.

국세청에서 사업자등록증까지 발급 받으면 법인설립 절차는 마무리된다.

사업자등록 이후에는 임직원 급여계산 후 4대 보험(국민연금, 건강보험, 고용보험, 산재보험) 신고, 근로소득세 및 지방소득세 납부 등 잡무가 많아진다.

첫 직원을 채용해 근로계약서를 작성하면 근무 시작일로부터 14일 이내에 4대 사회보험 정보연계센터[www.4insure.or.kr]에 4대 보험 사업장 성립신고와 함께 직원의 4대 보험을 신고해야 한다. 직원 월급은 매달 연장근로수당, 주휴수당, 비과세급여 등이 달라진다. 따라서 매달 새롭게 변경신고를 해야 한다.

4대 보험료가 산정되면 근로소득세와 지방소득세(근로소득세의 10%)를 계산하여 원천징수하고 임직원에게 급여를 지급한다. 매달 국세청에 선납하는 근로소득세와 지방소득세는 회사에서 임의로 계산해서 책정한다.[52]

그리고, 매달 국세청 홈택스에 들어가 세금을 신고하고 납부해야 한다. 직원을 신규 채용하고, 기존 직원이 퇴사할 때는 앞의 과정을 또 반복해야 한다. 임직원 수도 적어 업무가 과중한 스타트업에서 이런 일들을 하면 시간도 많이 걸리고 자칫 실수할 수도 있다. 이럴 때 각종 신고업무와 회계업무를 회계사 또는 세무사에게 맡기면 편해진다. 통상 매달 10~20만 원의 비용으로 해결할 수 있다.

VI. 투자 유치하기

스타트업이 점점 커 가면 단계별로 돈이 필요하다. 돈을 구하는 과정을 투자 유치, 영어로는 펀드 레이징^{Fundraising} 또는 펀딩^{Funding}이라고 하는데, 투자 유치를 위해 투자자들에게 우리 회사를 설명하고 각종 질문에 응답하는 일련의 과정을 IR$^{Investor\ Relations}$이라고 한다.

또한, 기업에 들어가고 나가는 돈을 장부에 기록하는 회계에서 회사가 가진 전체 유무형 자산은 부채와 자본으로 구분된다(자산=부채+자본). 부채는 흔히 말하는 대출이다. 은행에서 필요한 돈을 대출받고 달마다 이자를 내는 것이다. 은행은 대부분 땅과 건물같은 부동산을 담보로 잡고 대출을 해준다. 따라서 초기 단계 기업은 대출 받기 어렵다. 결국 자본을 구해야 한다.

주식회사의 경우 자본금은 주식을 발행해서 투자자들에게 주식을 주면서 마련한다. 첫 발행할 때 주식 가격은 1주당 500원~10,000원이 보통이다. 주식 발행을 통한 자본금 확충은 이자 부담도 없고, 나중에 투자자의 직간접적인 도움을 받을 수 있어서 유리하다. 하지만 우리나라 투자자의 경우 3~5년 내에 투자금 회수를 원한다는 점에 주의해야 한다. 인수합병이나 주식시장 상장(=기업공개)^{Initial Public Offering, IPO}을 하거나 후속 투자자를 구해 이들이 투자금을 회수하도록 요구받게 된다.[53] 심한 경우 회사가 이들의 주식을 다시 사들여야 할 수도 있다. 바로 투자 유치를 할 때 계약서를 꼼꼼히 들여다봐야 하는 이유다. 계약서와 관련해서는 3부 계약서 부분에서 자세히 설명한다.

스타트업은 시리즈에 따라 성장한다

인간의 성장 단계를 학교에 따라 유치원생, 초등학생, 중학생, 고등학생, 대학생으로 구분짓듯, 스타트업의 성장 단계는 돈을 구하는 단계에 따라 시드^{Seed}, 시리즈^{Series}A, 시리즈B, 시리즈C 등으로 구분한다. 투자 단계별로 회사와 투자자들이 협의해 정하는 기업가치(전체 회사 발행 주식 가치의 총합)에 따라 시리즈가 결정된다. 그리고, 성장 단계에 따라 투자금 규모와 투자회사 종류가 달라진다. 투자자 종류에 대해서는 바로 뒤에 따로 설명한다.

시드: 창업 아이템을 선정해 비즈니스 모델을 만들 즈음에 법인을 설립해 창업을 하게 된다. 법상 100원이면 회사 등기가 가능하다. 하지만 통상 1000만~1억 원 규모로 법인을 설립한다. 초기 자본금은 창업자나 창업 팀이 60% 이상을 내고, 나머지는 3F^{Family, Friend, Fool}가 투자한다. 언제 망할지 모르기 때문에 가족, 친구 외에는 바보만 투자한다는 미국식 유머가 담겨 있다. 시드 단계 또는 시드~시리즈A 사이에 초기단계 투자자인 엔젤투자자, 액셀러레이터들이 1,000만~3억 원 규모로 투자를 한다.

시리즈A: 회사가 사업계획서를 완벽하게 구성하고 초기 팀 빌딩을 마친 후에 비즈니스 테스트가 끝나면(일부 업종에서는 추가로 초기 매출을 올리게 되면) 본격적인 시장 진출을 위한 자금을 구하게 된다. 이때 벤처캐피탈이 나서 10~30억 원 규모로 투자를 하게 된다.

벤처캐피탈부터는 투자 관련 계약서에 '5년 내에 주식시장에 상장할 것' 등 여러가지 까다로운 조건들이 자세하게 붙는다.

시리즈B: 회사의 비즈니스모델 검증이 끝나고 매출이 어느 정도 궤도에 오르게 되면 시장을 본격적으로 확대하게 된다. 이때 인력 충원과 설비 투자, 마케팅을 위해 대규모 자금이 들어간다. 벤처캐피탈이나 자산운용사 등에서 50~100억 원 규모의 대규모 투자를 하는 단계다.

이때부터 본격적으로 회사와 투자자는 엑시트를 위한 고민을 시작하게 된다. 투자자들도 남의 돈을 받아서 투자하기 때문에 보통 3~5년, 최대 7년 정도까지만 기다려줄 수 있기 때문이다. 따라서 이때부터 회사는 우리 회사를 다른 회사에 팔든지 주식시장에 상장하든지 하는 방법을 고민해야 한다. 두가지 방법이 다 어렵다면 시리즈C 이후에 후속 투자자를 구해서 기존 투자자들의 주식을 사가게 해야 한다.

시리즈C, D, E 등: 회사가 창업 당시 세웠던 사업계획을 상당부분 달성해서 매출 규모가 커졌을 단계다. 안정적으로 매출을 달성해서 이익도 꾸준히 성장하게 된다.

이때 벤처캐피탈이나 자산운용사, 사모펀드 등이 회사의 엑시트를 가정하고 대규모 투자에 들어오게 된다. 시리즈C 투자금은 수백억 원 단위가 대부분이다. 회사가 급성장하면서 기업가치가 커지면 시리즈D, E, F 등 후속 투자를 받기도 한다. 이때 투자 규모가 수천억 원까지 늘어난다.

국내에 스마트폰 앱을 통한 음식 배달 시장을 연 배달의민족(회사 이름은 우아한형제들)의 투자 유치를 사례로 들면 다음과 같다.[54]

시드: 2011년 3월 자본금 3,000만 원으로 법인 설립. 같은해 액셀러레이터 본엔젤스 3억 원 투자.

시리즈A: 알토스벤처스, 스톤브릿지캐피탈, IMM인베스트먼트 등 2012년 20억 원 투자.

시리즈B: 알토스벤처스, 스톤브릿지캐피탈, IMM인베스트먼트 등 2014년 120억 원 투자.

시리즈C: 골드만삭스컨소시엄 2014년 400억 원 투자

시리즈D: 힐하우스캐피탈 컨소시엄 2016년 570억 원, 네이버 2017년 350억 원 투자.

시리즈E: 힐하우스캐피탈, 세콰이어캐피탈, 싱가포르투자청 등 2018년 3611억 원 투자.

엑시트: 독일 음식배달 서비스 기업 딜리버리히어로가 2021년 4조 7500억 원에 배달의민족 인수.

보통 시리즈 한 단계 올라갈 때마다 얼마나 걸릴까.

전체적인 경제 상황과 회사가 속한 업종, 회사의 규모에 따라 천차만별이다. 금리가 낮아 비상장 주식 투자 규모가 큰 폭으로 늘어나는 경기 호황기에는 빠르면 6개월 만에 시리즈가 올라간다. 하지만 금리가 높은 자본시장 침체기(은행 이자가 높아질수록 사람들은 위험한 주식 대신 안정적이면도

수익율도 높은 은행 예금으로 몰릴 수밖에 없다)에는 벤처나 스타트업 투자 규모가 축소된다. 2년 넘게 한 푼의 투자를 받지 못하고 버텨야 할 수도 있고, 최악의 경우에는 기업가치를 높이지 못하고 오히려 낮춰서 다음 시리즈 투자를 받을 수밖에 없는 상황이 올 수도 있다.

기업은 성장이 목표지만 때에 따라서는 생존을 최우선으로 해야 한다. 기업가치에 목매지 않고, 상황에 따라 유연하게 대처하면 된다.

다만 꽤 오랜 기간 투자를 받지 못해 기존 투자자들이 비즈니스모델이나 사업계획에 대한 수정을 요구할 경우 이를 진지하게 고민해야 한다.

투자 유치 할 때 필요한용어

프리 머니, 포스트 머니

스타트업 밸류(기업가치)를 얘기할 때 자주 듣는 말 가운데 프리 머니 밸류$^{Pre-money\ Value}$와 포스트 머니 밸류$^{Post-money\ Value}$가 있다. 프리 머니 밸류는 투자 유치 이전의 기업가치를, 포스트 머니 밸류는 투자 유치 이후의 기업가치를 뜻한다. 줄여서 프리 밸류, 포스트 밸류로 표현하기도 한다.

예를 들어 우리 회사가 주당 액면가 1만 원짜리 주식을 900주 발행해 900만 원의 자본금으로 설립됐다고 하자.

설립 직후 엔젤투자자 A가 투자하기 전에 이 회사의 기업가치를 9,000만 원으로 평가했다고 하자. 이 회사 주식 1주의 가치는 10배인 10만 원으로 늘어난 셈이다(=9,000만 원/900주). 투자 유치 이전의 회사 밸류, 즉 프리 머니 밸류는 9,000만 원이다.

투자자 A가 1,000만 원을 투자할 경우 A는 100주(=1,000만 원/10만 원)를 받게 되며 A의 지분율은 10%(=100주/900주+100주)가 된다. 이때 우리 회사가 신주 100주를 A에게 발행해주고, A가 1,000만 원을 납입하면 투자 유치 이후의 회사의 가치, 즉 포스트 머니 밸류는 1억 원

(=9,000만 원+1,000만 원)이 된다.

투자자 입장에서는 프리 머니로 얘기할 때와 포스트 머니로 얘기할 때 지분율이 달라질 수 있다. 예를 들어 같은 200억 원 밸류라도 프리 밸류 200억 원에 20억 원 투자는 투자 후 지분율이 9.1%(=20억 원/220억 원)이고, 포스트 밸류 200억 원에 20억 원 투자는 지분율이 10.0%(=20억 원/200억 원)가 된다. 따라서 투자자들이 기업과 대화할 때는 꼭 프리 머니 밸류인지, 포스트 머니 밸류인지를 묻게 된다.

캡 테이블

캡 테이블^{Cap table, Capitalization table}을 작성하는 법도 알아둬야 한다. 캡 테이블은 투자 유치에 따른 주식 수 및 지분율 변화를 나타내는 표이다. 현재까지 발행한 주식 수^{Outstanding}를 기준으로 지분율을 표기하는 게 보통이다. 또한 앞으로 발행이 예상되는 주식, 즉 옵션 풀^{Option Pool}까지 캡 테이블에 표기하는 경우도 많다.

시리즈A 이상 주요 투자자들은 회사가 발행할 스톡 옵션(주식매수청구권)[55]의 전체 규모를 회사와 미리 약정하는 사례가 많다. 예를 들어 10% 또는 15%의 옵션 풀을 약정하고, 회사가 이 한도를 넘지 않도록 하는 것이다. 스톡옵션 행사에 따라 신규 주식이 발행될 경우, 투자자 입장에서는 새로운 자본(돈)이 회사에 들어오지 않는데도 자신의 지분율이 희석되는^{Diluted} 손해가 발생하기 때문이다.

옵션 풀이 설정된 이후에 들어오는 투자자들은 스톡옵션이 최대 한도로 행사됐을 때 자신의 지분율이 최대 얼마 정도로 낮아질지^{Fully Diluted}를 감안해야 한다. 따라서 대부분 회사측에 Fully Diluted 항목을 표기하도록 요청한다.

투지 유치 직후 캡 테이블 사례 (옵션 풀 15% 가정)

이름	주식수	종류	총발행주식수 대비 (Outstanding) 지분율	지분희석 감안 (Fully Diluted) 지분율
대표이사 A	500주	보통주	35.3%	30.0%
임원 B	300주	보통주	21.2%	18.0%
임원 C	100주	보통주	7.05%	6.0%
임원 D	100주	보통주	7.05%	6.0%
투자자 E	417주	상환전환우선주	29.4%	25.0%
합계	1,417주	–	100%	–
직원 F	150주	스톡옵션	–	9.0%
잔여 옵션 풀	100주	–	–	6.0%
합계	1,667주	–	–	100%

보통주, RCPS, CPS

회사가 발행할 수 있는 주식의 종류는 매우 다양하다. 일반적으로 창업 당시에는 보통주를 발행하고, 이후 투자자를 유치하면서 다양한 권리가 붙은 종류주식을 발행한다.

보통주[Common Stock]는 말 그대로 평범한 주식이다. 이익 배당, 주주총회시 의결권 행사, 청산시 잔여재산 분배 등에 있어 주주로서 누릴 특별한 권리, 즉 우선권이 없는 주식이다. 배당권, 의결권 등 일반적이고 표준적인 권리만 가지고 있다.

이와 달리 다음부터 설명하는 종류주식은 주주가 유리하게 행사할 수 있는 권리가 추가적으로 붙어있는 주식을 뜻한다. 종류 주식의 경우 상법에 따라 그 내용과 수량이 회사 정관을 통해 미리 정해져 있어야 한다. 따라서 주주총회 특별결의(출석 주주 의결권수의 3분의 2 이상이면서 발행주식총수 3분의 1이상의 찬성)를 통해 정관을 변경해야 새로운 종류 주식을 발행할 수 있다.

일반적으로 가장 흔하게 볼 수 있는 종류 주식이 RCPS[Redeemable Convertible Preference Share](상환전환우선주)이다. 엔젤 투자자부터 액셀러레이터, 벤처캐피탈에 이르기까지 많은 투자자들이 RCPS 계약을 요구한다.

RCPS는 이익배당 우선권, 잔여재산배분 우선권, 상환권, 전환권 등 종류 주식에 붙는 모든 옵션을 다 가지는 주식이다. 물론 보통주가 가지는 의결권도 가지기 때문에 투자자 입장에서 매우 유리한 주식인 셈이다.

이익배당과 잔여재산배분 우선권은 회사가 이익을 배당하거나 파산·청산 등으로 잔여재산을 배분할 때 보통주보다 우선해서 받을 권리이다. 상환권은 일정 조건이 발생하였을 때 주식을 회사에 일정한 가격(통상 취득가격에 이자를 붙인 금액)에 되팔 수 있는 권리이다. 전환권은 일정 기간이 지나면 주식을 일정 비율이나 일정 가격으로 보통주로 전환시킬 수 있는 권리이다.

RCPS와 함께 최근에는 전환우선주CPS, Convertible Preference Share 발행도 자주 볼 수 있다. 회사가 빠르게 성장해 보통주 가치도 그만큼 빠르게 높아지는 시기에 투자자가 전환권을 행사할 경우, 기존에 보유한 주식 수보다 많은 수의 보통주로 전환함으로써 주식 가치 상승 혜택을 누릴 수 있기 때문이다. 반대로 회사의 밸류가 떨어질 경우 투자자들이 가진 지분율이 기존 지분율보다 낮지 않게 만드는 조건을 넣기도 한다.

시리즈에 따라 달라지는 투자자

시리즈에 따라 우리 회사가 만나게 되는 전문 투자자의 면면도 달라진다.

시드에서 시리즈A 직전까지는 주로 엔젤투자자, 액셀러레이터 등이 투자하고 시리즈A부터는 벤처캐피탈이, 시리즈B 이상부터는 벤처캐피탈과 함께 자산운용사와 사모펀드 등이 등장한다.

창업자와 회사 입장에서는 투자자의 구분을 굳이 알 필요는 없다. 다만 우리 회사에 도움이 될 수 있는 투자자인지를 꼼꼼히 체크할 필요가 있다.

특히 투자 기관의 담당자에 따라서도 회사가 받는 도움의 수준이 다를 수 있다. 투자 유치 과정에서 여러 번의 만남이 있으니 다각도로 검토하는 것은 필수!

엔젤투자자^{Angel Investor}: 시드 단계나 시리즈A 이전, 회사 창업 초기에 1,000만~1억 원 규모로 투자한다. 법적으로 전문 엔젤, 적격 엔젤, 엔젤클럽, 개인투자조합 등으로 구분된다. 개인투자조합은 49인 이하 개인들이 모여 법적인 조합을 만들어 투자하는 것이다. 엔젤투자자와 개인투자조합은 엔젤투자지원센터^{www.kban.or.kr}에서 확인할 수 있다.

주의할 점은 엔젤클럽과 개인투자조합은 자본시장법상 주주 수를 계산할 때 클럽원과 조합원을 모두 더해 계산한다는 것이다. 우리나라 자본시장법은 6개월의 기간 동안 50인 이상의 주주를 모집할 경우 이를 공모^{Public Offering}로 규정하고, 사업보고서를 발간하도록 하고 있다. 예를 들어 1월 1일에 A 엔젤클럽 클럽원 10명의 투자를 유치하고, 6월 30일에 B개인투자조합 40명의 투자 유치를 했을 경우, '6개월 50인'이라는 규정에 걸려 자본시장법 위반이 된다.

액셀러레이터^{Accelerator}(국내법상 용어는 '창업기획자')[56]: 스타트업의 완전 초기 단계에 투자하는 액셀러레이터는 시드나 시리즈A 이전에 주로 1~2억 원 미만 투자를 하며 5~10% 지분을 가져간다. 사무실 공간을 지원해주고 전문적인 멘토링을 해주며 후속 투자에 연결해주는 역할을 한다.

포털 검색에서 '창업진흥원 액셀러레이터'를 입력하면 1년에 한 번 업데이트되는 등록 액셀러레이터 현황을 파악할 수 있다. 관련 협회 홈페이지가 있으나 회비를 내고 가입하는 곳이라 일부 회원들만 가입돼 있는 것으로 보인다. 따라서 전체 현황 파악에는 어려움이 있다.

액셀레이터마다 능력 차이는 천차만별이다. 법인 설립부터 창업 초기 팀 빌딩 및 사업계획 수립까지 디테일하게 도움을 주는 곳이 일부 있다. 반면 단순히 사무실 공간 지원 수준에 머무는 곳도 많다. 개별 액셀러레이터의 능력을 확인하는 방법으로는 액셀러레이터가 투자한 회사가 언론, 블로그 등에 어떻게 노출됐는지를 체크하거나 투자된 회사에 직접 문의하는 방법 등이 있다.

벤처캐피탈^{Venture Capital}: 위험 부담이 있지만 높은 이익을 가져올 수 있는 스타트업, 벤처기업에 투자하는 기관을 뜻한다. 국내법상으로는 벤처투자 촉진에 관한 법에 따른 '중소기업창업투자회사(창투사)'와 여신전문금융업법에 따른 '신기술사업금융업자'로 구분된다. 주로 시리즈A 이상부터 투자를 하며, 투자 금액은 수억~수십억 원 단위이다. 기업이 필요한 자금 규모가 100억 원 이상으로 클 경우 가장 많은 투자를 할 기관이 앵커^{Anchor} 투자자가 되어 나머지 기관들을 모아 투자하는 '클럽 딜^{Club Deal}' 방식을 택하기도 한다.

벤처캐피탈 현황은 벤처캐피탈협회^{www.kvca.or.kr} '회원안내'와 여신금융협회 ^{www.crefia.or.kr} '회원사 정보'에서 확인할 수 있다.

10년 이상도 기다려주는 미국 벤처캐피탈과는 달리 국내 벤처캐피탈은 보통 3~5년 이내, 최대 7년안에 엑시트하기를 원한다. 또한 일부 벤처캐피탈은 투자 유치 이후에 경영·재무·세무 컨설팅이나 후속 투자 유치에 대한 도움을 거의 주지 않는 곳들도 있다. 규모가 큰 벤처캐피탈이라고 해서 규모가 작은 곳에 비해 더 많은 도움을 받을 수 있는 것도 아니다. 스타트업 입장에서는 투자 협상 단계부터 다각적으로 체크해서 좋은 벤처캐피탈을 만나야 한다.

또한 규모가 작은 벤처캐피탈의 경우 리스크 축소 차원에서 비즈니스 모델이 거의 유사한 기업 2개 이상에 투자하지 않는다. 따라서 검색하여 우리 회사와 거의 비슷한 스타트업에 투자한 벤처캐피탈은 컨택 리스트^{Contact List}에서 뒤에 배치하는 게 좋다.

최근에는 넓은 뜻의 벤처캐피탈로 자산운용사나 사모펀드 등도 활발히 활동하고 있다. 이들은 여의도 증권사, 자산운용사들과 밀접한 인맥을 형성하고 있기 때문에 엑시트가 임박한 시리즈B 이후 투자에 주로 집중한다. 특히 인수합병이나 주식시장 상장을 통해 엑시트를 할 경우 인맥이 좋은 자산운용사나 사모펀드 투자를 받아놓으면 유리하다.

성공하는 투자 유치 프로세스

지난 몇 년간 국내에서는 스타트업이 늘어난 만큼이나 투자자들의 수도 눈에 띄게 증가했다. 금리가 낮고 주식시장이 활황인 때는 투자자들끼리 뜨거운 경쟁이 붙기도 했다. 반대로 금리가 높고 주식시장이 침체기인 때에는 투자자는 '갑 중의 갑'이 된다. 이런 때는 투자 유치에 실패한 스타트업이 1~2년 만에 폐업하는 일은 흔하다.

따라서 액셀러레이터나 벤처캐피탈의 투자 유치 프로세스에 맞춰 스타트업이 적절하게 대응하는 것은 중요한 업무 가운데 하나다. 통상 투자 기관들의 투자는 딜 소싱^{Deal Sourcing}(투자대상 발굴), 심사역 사업계획서 검토, 기업가치 및 투자금액 협상, 최종 IR 및 투자심의위원회, 회계 실사^{Due Diligence}, 텀싯^{Term Sheet} 논의 및 본계약 체결의 과정을 거친다.

딜 소싱: 액셀러레이터나 벤처캐피탈 등 투자기관의 심사역들은 상당한 시간을 딜 소싱에 할애한다. 좋은 스타트업을 찾아 투자해야 수익율을 높일 수 있기 때문이다. 이들이 딜 소싱을 하는 루트는 크게 구글링, 개인 인맥,

투자 콘퍼런스 등이 있다.

심사역도 화이트칼라 회사원인지라 딜 소싱을 시작할 때 가장 먼저 인터넷 검색부터 한다. 회사를 알리는 가장 빠른 길은 유명 경진대회에서 우수한 성적으로 입상하고, 언론에도 자주 이름이 오르내리는 것이다. 반대로 회사가 불미스러운 일로 언론에 이름이 나지 않도록 조심해야 한다.

스타트업 임원들은 평소에 동종 업계 회사나 학계, 그리고 투자업계 인맥들과 점심, 저녁을 하는 것을 두려워하지 않아야 한다. 대학생이라면 학내 창업 지원단과 관련학과 교수를 찾아 도움을 청하는 방법도 있다. 요즘 흔해진 밋업Meet Up, 데모데이Demo Day 같은 투자 유치 행사도 적극적으로 참여해야 한다.

최근 몇 년 사이 A기관은 게임, B기관은 바이오 등 특정 산업에 집중해서 투자하는 액셀러레이터나 벤처캐피탈들도 늘었다. 아예 정부에서 특정 산업에 집중적으로 투자하는 것을 목적으로 벤처캐피탈에 자금을 넣어주는 일도 많아졌다. 예를 들어 우리 회사가 친환경 시멘트 개발 회사라면 국토교통 부분에 집중적으로 투자하는 펀드를 들고 있는 벤처캐피탈을 찾아가면 투자 유치 승률이 높아진다. 이같은 특화 펀드는 IT, 농업, 해양수산, 관광, 콘텐츠 등 다양하게 운영 중이다.

심사역 사업계획서 검토: 우리 회사에 연락한 심사역은 단 한번만 만나서 투자 프로세스를 개시하지 않는다. 일단 사업계획서나 IR덱(사업계획이 요약된 파워포인트나 워드 자료)을 요청해 기본적인 자료 조사를 하고, 어느 정도 이해가 됐을때 대면Face to face IR을 요청한다. 따라서 처음 보내는 사업계획서나 IR덱이 심사역이 쉽게 이해할 수 있도록 사업성과 기술성에서 논리적이어야 한다. 심사역은 우리와 비슷한 사업을 하고 있는 경쟁 기업이나 교수, 때로는 기자에게까지 전화를 해 다각도로 우리 회사를 검토한다.

따라서 스타트업 창업 이전에도 인생을 잘 살아야함을 명심해야 한다. 대학 다닐때 지도 교수와 대판 싸웠는데 어느 날 그 교수에게 심사역이 전화를 걸 수도 있다. 하지만 매출과 수익, 또는 고객 수 증가가 압도적이라면 다른 모든 노력이 필요없을 정도가 된다. 사업계획서나 IR덱이 단순해도 보여주는 숫자만으로도 충분히 심사역이 설득되기 때문이다.

기업가치 및 투자금액 협상: 심사역이 투자 의향을 가지게 되면 본격적으로 우리 회사를 얼마의 가치에 투자할지, 또한 얼마를 투자할지에 대한 논의가 시작된다.

밸류에이션^{Valuation}(기업가치평가)에 대한 논의를 대표가 주도할 필요는 없다. 최고재무책임자^{CFO}가 논리적으로 잘 설득시키면 된다.

이 단계에서 창업자들이 자주하는 실수가 회사 가치를 객관화하지 않고 지나치게 부풀리는 것이다. 매출이 있는 회사라면 심사역들이 가진 밸류에이션 기법들은 한정돼 있어서 회사 가치를 '자의적으로' 늘릴 수 있는 범위에는 한계가 있다. 매출이 없는 회사라도 초기에 너무 높은 가치를 인정 받고나면, 나중에 실제 매출을 보여주며 설득해야 하는 시리즈B 이상 후속 투자 유치 단계에서 생고생을 해야 할 수도 있다.

통상 투자자들은 기업가치가 시리즈A 100억→시리즈B 500억→시리즈C 1,000억 순으로 일정 비율대로 증가하는 걸 원한다. 하지만 창업자가 시리즈A에 무리해서 500억 원의 가치로 투자를 받았다면 시리즈B 투자자를 모으기는 쉽지 않다.

또한 전체적인 투자 금액은 회사가 인력, 설비, 마케팅 등에 어떻게 사용할지 설득력있게 설명되는 수준으로 도출해야 한다. 무턱대고 많은 금액을 투자받으면 그만큼 주식 수를 많이 줘야 하기 때문에 창업자 지분율이 떨어진다. 앞서 설명했지만 단계별로 창업자 지분율이 너무 낮으면 후속 투자에 어려움을 겪을 수도 있다.

실사 및 투자심의위원회: 실사와 투자심의위원회(줄여서 '투심위'라 부른다)는 거의 동시에 진행되기도 하고 투심위가 먼저 열리거나 실사가 먼저 진행되기도 한다.

실사는 보통 듀 딜리전스^{Due Diligence} 또는 줄여서 DD라고 부른다. 투자자가 회계 법인과 함께 우리 회사의 거의 모든 서류를 보며 잘못된 부분이 있는지와 허위 사실이 있는지를 꼼꼼히 대조하는 작업이다. 회사 설비와 재고에 대한 현장 검증도 함께 진행한다. 실사 과정에서 실수가 발견되어 투자 심사가 중단되거나 아예 철회되는 경우도 가끔 있다. 따라서 창업 초기에 전담 직원이 없더라도 매입 매출 원장 등은 꼼꼼히 기록해 놓아야 한다. 주주총회의사록, 지식재산권 목록, 근로계약서 등 기본적인 서류도 지속적으로 업데이트하고 잘 보관해야 한다.

투자기관들의 거의 마지막 투자 의사결정 단계가 투심위이다. 투심위 직전에 투자기관 임원진 앞에서 우리 회사의 경영진이 총출동하여 최종 IR을 하게 된다. 질의응답이 오랜 시간 이어지기 때문에 심사역에게 설명했던 것과 비슷한 내용을 반복해서 설명해야 한다. 투자기관 심사역의 시각과 경영진의 시각이 다를 수 있기 때문에 다양한 예상 질문을 미리 준비해서 매끄럽게 답변할 수 있어야 한다.

최종 IR 직후 투심위가 1~2회 열려 투자를 할지 말지가 결정된다. 어떤 투자 기관은 자신들의 펀드에 돈을 넣어준 LP^{Limited Partners}(펀드 출자자를 뜻함)에게 승인을 받아야 하는 과정이 더 필요하기 때문에 시간이 걸리기도 한다.

텀싯 논의 및 본계약 체결: 투심위 전후에 투자 기관은 텀싯^{Term Sheet}을 우리 회사에 보내준다. 텀싯은 계약의 핵심 내용, 예를 들어 밸류^{Value}(기업가치), 투자 금액, 주식 종류 등을 미리 1~2페이지 서류로 정리한 것이다. 이를 바탕으로 세부 조항을 넣어 수십 페이지 짜리 계약서가 작성된다.

대부분의 계약서는 투자자에게 유리하게 작성된다. 수십 페이지, 많게는 백 페이지도 넘기 때문에 '보다가 지쳐서' 대충 보는 스타트업 대표와 임원들도 많다. 하지만 계약서 한 줄, 한 줄이 나중에 회사의 발목을 잡을 수 있으니 꼼꼼히 봐야 한다. 3부에서 계약서 검토시 핵심 체크 포인트를 정리했으니, 참고해서 계약서를 들여다보자. 그리고 가급적이면 변호사, 법무사나 여러 번의 투자 유치 경험이 있는 전문가에게 계약서 검토를 부탁하는 게 좋다.

투자금 입금 및 다시 투자 유치 시작: 마지막 단계는 투자금이 우리 회사 법인 통장에 들어오는 것이다. 드디어 투자 유치가 끝났다!(그런데 아니다) 투자금이 입금되면 감격에 겨워할 것이다. 법인 통장에 들어온 큰 금액을 보고, 마치 세상을 다 가진 것 같은 느낌도 들 것이다. 그러나 스타트업의 본질은 시장에서 이기는 것이다. 투자 유치는 그냥 회사의 성장에 필요한 자금 마련의 과정에 불과하다.

애석하게도 창업자로서는 최종 엑시트까지 다람쥐 쳇바퀴 도는 투자 유치 과정을 다시 반복해야 한다. 투자 유치 과정에 별별 일들이 다 벌어진다는 점을 감안해 최소 10개월에서 1년 정도 사용할 자금이 남아있을 때 다음 라운드^{Round}(투자 유치 기간)를 준비해야 한다. 자 이제 다시 시작!

실사 때 제출해야 하는 서류들

처음 투자를 받는 창업자 가운데 실사라는 말을 듣고 겁부터 먹는 경우가 있다. 단어에서 주는 어감 자체가 우리 회사의 잘못을 찾아내려하는 것 같기 때문이다. 하지만 예비 창업자 단계부터 상법 및 회계 규정을 따라 꼼꼼히 서류를 챙겨왔다면 전혀 겁 먹을 필요가 없다.

챙겨야 할 주요 서류는 다음과 같다.

일반 서류: 사업자 등록증, 정관, 법인 등기부 등본, 주주총회 의사록, 이사회 의사록 등 필수 서류 + 벤처기업 확인서, 기업부설연구소 인정서 등 각종 인허가 서류

재무·회계 관련: 재무제표, 예상 손익계산서, 법인 통장, 세금 완납 증명서, 부가세 신고서, 세무 조정계산서 등

투자 관련: 주주명부, 기존 주주의 신주인수계약서, 기존 주주의 주주간 계약서, 스톡옵션 부여 명세서 등

지적재산권IP 관련: 특허 출원·등록 현황, 상표권 등

조직 관련: 조직도, 임원 계약서, 급여 체계, 4대 보험 가입 서류 등

사업 관련: 각종 매입·매출 계약서, 외주 계약서 등

이밖에도 정부 규제 때문에 사업 중단 가능성이 있거나 규제로 인한 과태료 부과 등 법적 처벌을 받을 가능성이 있는 경우 이와 관련한 전문 변호사나 로펌의 의견서를 제출해야 한다. 또한 회사 업무와 관련해 회사 또는 임직원을 상대로 한 소송이 진행중인 경우 이와 관련한 자세한 내용을 변호사 또는 로펌의 의견을 담아 제출해야 한다.

어차피 첫 번째 실사 때 제출 요청받는 서류들을 그 다음 단계 투자 유치때, 심지어는 인수합병이나 상장때까지, 대부분 다시 요청받는다. 처음 실사를 준비할 때 잘하면 다음 번부터 쉽게 진행할 수 있다.

투자자들이 우리 회사의 사업성을 좋게 보고 사실상 투자하기로 마음먹

었다면 위와같은 서류들을 검토하면서 발견되는 사소한 문제들은 회사 측에 알려주고 수정하도록 요청하는 경우가 대부분이다.

반대로 투자자들이 서류상의 사소한 문제를 핑계 삼아 추가 협의 등을 연기할 경우 사실상 투자를 안하기로 마음먹은 경우라고 보면된다. 미련 없이 해당 투자자와의 협상을 접는 게 시간 낭비하지 않는 길이다.

투자 유치 5계명

아무리 좋은 사업 아이템이 있어도 이를 실현할 자본이 없으면 그림의 떡일 뿐이다. 유능한 스타트업 CEO의 덕목 가운데 하나가 필요한 자금을 제때 구해오는 것이다. 투자 유치에 성공하기 위해서는 노하우가 필요하다.

I. 창업 지원금부터 받고 시작하라

정부와 민간에서 창업자를 위한 지원 프로그램을 운영하고 있다(3부 참고). 특히 아직 개인사업자 등록이나 법인 설립 이전의 창업자들에게 도움을 주기 위한 '예비창업패키지(예창패)'라는 사업은 최대 1억 원까지 사업자 등록·법인 설립 자금을 지원해준다. 지원 대상이 '공고일 기준 신청자 명의 사업체(개인사업자, 법인)를 보유하지 않은 사람'이기 때문에 예창패에 지원한 후 그 결과를 보고 설립 절차를 시작해도 늦지 않다.

또한 사업자 등록·법인 설립 이후에는 '초기창업패키지(초창패)' 등 다양한 스타트업 지원 사업도 있다. 지원 사업 선정 실적은 향후 액셀러레이터, 벤처캐피탈 등의 투자 유치에도 도움이 된다.

2. 경진대회와 언론을 잘 활용하라

투자 심사역들은 수치화되고 객관화된 자료를 통해 회사의 성공 가능성을 가늠하려고 한다. 법인 설립 이후부터 꾸준히 높은 매출 성장을 하는 기업이라면, 그 수치만으로도 투자 유치가 가능할 수 있다.

하지만 대부분의 스타트업은 시리즈A 이전에 의미 있는 수준의 매출을 일으키기가 쉽지 않다. 회사의 실력을 객관적으로 입증할 방법이 별로 없다. 따라서 '도전 K-스타트업'을 비롯해 지역별, 업종별로 있는 창업 경진대회에 참가한 후 수상 실적을 쌓는 게 필요하다.

유력 언론에 회사에 대한 좋은 기사가 나는 것도 바람직하다. 심사역들이 회사 이름을 전달받자마자 가장 먼저 하는 일이 바로 검색이다. 처음 접한 회사 기사에 좋은 내용이 가득하다면 시작부터 좋은 인상을 갖고 투자 심사를 시작할 것이다.

3. 온갖 인맥을 총동원하라

투자 심사역의 책상에는 수십 개의 사업계획서와 IR 덱이 쌓여있다. 너무나 바쁜데다 비슷한 유형의 비즈니스모델을 많이 봐 왔기 때문에 콜드콜^{Cold Call}(홈페이지에 나와있는 회사 대표 전화번호로 전화를 거는 것)을 하거나 콜드메일을 보내봤자 건성으로 대답하고 말 것이다.

벤처, 스타트업에 투자하는 심사역들은 '한 다리 걸치면 다 아는' 사이다. 오며 가며 자주 마주친 데다 좋은 기업에 투자할 때는 서로 밀고 끌며 클럽 딜^{Club Deal}(한 기업에 여러 투자 기관이 공동으로 투자하는 것)을 하기 때문이다.

따라서 혈연, 학연, 지연을 총동원해서 어떻게든 인연이 있는 임원이나 심사역이 있는 투자기관의 문을 먼저 두드리는 게 투자 유치 성공 가능성을 높일 수 있다.

4. 투자자의 심기를 건드리지 마라

투자 기관의 주니어 심사역들은 창업이나 직장 경험이 거의 없이 바로 심사역이 되는 사람들이 많다. 시니어 심사역이나 임원이라 하더라도 새롭게 뜨는 산업에 대한 깊이 있는 이해가 부족할 수도 있다. IR을 하다가 갑자기 '어떻게 이런 수준 낮은 질문을 하지?'란 생각이 들더라도 성의있게 이해하기 쉽게 설명해야 한다.

회사와 투자자가 가장 많이 부딪히는 부분은 회사 밸류(기업가치)에 대한 이견이 있을 때다. 당연히 회사는 높게, 투자자는 낮게 부를 수밖에 없다. 투자자는 '현재 가치가 지나치게 높다면, 후속 투자는 어려울 수 있다'는 점을 고려한다. 따라서 굳이 싸워가면서까지 밸류 협상을 할 필요는 없다. 어차피 우리를 도우려 투자하는 사람들이기 때문이다.

5. 열 번으로 안 되면 백 번이라도 해보자

투자 세계에서는 열 번 찍어 안 넘어가는 나무가 그렇게도 많다. 스무번 쯤 똑같은 IR을 하다보면 '우리는 안 되나보다'라고 반쯤 포기하는 대표들도 많다. 사람의 심리가 거절을 자주 당하면 자존감이 떨어지고 주눅 들고 우울해질 수밖에 없다.

하지만 포기하지 말자. 선배 스타트업 가운데 처음부터 '대박' 투자 유치로 시작한 곳은 거의 없다. 백번쯤 찍어야 나무가 넘어가는 곳이 스타트업 투자의 세계다. 지치지 말자. 그리고 화내지 말자.

ALL
ABOUT
STARTUP

PART.
THREE

성공
창업
꿀팁

창업은 실전이다

창업 초기 스타트업은 모두 일론 머스크처럼 대박이 나기를 꿈꾼다. 하지만 현실은 녹록지 않다. 머스크가 창업을 하기 전에 1달러로 하루를 살 수 있는지 스스로를 테스트해본 일화는 유명하다. '창업하다 망해도 굶어죽지는 않겠다'는 결론을 내린 후에야 동생과 함께 스타트업을 시작했다. 창업 초기 그는 소파에서 먹고 자며 눈 뜬 시간에는 일만 했다. 그의 동료들도 비슷했다. 오죽하면 그 시절 그의 사무실에선 사람들의 체취와 피자 냄새가 뒤섞여 숨쉬기 힘들 정도였다고 회상하는 사람들이 있을까.

상황은 현재도 비슷하다

스타트업 예비창업자는 창업 아이템과 팀 짜기를 고민하면서 동시에 사무실을 구하고, 팀원들에게 월급을 어떻게 줄지 고민해야 한다. 처음부터 자금상 여유가 있다면 고민의 대부분이 사라지겠만, 대부분 예비창업자들은 그럴 만한 여유가 없다. 밤 늦게까지 일하며 첫 시제품을 만들고 남는 시간에 사업계획서를 만들어, 투자자들을 찾아가 IR을 해야 한다. 첫 IR 때 바로 투자받는 케이스는 없다고 보면 된다. 대차게 '까인' 다음에 다시 비즈니스 모델과 사업보고서를 손보고, 다시 시제품을 다듬고, 다시 IR 자료를 만들어 다른 투자자를 찾아간다.

그래도 도와주는 사람들이 있다

스타트업 육성의 중요성을 알고 있는 우리나라 정부에서 이름을 다 알기도 힘들 정도의 다양한 정부 지원 사업을 운영 중에 있다. 잘만 찾으면 힘든 일을 조금 덜 힘들게 풀어나갈 수 있다.

창업 아이템을 찾고, 팀 빌딩이 어느 정도 윤곽이 잡히고, 사업계획서 초안까지 마련됐다면 먼저 정부 창업 지원 프로그램을 찾아 지원해보자. 창업지원센터에서 창업 공간을 구할 수 있고, 다양한 창업 지원금을 받고 교육과 멘토링을 받을 수 있는 기회도 있다. 아무래도 정부 지원사업을 통과한 기업들의 경우 민간 투자기관의 투자 유치 때 조금 더 유리해진다.

창업자들은 알아야 할 것도 많다

'서울에 가면 눈뜨고 코 베인다'는 말은 창업판에서도 비슷하게 적용된다. 우리 회사를 멋지게 성장시키고, 창업자들의 궁극적인 목표인 엑시트를 잘하기 위해서는 알아둬야 할 것들이 많다.

투자자들이 자주 얘기하는 밸류에이션에 관련된 용어들은 한 번쯤 이해하고 넘어가면 좋다. 특히 용어가 너무 어려워서 어리버리 설명만 듣고 싸인했다가는 나중에 '코 베이게 되는' 계약서 조항들이 무엇인지도 미리 알아두어야 한다.

이제 창업의 성공을 위해 조금 더 디테일하게 알아둬야 할 창업보육센터, 창업 지원금, 계약서 작성, 엑시트 등을 차근차근 이해해보자.

Ⅰ. 창업보육센터 도움받기

마이크로소프트, 애플, 구글, 아마존 등 미국의 유명 창업가들은 대부분 차고에서 창업을 했다. 'Garage Startup'이라는 용어가 있을 정도로 차고 창업은 흔하다. 빌 게이츠가 "지금도 어딘가의 차고에서 세상을 바꾸기 위해 밤을 새고 있을 스타트업들이 제일 두려운 경쟁 상대"라고 말했을 정도다.

사실 미국의 차고는 일상 생활의 공간과 분리돼 있는 데다 생각보다 꽤 넓고 크다. 차고 안에 여기저기 널려 있는 물건들을 정리하면 어느 정도 쓸 만한 사무실이 된다. 프로토타입 시제품을 만들기에도 좋은 작업장이 될 수도 있다.

국내 창업가들도 팀 짜기를 하기 시작하면서 자연스레 창업 공간에 대한 고민을 하기 시작한다. 개인 집에 모여 일할 수 있는 여건이 되는 창업자는 몇 명 없을 것이다. 게다가 조금이라도 제조공정이 들어간다면 집에서는 업무 진행이 아예 불가능하다.

공유 오피스를 생각하자니 생각보다 비용 부담이 크다. 시제품 제조라도 하려면 도시 외곽으로 나가서 공간을 구해야 한다. 안그래도 바쁜 창업자가 쓸데없이 시간을 들여 발품을 팔아야 한다는 고충도 있다.

이럴 때 찾아볼 수 있는 대안이 수도권과 지방 곳곳에 산재해 있는 창업보육센터이다. 중소기업창업 지원법 제2조에 규정된 데로 창업보육센터는 창업의 성공 가능성을 높이기 위하여 창업자에게 시설 및 장소를 제공하고, 경영 및 기술 분야에 대하여 지원하는 것을 주된 목적으로 하는 사업장이다. 전국 곳곳에 260여 개 센터가 있고, 입주기업만 6,000여 개가 넘는다.

창업보육센터 열 곳 가운데 일곱 곳이 대학 내에 있어서, 학사, 석사, 박사 등 학생들이 창업할 때 활용하기 좋다. 입주 스타트업 열 개 가운데 네 개 이상이 제조업일 정도로, 주민 눈치 안 보고 실험 및 제조할 공간이 필요한 제조업에게는 꽤나 유리한 제도다. 센터별로 조금씩 다르기는 하지만 보증금 수백만 원에 관리비 명목의 월세가 많아야 수십만 원 수준이다. 공유 오피스 등에 비하면 비교 불가능할 정도로 싼 편이다.

한 가지 주의할 점은 대학 소속 일부 창업보육센터에서 계약서 작성 단계에서 3~5% 가량, 많게는 10% 이상 지분을 기부하도록 요구한다는 점이다. 스타트업 초기 지분 10%는 공동 창업자에 맞먹는 지분이므로, 협의가 가능하다면 최대한 기부 명목 지분율을 낮추는 게 좋다. 스타트업 투자 호황기 때는 창업 아이템이 좋아 거의 바로 투자받을 수 있는 스타트업들이 창업보육센터 대신 공유 오피스나 지식산업센터 등에서 창업한 배경에 이같은 이유가 있다. 창업보육센터에 대한 자세한 정보는 창업보육센터네트워크시스템[www.smes.go.kr/binet]에서 쉽게 찾을 수 있다.

우리 회사에 맞는 창업보육센터

비즈니스 인큐베이터[Business Incubator, 줄여서 BI] 또는 창업 인큐베이터라 불리는 창업보육센터는 기술성과 사업성은 있으나 사업장, 자금, 시설 확보에 어려움이 있는 예비창업자 또는 창업자에게 기술개발에 필요한 작업장 및 범용기기 제공, 기술 및 경영 지도, 자금조달 등을 지원하고 창업의 위험부담을 줄여 원활한 성장을 유도하고 창업을 촉진하여 성공률을 높이고자 한다.[57]

스타트업은 창업보육센터에서 성장 단계별로 다양한 지원을 받을 수 있다. 창업 단계에서는 업무공간 및 전산시스템 지원, 정책자금 정보 제공 서비스, 경영진단 및 지원, 시제품 제작 및 장비 지원 등을 받을 수 있다. 기술개발 단계에서는 사업타당성 검토 및 법률 특허 지원, 제품디자인 개발 및 서비스 지원 등을 받을 수 있다. 상품화 단계에서는 판매 및 마케팅 전략 지원, 제품 인증 지원, 벤처 인증 지원, 자금지원 기관연계 서비스 등을 받을 수 있다. 마지막 사업화 단계에서도 세무 회계 및 홍보 지원 서비스를 받을 수 있다.

가장 큰 혜택인 공간 입주 지원사업의 경우 6개월 이상 3년 이내로 지원받을 수 있다. 3년이 넘어도 계속 머무를 수도 있다. 다만, 보육센터별로 심사위원회를 통과할 경우에 한정해 최대 2년간만 연장된다.

창업보육센터 입주기업 지원프로그램

부문	주요 지원 내용
기술	기술개발, 기술이전 및 평가, 디자인개발지원, 시제품 제작, 시험, 검사, 장비지원, 애로기술 지원, 생산공정 관리 등
경영	사업계획서 작성 및 타당성 검토, 비즈니스모델 및 전략수립, 경영진단, 사업진행도 평가, 재무, 세무, 회계, 홍보, 시장조사, 판로, 마케팅, 해외판로 지원, 아웃소싱, 교육지원, 법인 및 공장설립지원, 법률자문, 특허지원 등
행정	입주 및 졸업기업 간 네트워크 지원, 업무공간 제공 및 관리, 공단입주 등 지자체와의 연계, 사무장비 지원, 창고·보관 시설 제공, 전산시스템 지원, 사업관련 유료DB 지원 등
자금	정부 및 유관기관 정책 자금 정보 제공, 투자기관 정보 제공, 투자 유치 및 IR 지원

창업보육센터 입주 프로세스

규모가 큰 창업보육센터의 경우 스타트업 지원 프로그램의 내용은 거의
비슷비슷하다. 우리 회사에 편리한 위치와 지원 프로그램의 적합성을 고민
해서 지원하는 것이 좋다.

입주를 희망하는 창업보육센터 후보군을 몇 개 정도로 정했으면 창업보
육센터네트워크시스템 '지원사업공고' 배너를 수시로 들어가 체크해보자.

지역별 대표 창업보육센터 지원 프로그램[58)]

지역	센터명	지원프로그램	프로세스
서울	서강대학교 창업보육센터	S-LINE <Leaders forum>	전문가 섭외(경영, 마케팅, 투자, 해외진출, 기획 전문가) → 분야별 전문교육·그룹 멘토링 리더역량 강화, 기업문 제해결, 전문성 강화, 네트워크 구축
		S-LINE	투자기관 섭외 → 참여기업 모집 → 투자관련 교육 → 사전진단(예비 IR) → IR 피칭교육 → IR 클리닉(IR 피칭 역량강화) → 전문가 1:1 멘토링 → 실전 IR
		S-LINE <Mentoring_Se7en-up>	참여기업 모집 → 기업별 맞춤 멘토링 매칭 → 기업분석 → 사업화지원(시제품제작, 홍보·마케팅, 인증·지재권 등)
	연세대학교 창업보육센터	Global BI 온라인 수출 상담회	기업모집 → 기업진단 및 멘토링 → 해외바이어 발굴 → 통역선발(교육)→해외마케팅 자료제작→온라인수출상담 회
		시크릿 IR	VC 섭외 → 프로그램 홍보·참여자 모집 → 시크릿 IR 개최→ 투자 유치 등 후속지원
		투자 유치 브릿지	투자기관 섭외 → 참여기업 모집 → 투자관련 교육 → 사전진단(예비 IR) → IR 피칭교육 → IR 클리닉(피칭역량 강화) → 전문가 1:1 멘토링 → 실전 IR
	숭실대학교 창업보육센터	스타트업 in 동작	참여기업 모집 → 맞춤형 멘토링 → 기업 방향성 및 마케 팅 확보 → 마케팅 지원
		Quantum-X IR	홍보·접수 → 투자관련 기본교육 → IR 제작지원 → 데모 데이 → 투자 유치 및 후속지원
		오픈이노베이션 클럽	참여 대·중견기업의 관심분야 및 소개서 제출 → 취합 및 배포(BI) → 협력 제안서 제출(입주기업) → 대·중견기업 에 배포 → 세미나·기업소개피칭·토크콘서트·네트워킹 → 기업간 매칭을 통한 후속지원

인천	한국폴리텍2대학 창업보육센터	성장단계별 4S전략	Pre Start-Up(사업계획서작성) → Start-Up(시제품제작) → Scale-UP(자금조달, 투자 유치) → Stand-Up(마케팅, 수출)
경기	단국대학교 창업보육센터	든든한 산학협력	수요조사 → 모집설명회(학교,기업,산단) → 자발적산학활동(교수,기업) → 성과공유회 → 후속연계 (센터)
		학생&기업 산합협력	프로젝트발굴 → 프로젝트설계컨설팅 → 비교과과정등록 → 사업설명회 → 매칭·활동 → 성과발표회
		유니콘 비즈니스모델 UP	유니콘 BM 사례연구 → BM도식화 → BM피봇
		기술 UP	기술정책 트렌드 교육 → 기술로드맵 수립 및 과제발굴 멘토링 → 사업계획서 작성 교육 → 1:1 컨설팅
		투자 UP	투자기초교육 → 스토리텔링형 IR 피치덱 작성 → 1:1 투자컨설팅 → 투자 IR 개최 → 사후관리
	한양대학교 (에리카) 창업보육센터	Tech 스케일업 토탈 솔루션	기업모집 → 기술상담 및 멘토링 → 교내·외 기술협력 연계 → 후속지원
		KaKao 투자 솔루션	기업모집 → 기업선발 및 사전진단 → IR 교육·멘토링 → 투자 IR 개최
		In Out 마케팅 솔루션	기업모집 → 사전교육 및 멘토링 → 판로개척 프로그램 → 후속지원
	성균관대학교 창업보육센터	투자 IR	기업모집 → 서류평가 → 피칭멘토링 → IR 데모데이 → Hunting Day(투자의향 기관 1:1 미팅)
		펀딩 프로그램	기업모집 → 크라우드펀딩교육 → 콘텐츠제작 → 펀딩레이스 → 성과공유 및 포상
강원	강릉원주대학교 창업보육센터	Give a chance 라이브커머스	수요조사 및 기업모집 → 제품 및 패키징 개선 → 작가 미팅 시나리오 작성 → 라이브커머스
	강원대학교 창업보육센터	투자 scale-up 맞춤형	수요조사 → 교육·멘토링 컨설팅투자역량강화 → 모의 IR → 가상 IR플랫폼·GTI 국제무역투자박람회 → 타사업 연계 지원
		IR 전략수립 및 BM모델 고도화	기업모집 → 바우처 활용계획 및 협약 → 사업화 진행 및 최종보고 → 최종보고 검토
대전	한밭대학교 창업보육센터	Acting day	기업모집 → 기업가정신, 경영전략, 투자연계 → 엑셀러레이팅 성공
세종	홍익대학교 창업보육센터	맞춤형 멘토링	사전 수요 조사 실시 → 심층인터뷰 및 상태진단 → 멘토링 계획 수립 → 멘토링 실시

충남	한서대학교 창업보육센터	보육기업진단	기업진단도구 전문가 자문 → 인력풀 구성 → 기업진단 진행 → 프로그램별 대상기업 선정
		SET-UP (린스타트업)	참가기업 모집 → BM Set-up → Rapid Prototype → Pivot
		START-UP	참가기업 모집 → 지원기업 선정 → BMC Attack Targeting → 기업별 지원프로그램 실행 → 결과보고
		STEP-UP	지원기업 선정 → 기업진단 → 지원영역 설정 → 지원 프로그램 실행 → 결과보고서 제출
	선문대학교 창업보육센터	온라인 수출상담회	해외 홍보자료 번역 → 홍보자료 제작 → 현지 시장조사 → 온라인 수출상담회
		Start-UP 라이브커머스	신청서 접수 → 전문가매칭 → 사전홍보 → 실시간 라이브 커머스 진행 → 전문가 피드백 → 결과보고
		컨슈머 리서치	기업선정 → 타겟 고객층 조사 및 전문가 분석 → 기술·제품 경쟁자 분석 → 전문가 피봇 등 스케일업 지원
		스타트업 투자 유치 빌드업	실전 IR 스피치 코칭 → IR자료 디자인 → 투자기관 초청 투자 IR → 후속지원
충북	충북대학교 창업보육센터	IP 디딤돌	IP교육 → 멘토링(IP방향성 설정, 선행기술조사 등) → 지식재산권취득운영 → 권리 획득
		BI제품 시장검증	대상기업 → 확인 및 분류 → 고객문제정의 및 솔루션 정의 → 진단분석 → 소비자 반응조사 → 마케팅 전략 수립 → 멘토링 및 피드백
		액셀러레이터	기업발굴 → 투자교육 및 전문가컨설팅 → IR 피칭덱 제작 → 엔젤투자연계 → 국내외VC연계 → TIPS 연계
광주	전남대학교 창업보육센터	CBI 강소기업 육성	기업 진단 및 수요조사 → 역량강화 교육 → 맞춤형 멘토링 →시제품제작 특허,인증 → 투자IR 홍보 → 강소 기업 육성
		선도벤처기업 네트워킹 데이	사전 수요조사 → 참여기업 확정(입주, 선도기업 대표 및 전문가 섭외) → 발표자 선정 → 네트워킹
	동강대학교 창업보육센터	모의 IR-Day	입주기업 선발 → 교육 및 멘토링 → 사업화 및 컨설팅 지원 → 모의 IR-Day 개최 → IR-Day 개최 및 투자연계
		노마드데이 (제품품평회)	기업분류 → 프로그램 운영 → 마케팅 활동 → 제품 품평회 진행 → 완료보고
전남	목포대학교 창업보육센터	멘토링&자문 제품 고도화	협약체결 → 전문가매칭 → 멘토링 → 과제실행

전북	전북대학교 창업보육센터	Boot IR Round (투자연계)	프로그램 계획 → 전문투자자 네트워크 구축 → 투자IR 교육·멘토링 → 모의 IR 피드백 → IR 심사·투자 연계
		Hidden IP TLO (기술특허 지원)	기술이전 수요조사 → 미활용 기술확인 → 기술이전 → 기술지도 → 사업화지원
		Nice Supermarket (마케팅지원)	수요발굴 → 유통채널 확보를 위한 프로그램 구성 → SNS마케팅 홍보채널 확보지원 → 판매 기획전 → 실시간 랜선마켓 → 해외 판로구축을 위한 언텍트 바이어 매칭
대구	대구대학교 창업보육센터	One-Stop 플랫폼	엑셀러레이터 활용 전담멘토링 → 기술개발 R&D → 시장분석 차별화 전략 → 홍보 제품 마케팅 강화
부산	부산가톨릭대학교 창업보육센터	CUP-투자마켓	기업 선발 및 투자단 모집 → 투자관련 상담 및 사업계획서 보완 → Pre IR 개최 → 집중컨설팅 → 투자마켓 개최
	동서대학교 창업보육센터	동업종 창업기업 협의체	유관기관 및 기업 홍보 → 참여기업 모집 → 협의체 구성 및 발대식 → 업종별 협의체 지원(교육, 컨설팅, 네트워킹) → 성과공유 및 피드백
울산	울산대학교 창업보육센터	네트워크 기술교류회	입주기업간 협약 → 창업 지원기관 연계 네트워크 → 사업활성화
경남	세라믹스 창업보육센터	신사업창출 패러다임-Shift	기업모집 → 분야별 전문가 매칭 → 프로그램 운영 → 성과물 점검·평가·피드백·보완·확정 → 지원금 지급
		Skill UP IR 피칭데이	기업모집 → 투자IR계획서 검토 → 투자자 섭외 → IR 피칭 → 투자컨설팅 → 후속IR 연계
경북	경북도립대학교 창업보육센터	온라인 유통플랫폼 지원	제품선정 → 상세페이지.제작 → 유통채널 입점 → 광고 및 홍보
		글로벌 강소기업 육성	전문기관 연계 → 셀링교육(해외온라인플랫폼 활용 교육) → 제품 품평회(수출가능기업) → 글로벌 판로개척
제주	제주관광대학 창업보육센터	온라인 안테나 프로그램	기업 및 제품 영상 제작 → 쇼핑몰 온라인 마케팅 → 온라인 상세페이지 제작

창업보육센터 입주 절차는 정부 지원금 사업이나 투자 유치 과정과 매우 유사하다고 보면 된다.

우선 창업보육센터별로 내는 입주기업 모집 공고에는 우리 회사가 준비해야 할 서류가 자세히 공고된다. 각종 증빙 서류와 함께 사업계획서를 내야 하기 때문에 사전에 잘 챙겨놔야 한다.

입주신청 기간 동안 제출한 각종 서류 심사를 거친 후 발표심사 일정이 통보된다. 발표 심사는 스타트업의 사업성 등을 보기 때문에 사업계획서 내용을 압축적으로 잘 설명할 수 있어야 한다. 마지막으로 입주기업이 선정되면 계약서를 작성하고 입주하는 절차를 진행하게 된다.

II. 창업 지원금 따내는 법

스타트업 창업에는 돈이 든다. 하지만 대부분의 창업자들은 충분한 돈이 없다. 자신이 가진 돈과 가족, 친구, 지인의 돈을 어렵사리 구해 초기 자본을 마련해도 반년 이상 버티기 힘든 게 현실이다. 담보가 없기 때문에 금융기관에서 대출을 받기도 쉽지는 않다. 어렵사리 청년전용창업자금 대출같은 제도를 활용해 돈을 빌려도 나중에 갚아야 할 부담이 크다.

그렇다고 지나친 걱정을 할 필요는 없다. 부모님 세대와 달리 정부가 주는 창업 지원금이 많아졌기 때문이다. 창업 지원금은 사전에 정해진 용도로만 쓰면 갚아야 할 필요도 없다. 창업 아이템이 혁신적이고, 비즈니스 모델이 수년 안에 수익을 낼 수 있다면 창업 지원금을 받을 확률이 높아진다.

창업 지원 사업 뿐만 아니라 고용 지원 사업을 통해 인건비 일부를 지원받을 수도 있다. 정부가 중소기업에 대한 다양한 일자리 사업을 내놓고 있고, 특히 청년 고용에 대해서 해마다 다른 정책 지원금을 나눠주고 있다. 예산 규모가 한정되어 있기 때문에 가급적 빨리 알아보고 지원하면 직원 월급 부담을 조금이나마 덜 수 있다.

창업 지원 사업에 대한 정보 대부분은 K스타트업 홈페이지^{www.k-startup.go.kr}에서 얻을 수 있다.

창업 및 일자리 지원 사업과 관련한 정보를 확인할 수 있는 주요 웹사이트

웹사이트 이름	URL	주요 내용
K-Startup	www.k-startup.go.kr	예비창업패키지 등 정부, 지방자치단체, 대학, 민간 지원금 사업 및 각종 교육 사업 총망라 우리나라 창업 지원사업 메인 웹사이트
기업마당	www.bizinfo.go.kr	중소벤처기업 관련 창업, 기술, 인력, 금융 등 각종 지원사업 공고
중소벤처기업진흥공단	www.kosmes.or.kr	창업성공패키지(청년창업사관학교), 혁신창업사업화 자금 대출 등 운영
팁스(TIPS)	www.jointips.or.kr	TIPS 주관 민간 투자회사 투자 받을 경우 정부 연구개발자금 매칭 지원
창조경제혁신센터	ccei.creativekorea.or.kr	광역 지방자치단체 중심 창업 지원 사업
광역 지방자치단체별 산업진흥원	www.sba.seoul.kr www.gbsa.or.kr www.bepa.kr :	서울산업진흥원 경기도경제과학진흥원 부산경제진흥원 :
한국테크노파크진흥회	www.technopark.kr	광역 지방자치단체 중심의 중소기업지원사업
중소기업 기술개발사업 종합관리시스템	www.smtech.go.kr	중소기업 기술개발 지원 사업 통합 공고
RIPC 지역지식재산센터	www2.ripc.org	글로벌 IP스타기업 육성사업 등 지식재산권 관련 지원사업
고용노동부	www.moel.go.kr	일자리(고용) 관련 다양한 지원금 정책 사업 공고
청년내일채움공제	www.work.go.kr/youngtomorrow	청년내일채움공제(장기근속 중소기업 재직 청년에게 정부 지원금으로 목돈 마련) 공고 및 신청
고용보험	www.ei.go.kr	청년채용특별장려금(청년 정규직 신규 채용 1인당 지원금 제공) 등 공고 및 신청
청년일자리창출 지원사업	www.work.go.kr/youthjob	정부 지원 청년 일자리 지원 사업 공고 및 신청
국세상담센터	call.nts.go.kr	세법상담정보에서 다양한 근로소득세 비과세 항목 소개

특히 사업자등록을 하기 전인 완전 초짜 창업자들, 즉 예비 창업자들을 위해 어떤 지원 사업을 응모할 수 있는지 별도의 배너가 첫 페이지에 위치해 있다. 창업을 결심한 순간부터 가장 친해져야 할 웹사이트이다.

창업 지원 사업은 크게 중앙 정부 사업과 지방자치단체 사업으로 나뉜다. 창업자로서는 굳이 개별 홈페이지에 들어가서 찾아볼 필요 없이 K스타트업 홈페이지에 올라오는 정보를 주로 확인하면 된다. 전체 사업 규모 및 관련 기관 전화번호 등은 중소벤처기업부가 해마다 1월초에 보도자료를 통해 공개한다.

창업 지원 사업과 달리 일자리(고용) 관련 지원 사업은 해마다 달라지기 때문에 관련 홈페이지에 들어가 일일이 확인해야 한다.

사업자등록 무턱대고 하지 마라

창업 지원금 사업은 크게 두 가지 기준점이 있다.

우선 창업자의 나이다. 정부에서는 만 39세 이하를 청년으로 구분한다. 청년 창업자를 대상으로 하는 지원 사업이 많다. 40세 이상은 중장년 창업자라고 부르고, 지원 사업이 청년 창업자에 비해 많지 않다.

또 하나는 창업 단계다. 법적으로 공식적인 창업은 사업자등록을 하는 날부터다. 사업자등록 전에는 예비 창업자라고 부른다. 정부에서는 예비 창업자부터 지원해 주며 창업(3년 이하), 성장(3~7년 이하)으로 구분해 창업 지원을 해준다. 창업 7년 이후는 지원 사업이 없다. 예비 창업·창업·성장으로 구분한 지원 사업은 단계를 지나가면 되돌아가서 신청할 수 없다.

이밖에도 한번 창업했다가 실패한 창업자들이 다른 아이템으로 창업할 때 지원해주는 재도전 지원 사업이 있다.

눈치챘겠지만 정부 지원 사업을 최대한 활용하기 위해서는 39세 이전에, 그리고 사업자등록을 하기 전에 지원하는 게 유리하다.

특히 사업자등록을 무턱대고 먼저 하지 말고, 예비 창업 단계에서 충분히 준비해야 한다. 여러 번 강조했지만 사업자등록을 했다는 것은 법적으로 창업을 했다는 뜻이다. 2부에서 설명했듯이 사업자는 개인사업자와 법인사업자가 있다. 개인사업자나 법인사업자 모두 사업자다. 사업자등록을 하는 순간 예비 창업자를 위한 수많은 지원 사업에는 지원할 수가 없다. 특히 최근 대학생들이 창업 동아리에서 공부 차원에서 사업자등록을 하거나 용돈벌이한다고 온라인쇼핑몰 등의 사업자등록을 하는 사례가 종종 있다. 동종 사업으로 다시 창업할 경우 정부지원금 사업에서 창업 지원을 받을 수 없다.[59]

절대 실수하지 말아야 할 부분이다.

돈 주는 주요 창업 지원 사업 총정리

중앙 정부와 지방자치단체를 합해 정부의 창업 지원 사업은 수십 개가 있다. 지원금 규모도 많게는 수억 원부터 수백만 원까지 천차만별이다. 돈 대신 사무실(창업보육공간)을 무료로 쓰게 해주거나 특허[IP] 등 지적재산권 등록을 지원하는 사업도 있다. 대부분 K스타트업 홈페이지에서 확인할 수 있다.

2022년 기준 주요 창업 지원사업

분야	사업명	지원대상	최대 지원금	웹페이지
사업화지원	예비창업패키지	만 39세 이하 예비창업자	1억 원	www.k-startup.go.kr
	중장년 예비창업패키지	만 40세 이상 예비창업자 (폐업경험 포함)		
	초기창업패키지	창업 후 3년이내 기업	1억 원	www.k-startup.go.kr
	창업성공패키지 (청년창업사관학교)	만 39세 이하 예비창업자, 창업 후 3년이내 기업	1억 원	start.kosmes.or.kr
	재도전 성공패키지	예비 재창업자, 재창업 후 7년이내 기업	6,000만 원	www.k-startup.go.kr
공모전	도전! K-스타트업	예비 창업자, 창업 후 7년이내 기업	3억 원	www.k-startup.go.kr
R&D지원	팁스(TIPS)	예비 창업자, 창업 후 7년이내 기업	5억 원	www.jointips.or.kr
	창업성장기술개발사업	창업 후 7년이내& 매출액 20억 원 미만 기업	디딤돌 1.2억 원 전략형 3억 원	www.smtech.go.kr
IP 지원	글로벌IP스타기업육성사업	당해 수출 예정기업, 수출실적 있는 기업	7,000만 원	www2.ripc.org

예비창업패키지:

줄여서 '예창패'라고 불리는 예비창업패키지는 기술기반 스타트업 창업을 준비하고 있다면 반드시 도전해보길 권한다. 우리 회사의 비즈니스 모델을 객관적으로 검증받을 수 있다. 또한 예창패에 합격하면 이후 투자 유치 과정에서 투자자들에게 좋은 인상을 줄 수 있다.

K스타트업 홈페이지에 개인으로 회원 가입 후 신청하면 된다. 신청 시에 1개 주관(전담) 기관을 선택해야 하는데, 아무래도 수도권에 위치한 기관의

경쟁률이 높은 편이다.

IT, 소재, 바이오, 에너지, 화학, 공예, 디자인 등 기술 기반 업종만 지원가능하다. 특히 정부 정책에 따라 인공지능, 자율주행 등 특정 산업 기술은 선정 업체 수도 많아진다. 온라인 쇼핑몰, 도소매업, 요식업 등 소상공인·자영업자 영역의 경우에는 기술을 활용한 새로운 비즈니스 모델을 만들어야 지원할 수 있다.

사업자등록 이력이 없는 예비 창업자, 그중에서도 39세 이하 청년만 신청할 수 있다. 만 40세 이상은 '중장년 예비창업패키지'가 별도로 있다. 예비창업패키지 모집 공고 전날까지 폐업한 경험이 있는 사람은 다른 업종의 제품·서비스 기업을 창업할 예정인 경우에만 신청 가능하다. 만약 같은 업종의 제품·서비스 창업을 하려면 폐업 후 3년(부도·파산으로 인한 폐업은 2년)을 초과해야 신청 가능하다.

예비창업패키지는 창업성공패키지 등 중앙부처 창업 지원 사업에 합격했으면 아예 지원이 불가능하다. 단, 지방자치단체 창업 지원 사업은 상관 없이 지원할 수 있다.

1차 서류 평가에서 2배수 안팎을 선정하고, 2차 발표 평가(10분 발표, 20분 질의응답)에서 고득점 순으로 최종 선정된다.

2부에서 설명했듯 예비창업패키지에 제출할 사업계획서는 '도전! K-스타트업 공모전' 등 다른 창업 지원 사업의 표준이 된다. 꼼꼼히 작성해 놓고 시간이 될 때마다 업데이트해두자. 나중에 초기창업패키지 등 다른 지원 사업과 액셀러레이터, 벤처캐피탈 등 투자기관 유치에 쓸 사업계획서로 활용할 수 있다.

예비창업패키지에 합격하면 지원금과 함께 창업교육, 멘토링 등 혜택을 받을 수 있다. 예비창업패키지가 끝나면 초기창업패키지, 창업성공패키지 가운데 하나를 선택해 지원할 수 있다.

중장년 예비창업패키지:

예비창업패키지와 모든 내용이 같다. 다만 지원 자격이 만 40세 이상 예비 창업자이다. 선발인원은 항상 청년보다 적은 편이다.[60] 중장년 예비창업 패키지를 졸업하면 초기창업패키지를 지원할 수 있다.

초기창업패키지:

유망 창업 아이템을 보유한 초기창업기업을 대상으로 하여 사업화 자금과 보육 지원을 통해 사업 안정화와 성장을 돕는 프로그램이다. 모든 창업 분야를 망라하나 예비창업패키지와 비슷하게 기술 기반이 있어야 합격할 수 있다.

다음에 설명하는 창업성공패키지와 유사한 점이 많다. 다만 특정 산업 분야 창업 기업이나 군 전역 장병 창업 기업의 경우 초기창업패키지 대신 창업성공패키지를 지원하는 경우가 흔한데, 초기창업패키지와 창업성공패키지 둘 중 하나만 선택해 지원해야 한다.

창업자의 나이 제한은 없으나, 창업 후 3년 이내 기업이어야 한다.

다음에 설명하는 창업성공패키지와 달리 나이 제한이 없기 때문에 경쟁률이 매우 높다. 즉, 만 40세 이상 중장년 예비창업패키지 졸업자들의 지원이 몰린다는 말이다.

지원 방식과 선발 과정은 예비창업패키지와 거의 비슷하다.

창업성공패키지:

　창업성공패키지 합격 기업은 수도권과 전국 각지에 있는 청년창업사관학교에 입소해 사업화를 추진하거나 주 1회 이상 지정 장소에 출근해야한다. 따라서 창업성공패키지란 이름보다 청년창업사관학교, 줄여서 청창사란 이름으로 자주 불린다.

　우수한 창업아이템 및 혁신기술을 보유한 예비창업자와 초기창업자를 발굴해 창업 모든 단계를 패키지 방식으로 일괄 지원하는 프로그램이다. 최대 1억 원 자금 지원과 함께 사무공간, 개발장비, 교육, 해외진출, 투자상담 등을 1년 이내로 지원하는 사업이지만 졸업 후에도 정책 자금, 수출 지원 등을 받을 수 있도록 도와준다.

　2023년부터는 민간주도형과 특성화운영 분야로 이분화돼 운영된다. 민간주도형은 액셀러레이터가 수도권(서울, 인천, 경기, 강원)과 비수도권(충청권, 호남권 및 제주, 영남권)으로 나눠 ICT, 모빌리티, 문화관광 등 특정 산업 분야 기업을 모집한다. 권역별 사업장 소재기업을 50% 이상 우선 선발하기 때문에 해당 지역에 있는 기업에 보다 유리하다. 특성화운영 분야는 아예 수도권 및 강원, 충청권, 호남권 및 제주, 영남권으로 나눠 선발한다.

　신청자격은 만 39세 이하이며 창업 후 3년 이내 기업의 대표이다. 공동/각자 대표[61] 기업은 대표자 전원이 나이 기준에 맞아야 한다는 점에 주의해야 한다. 예비창업자도 지원할 수 있으나, 최종 합격 후 협약일 전까지 신청 권역 내에서 사업자등록을 완료해야한다.

　특이하게 전역 장병 또는 전역예정 장병 가운데 국방부장관 추천자에게는 서류심사를 1년 이내, 1회에 한해 면제해 준다.

　신청은 민간주도형과 특성화운영 분야를 망라하고 1곳으로만 K스타트업 홈페이지에서 할 수 있다. 선발 과정은 서류 심사, 발표 심사, 심층 심사 순으로 진행된다. 다른 데서 보기 힘든 심층 심사에서는 기업가 정신, 사업화 역량, 사업비 집행계획 타당성 등을 평가하며 일자리 창출과 근로여건 개선 등 일자리 부분도 10%를 점수에 반영한다. 심층심사 이후에도 평가위원회가 필요하다고 할 경우 현장 심사가 진행된다.

주의할 점은 총 사업비[62]의 70%만 정부 지원금(최대 1억 원)이 나오고 나머지 30%는 자기부담금이다. 자기부담금은 총 사업비 10% 이상을 현금으로 미리 준비해야 하고, 나머지 20%는 서류상 현물 계상하면 된다.

예를 들어 1억 4,280만 원의 총사업비를 책정했을 경우 최대 정부지원금(약 1억 원)을 받고, 1,428만 원은 현금으로 미리 준비해 사업비 통장에 넣어야 한다. 나머지 2,852만 원은 임직원 인건비를 산정 기준에 맞춰 계산하여 서류상으로 인정받으면 된다.

재도전성공패키지:

말 그대로 창업했다가 실패한 사람들을 위한 지원 프로그램이다. 정부 지원금과 함께 기술컨설팅, 경영자문, 투자IR 등 간접 지원을 해준다.

평가등급을 매겨 사업화 자금을 지원한다. 주의할 점은 총 사업비에서 75%만 정부 지원금이란 점이다. 나머지 25%는 재창업자 대응자금으로, 5% 이상만 현금으로 준비하면 되고 20% 이하는 대표자 및 기 고용인력 인건비, 사무실 임차료, 보유 기자재 등으로 서류상 현물 출자하면 된다.

신청 자격은 개인사업자, 법인사업자를 폐업하고 재창업한 날로부터 7년이 경과하지 않은 대표자이다. 공동·각자 대표의 경우 대표자 전원이 여기에 해당돼야 한다. 또한 폐업했지만 아직 재창업을 하지 않은 상태로 있는 사람도 합격 후 협약 종료일 1개월 전까지 사업자등록을 할 경우 예비재창업자 명목으로 신청 가능하다. 나이 제한은 없다.

신청은 K-스타트업 홈페이지에서 하며, 신청자 주소 및 사업장 주소와 상관없이 지역별 주관기관을 선택해 신청 가능하다. 서류 평가에서 2배수 선정한 후 발표 평가를 하는 순으로 진행한다. 특히 재창업 전에 과거 기업에서 분식회계, 고의부도, 부당해고 등을 했는지를 별도로 평가하여 서류 및 발표 평가를 통과해도 최종 탈락될 수 있다.

도전! K-스타트업:

창업 지원 사업이 아닌 공모전이기 때문에 모든 예비창업자, 창업자들이 기회를 노릴 수 있는 국내 최대 창업 공모전이다. 2022년 기준 예비창업리그 대상은 1억 5,000만 원, 창업리그 대상은 3억 원의 상금을 준다.

신청은 K-스타트업 홈페이지에서 할 수 있고, 예비창업자 또는 7년 이내의 창업기업 대표자가 참여할 수 있다. 이미 왕중왕전 수상자로 선정된 사람이 팀원 중에 한 명이라도 있으면 신청할 수 없다는 점에 주의해야 한다. 또한 예비창업기업의 팀장이나 창업기업의 대표자가 유사 아이템으로 과거에 다른 창업경진대회 공모전에서 수상한 기록이 있어도 신청할 수 없다. 누적 투자 유치 금액 50억 원을 초과한 기업도 신청대상에서 제외된다.

예선은 지역예선과 종합예선 순으로 진행돼 본선 진출팀이 가려진다. 지역예선에서는 서류 평가와 발표 평가가 있다. 종합예선은 발표평가만으로 진행된다.[63] 통합본선에 올라간 팀들은 또다시 발표평가를 통해 예비창업리그 15개 팀, 창업리그 15개 팀이 왕중왕전을 치른다.

각각 10개 팀이 대상, 최우수상, 우수상, 장려상을 받으며, 상을 못받는 10

개 팀도 별도의 격려금을 받게 된다.

지역예선, 종합예선, 본선을 거치는 중에 멘토링 등을 받게돼 회사 사업계획서 등의 방향 수정에 도움이 된다. 또한 실력을 입증해 입상을 하게 되면 이후 기관 투자자들의 투자 유치와 정부 지원금 선정, 팁스 선정 등에도 도움이 많이 된다. 예비창업자라면 예비창업패키지와 함께 반드시 도전해보는 게 좋다!

팁스TIPS:

Tech Incubator Program for Startup의 줄임말이 팁스TIPS다.[64] 기술적 차별화가 가능한 기업들이 가장 원하는 지원 프로그램이다. 정부 지원금 가운데 가장 큰 금액을 받을 수 있기 때문이다.

액셀러레이터(=창업기획자), 벤처캐피탈, 벤처 및 중소기업, 중견기업, 대기업 등 정부가 선정한 팁스 운영 민간 투자사들이 1~2억 원을 창업 기업에 지원하면 정부가 최대 7억 원을 매칭해서 지원해준다(2022년 기준). 최대 7억 원은 연구개발R&D 자금과 팁스 연계 지원 사업 자금으로 나뉘어 지원된다.

R&D 자금으로는 2년간 최대 5억 원을 지원 받을 수 있다. 팁스 연계 지원 사업으로 창업 사업화 자금은 10개월간 최대 1억 원, 해외 마케팅 자금은 10개월간 최대 1억 원을 지원한다. 다만 R&D 자금의 기업 자기부담금은 총 사업비 10% 이상, 창업사업화와 해외마케팅 기업 자기부담금은 총 사업비 30% 이상이다.

특히 R&D 사업은 창업 사업화 지원이 아니기 때문에 예비창업패키지, 초기창업패키지, 창업성공패키지 등과 중복해서 받을 수도 있다. 다만 팁스 연계지원 사업 자금(사업화 자금과 해외 마케팅 자금)은 예비창업패키지, 초기창업패키지, 창업성공패키지 등이 종료된 이후에만 받을 수 있다.

팁스에 선정되려면 팁스 운영사의 투자 및 추천이 있어야 한다.[65] 현재 활동 중인 팁스 운영사 현황은 팁스 홈페이지www.jointips.or.kr에서 찾을 수 있다. 예비 창업자나 창업 후 7년 미만 기업까지만 신청할 수 있다. 신청 방법은 운영사별로 따로 있기 때문에 개별적으로 문의해야 한다.

주의할 점은 창업기업 구성원 2인 이상이 지분 60% 이상을 보유해야 하고, 팁스 운영사(=투자사) 지분율은 30% 이하여야 한다는 것과 직전연도 매출액이 20억 원 미만이어야 한다는 점이다.

팁스 운영사가 1.2~1.5배수로 추천하면 신청자격을 사전 검토해 서면·대면평가를 거친다. 서면평가는 40%, 대면평가는 60%가 반영돼 최종 점수가 매겨진다. 여기서 선정되면 연구개발 지원을 받고, 연계지원 사업을 별도로 진행하게 된다.

창업성장기술개발사업:

스타트업과 벤처기업의 연구개발을 지원하는 대표적인 사업이 창업성장기술개발사업이다. 다른 창업 지원금 사업은 사업화를 지원하는 사업이고, 창업성장기술개발사업은 R&D를 지원하는 사업이기 때문에 중복해서 지원금을 받을 수 있다. 디딤돌, 전략형, 팁스TIPS 세 분류가 있다.

디딤돌은 일반적인 연구개발 과제에 해당하고, 전략형은 정부가 필요에 따라 정책적으로 육성하려는 과제들이 있다.

2022년 기준 전체 연구개발비의 90%를 지원하기 때문에 나머지 10%는 기업이 현금으로 준비해야 한다. 디딤돌 사업은 최대 1년간 1억 2,000만 원을, 전략형 사업은 최대 2년간 3억 원 한도로 지원한다.

과제 신청은 중소기업 기술개발사업 종합관리시스템www.smtech.go.kr에서 한다.

창업 7년 이하 중소기업 가운데 최근년도 매출액이 20억 원 미만인 경우 신청할 수 있다(20억 원 이상은 중소기업기술혁신개발사업으로 신청해야 한다). 예비창업자는 신청할 수 없다. 세부과제별 지원 분야 또는 품목별로 신청 자격이 다르므로, 신청 공고가 날 때 꼼꼼히 체크해야 한다. 세부과제 1개를 수행하면 창업성장기술개발사업의 모든 세부과제에 신청할 수 없다. 또한 아래 그림처럼 기업 성장 단계에 따른 상위 R&D 과제 사업을 수행하면 그 이전 단계로 돌아가서 과제를 신청할 수 없다.

R&D 지원사업 구분별 신청 가능 순서[66]

혁신역량 단계	창업성장기술개발					중소기업기술혁신개발				
	초기		도약		성숙	초기		도약		성숙
내역 사업명	디딤돌	○⇄✕	전략형	○⇄✕	TIPS	○⇄✕	시장 대응형 / 소부장 일반	○⇄✕	시장 확대형 / 소부장 전략	○⇄✕	수출 지향형

서면평가, 대면평가를 거쳐 선정돼 협약을 맺은 이후에는 전문기관(중소기업기술정보진흥원)에서 과제를 관리하면서 최종평가와 사후관리도 진행한다.

최종평가에서 완료된 과제의 경우 연구개발결과물을 소유하고 사업화하려면 매출기반 약정기술료(경상기술료라고도 하며, 기술개발 종료 후 5년간 연구개발 결과물의 실시(=사업화)를 통해 발생한 매출액, 즉 연구개발 결과물 제품·서비스의 매출액의 일정 비율)를 전문기관에 납부해야 한다. 이때 과제로 개발된 기술의 고도화 또는 사업화를 위해 업무에 활용할 인력을 채용해 2년 이상 고용을 유지하면 약정기술료 감면혜택을 받을 수 있다. 협약을 맺을 때 꼼꼼히 체크해보자.

글로벌IP스타기업육성사업:

특허 출원이 잦은 연구개발 중심 기업의 경우 지역지식재산센터의 지식재산Intellectual Property 관련 각종 지원사업을 이용하면 좋다. 구체적인 내용에 대해서는 광역 지방자치단체 지역마다 있는 지식재산센터에 문의해보자.

예비창업자의 경우 IP디딤돌 사업을, 창업 후 7년 이내 기업은 IP나래 사업을, 지역소재 중소기업은 중소기업 IP바로지원 사업을 활용하면 수백~수천만 원의 지원 혜택을 받을 수 있다.

특히 수출실적이 있거나 당해 연도 수출 예정인 해외 진출 중소기업에 대해 지식재산권 관련 종합지원을 해주는 글로벌 IP스타기업 육성 사업의 혜택이 좋다. 3년동안 연간 최대 7,000만 원을 지원받을 수 있다.

다만 전체 관련 비용 가운데 기업분담금이 40%(현금 20%, 현물 40%)이다. 지역지식재산센터 사업관리시스템www.ripc.org/pms에서 기업 회원 가입 후 신청하면 된다. 신청기업 사전상담, 대면평가 등을 거쳐 지원기업을 선정한다. 3년 동안 지원받은 후에 2년 이상 지나면 다시 지원할 수도 있다.

놓치지 말아야 할 일자리 지원 사업

늘 자금 사정이 빡빡한 스타트업 초기에는 인원을 늘리는 게 부담일 수밖에 없다. 최대한 필수 인력으로만 채용할 수밖에 없다. 이럴 때 정부가 소규모 인력을 고용한 사업장에 주는 혜택, 즉 일자리 관련 지원금을 신청해서 받으면 큰 도움이 된다.

정부가 지급하는 일자리 관련 지원금은 종류가 다양하다. 또 해마다 책정되는 예산 규모가 바뀌어서 신청 자격 및 지원 규모가 그때그때 달라지기도 한다. 따라서 고용을 늘릴 때 관련 지원금을 받고 싶다면, 개별 사업을 하고 있는 정부 기관 홈페이지에 들어가 일일이 확인해야 한다. 아주 간단하게는 고용노동부 홈페이지www.moel.go.kr에서 정책자료→대상자별 정책을 찾아보면 된다.

아래에서는 대표적인 사업에 대해서만 간략히 소개한다.

청년내일채움공제:

기업 부담없이 청년이[67] 중소기업에서 장기 근속할 수 있도록 2년 동안 청년, 기업, 정부가 함께 월별로 일정 금액을 적립해 목돈을 마련할 수 있도록 해주는 제도다. 조금씩 제도가 달라지므로 청년내일채움공제 홈페이지 www.work.go.kr/youngtomorrow에서 확인해야 한다.

2022년 기준 청년이 2년간 300만 원을 자동이체로 납부할 경우 2년 뒤 1,200만 원 원금에 이자를 더한 목돈이 생긴다. 같은 기간 정부가 원금의 절반인 600만 원을 적립해 준다. 기업은 2년간 원금 300만 원을 내야 하는데, 기업 인력 수에 따라 정부가 차등하여 금액 지원을 해준다. 30인 미만 기업의 경우 2년간 300만 원 전액을 정부가 기업 기여금 명목으로 적립해준다.

따라서 30인 미만 기업은 돈 한푼 들이지 않고 청년들에게 사실상 900만 원을 더 적립할 수 있도록 해주는 셈이다.

해당 기업은 원칙상 고용보험 피보험자수 5인 이상 기업이며, 벤처기업·지식서비스산업·문화콘텐츠산업 등에 한해서 1~5인 미만 기업도 참여 가능하기 때문에 대부분의 스타트업이 해당된다. 정규직 채용일로부터 6개월 이내에 청약 신청을 완료해야 한다는 점에 주의해야 한다.

청년채용특별장려금:

청년을 정규직으로 신규 채용한 5인 이상 중소기업에게 추가 채용 인원 1명당 연 최대 900만 원을 1년동안 지원하는 제도이다. 벤처기업, 성장유망업종은 5인 미만이라도 지원 가능하다. 기업당 최대 3명까지 신청할 수 있다.

정규직 신규 채용 청년 6개월 이상 고용 유지와 기업 전체의 근로자수 증가라는 두 가지 조건에 해당해야 지급한다. 고용보험 홈페이지[www.ei.go.kr]에서 관련 내용을 확인하고 신청할 수 있다. 예산 규모가 한정돼 조기 마감되기 때문에 미리 준비해야 한다.

청년일자리창출 지원사업:

청년일자리창출 지원사업 홈페이지[www.work.go.kr/youthjob]에서 다양한 청년 고용 대상 일자리 지원사업을 확인할 수 있다.

2023년 기준 청년일자리도약장려금 사업이[68] 있다. 기업은 동일한 청년에 대해서 이들 사업 가운데 하나만 신청할 수 있다. 세부 지원 자격이 다르므로 꼼꼼히 체크해야 한다. 청년일자리도약장려금 사업의 경우 채용일 이전 6개월 동안 실업 상태였던 청년을 정규직으로 채용하고, 6개월 이상 고용을 유지할 경우 최장 1년 동안 월 최대 60만 원을 지원하는 제도이다.

신청 직전 월부터 이전 1년간 평균 고용보험 피보험자 수가 5인 이상인 기업에 우선 지원한다. 다만 청년창업기업, 미래유망기업, 성장유망업종, 지식서비스·문화콘텐츠·신재생에너지 산업 등은 1인 이상도 신청 가능하기 때문에 대부분의 스타트업이 해당된다.

창업 이후에는 세금에 대해서도 알아야 한다. 특히 근로자 소득에 세금을 부과하지 않는 이른바 비과세급여 항목을 최대한 활용하는 게 좋다. 근로자는 비과세급여 항목만큼 근로소득세를 내는 부담을 덜게 되는 한편 국민연금, 건강보험같은 4대 보험료 요율도 올라가지 않는 혜택을 받게 된다.

예를 들어 월 20만 원 이하의 식대, 월 20만 원 이하의 자기차량 운전보조금, 월 20만 원 이하 기업부설연구소·연구개발전담부서[69] 연구활동비, 월 10만 원 이하의 자녀 보육수당 등은 비과세된다.

비과세항목은 종류도 다양하고 요건과 한도액도 해마다 바뀌기 때문에 자주 확인해야 한다. 자세한 내용은 국세상담센터 홈페이지[call.nts.go.kr]에서 세법상담정보→연말정산을 찾아보면 비과세소득 항목이 구체적인 사례와 함께 설명되어 있다.

Ⅲ. 계약서 작성 및 검토하기

스타트업 창업자는 할 일이 많아도 너무 많다. 비즈니스 모델 업데이트, 사업계획서 작성, 각종 지원사업이나 공모전 참여, 그리고 투자 유치까지. 정신없이 돌아가는 일상 속에 파묻혀 정말 중요한 일을 놓칠 수 있다.

그 '정말 중요한 일' 가운데 하나가 바로 '우리 회사에 불리하지 않은' 계약서 작성이다. 특히 일부 국내 투자자들은 관행적으로 자신들에게 일방적으로 유리한 계약서를 회사측에 제시한다. 스타트업 창업 초기 첫 투자를 받을 때 창업자들은 계약서 내용을 잘 이해하지 못하거나, 이해하더라도 투자 유치를 위해 어쩔 수 없이 불리한 계약서에 서명하기도 한다.

하지만 계약은 갑과 을이 만나 상호간에 체결하는 것이다. 협상을 통해 우리 회사에 일방적으로 불리한 조항은 바꿀 수 있다. 계약 내용에 익숙해져야, 나중에 후회할 일이 생기지 않는다는 것을 명심하자.

스타트업이 자주 맺는 계약 종류

종류	주요 내용
신주인수계약 (SSA, Share Subscription Agreement)	회사가 신주를 발행하고, 투자자가 회사에 주식 대금을 납입하여 투자를 할 때 각종 권리와 의무를 규정하는 계약이다. 우리나라에서는 관행적으로 '이해관계인'이란 명목으로 창업자, 대표이사, 최대주주, 대주주에게 권리와 의무를 부여한다(구체적인 내용은 뒤에서 설명한다).
주주간계약 (SHA, Shareholders Agreement)	기존 주주와 새로운 투자자간의 권리 의무를 정하기 위해 주주끼리 맺는 계약이다. 주식처분제한, 경영 주요 사항에 대한 투자자의 동의권 및 협의권, 공동매도권, 매수청구권 등을 포함한다.
비밀유지계약 (NDA, Non-disclosure Agreement 또는 Confidentiality Agreement)	일반적인 공개 자료 외에 추가적으로 비공개 자료를 제공하기 전에 맺는 계약이다. 정보제공자(회사)가 정보수령자(투자자)에게 비공개 자료를 제공하되 정보수령자는 이를 외부로 유출하지 않고 투자심사 등 특정목적으로만 사용하기로 약속하는 계약이다. 특히 특허와 세부 기술과 관련한 자료는 유출될 경우 회사의 생존과 직결될 수 있으므로 사전에 반드시 NDA를 맺고 자료를 제공해야 한다.
양해각서 (MOU, Memorandum of Understanding)	추후 구속력 있는 계약을 체결할 예정이거나 계약 체결을 전제로 협상과 실사를 진행하기 전에 거래 구조, 거래 진행절차, 협의된 조건, 협상 원칙 등을 규정하여 체결하는 계약이다. 일반적으로 법적 구속력이 없도록 작성(Non-binding)하지만 본계약에 들어갈 내용을 포함하여 법적 구속력을 부여(Binding)하여 작성할 수도 있다.
텀 싯 (Term Sheet, 계약내용협의서)	본계약을 작성하기에 앞서 계약의 주요 항목과 양 측이 합의된 내용을 표나 간략한 글로 작성한 문서를 말한다. 텀 싯이 오가면서 양 측의 합의 사항이 확정되며, 최종 텀 싯이 오고간 후에 그 내용을 반영하여 본계약을 체결한다.

스타트업 창업자가 사업을 진행하면서 체결할 계약서는 이처럼 매우 다양하다. 그중에서 가장 중요하고, 절대 실수하지 말아야 할 계약서가 신주인수계약서이다.

신주인수계약서란 회사가 정해진 금액에, 정해진 수량만큼, 정해진 종류의 주식을 새로 발행하고, 투자자는 이를 정해진 날짜에, 정해진 금액으로 인수하기로 하는 계약과 관련한 권리와 의무를 상세히 적어놓은 문서다.

신주인수계약서를 작성할 때 함께 체결하기도 하는 계약서로 주주간계약서가 있다. 주주간계약서는 최대주주와 2대, 3대, 4대 주주 등 '주주들끼리' 약정한 권리와 의무를 적은 문서라는 점에서 신주인수계약서와 다르다.

우리나라는 특이하게 신주인수계약서의 계약 당사자로서 회사와 투자자 외에도 '이해관계인'을 추가로 포함하는 관행이 있다. 이해관계인은 주로 회사의 창업자, 대표이사, 최대주주, 대주주[70]등이다. 스타트업의 경우 창업자와 대표이사가 대부분 최대주주 또는 대주주이기 때문에 '이해관계인'이라는 명목으로 주주간계약서에 들어갈 내용이 사실상 신주인수계약서에 포함되는 셈이다. 따라서 신주인수계약서만 맺고 주주간계약서는 생략하는 경우도 종종 있다.

신주인수계약서 샘플은 인터넷에서 흔하게 찾을 수 있다. 또한 투자자와 협상이 오가는 중에 투자자들이 계약서 초안을 먼저 보내주는 게 대부분이다. 계약서의 구성은 대부분 비슷비슷하다.

중요한 것은 모두 똑같아 보이는 계약서 조항 가운데 회사에 일방적으로 불리한 조항을 놓치지 않는 것이다. 따라서 여기서는 신주인수계약서에 들어갈 내용 가운데 반드시 챙겨봐야 할 조항 위주로만 설명한다.[71]

주의! 종류 주식의 리픽싱과 조기상환청구권

스타트업의 신주인수계약서에서 흔하게 볼 수 있는 주식의 종류에 RCPS[Redeemable Convertible Preference Share](상환전환우선주)가 있다. 또한 RCPS에서 상환권[R]을 뺀 CPS(전환우선주) 계약도 자주 볼 수 있다.

전환우선권[Convertible Preference]은 보유 주식을 정해진 기한 내에 일정 전환조건에 따라 보통주로 전환할 수 있는 권리다. 특히 투자자로서는 회사의 밸류(기업가치)가 떨어져 후속 투자자가 자신보다 더 낮은 주당 가격에 투자를 하는 최악의 경우를 방지하기 위해 일정 지분율을 유지할 필요가 있다. 계약서에 이같은 지분율 희석 방지 내용을 담은 조항을 리픽싱[Refixing] 조항이라고 한다. 리픽싱 조항의 핵심은 전환가격을 정하는 것이다. 기존 투자금액으로 얼마나 많은 보통주로 바꿀 수 있느냐가 결정되기 때문이다. 예를 들어 10억 원을 투자해 10만 주를 보유하게 된 투자자(=주당 1만 원)가 전환가격을 5,000원으로 하면 20만 주를 갖게 되고, 2,500원으로 하면 40만 주를 갖게 된다.

대부분의 리픽싱 조항은 앞의 사례처럼 단순하지 않다. 상장, 유상증자, 무상증자 등 사유에 따라 계산방식을 달리하기도 한다. 리픽싱 조항들은 창업자나 공동창업자의 지분율에 큰 영향을 미칠 수 있다. 따라서 전환가격과 비율과 관련한 다양한 조건 등을 꼼꼼히 따져봐야 한다.

상환우선권^{Redeemable Preference}과 관련해서는 상환청구기간(통상 3년)이 도래하기 이전에 일정 사유에 해당할 경우 상환청구가 가능하도록 한 조기상환청구권 조항을 주의해야 한다.

특히 조기상환청구권이 발동될 수 있는 사유를 엄격히 규정해야 한다. 투자자 동의 없이 최대주주 지분을 매각한다든지, 투자자 동의 없이 핵심 사업을 변경한다든지 하는 '중대한 위반'이 있을 경우만 조기상환청구권이 행사되도록 정해야 한다. 중대한 위반이 아니라 '본 계약서에 정한 의무를 위반하였을 경우 조기상환청구권이 발동된다'는 식으로 투자자에게 일방적으로 유리한 조항이 들어가 있는지 꼼꼼히 체크해보자.

일부 투자자들은 상법상 인정하지 않는 특별상환권 조항을 넣도록 하는 경우도 있다. 특별상환권은 회사에 배당가능이익이 없더라도 상환을 요구하는 권리다. 우리나라 상법은 배당가능이익의 범위 내에서만 상환이 가능하다는 점을 명시[72]하고 있다. 특별상환권은 명백히 불법 조항이므로, 계약서 초안에 들어가 있다면 반드시 빼야 한다.

반드시 들어가는 등기이사와 이해관계인의 경업금지

상법에는 등기이사가 회사 일을 하면서 얻은 정보를 활용하여 사적 이익을 추구하는 것을 막도록 경업금지 조항(상법 제397조)이 있다. 이사는 이사회의 승인 없이는 '직무를 수행하는 과정에서 알게 되거나 회사의 정보를 이용한 사업기회' 또는 '회사가 수행하고 있거나 수행할 사업과 밀접한 관계가 있는 사업기회'를 자기 또는 제3자의 이익을 위하여 이용해서는 안 된다.

이를 위반하여 회사에 손해를 발생시킨 이사 및 승인한 이사는 연대하여 손해를 배상할 책임이 있으며 이로 인하여 이사 또는 제3자가 얻은 이익은 손해로 추정한다.

즉 주요 임원이나 이해관계인이 회사 몰래 개인적으로 동종 사업을 한다든지, 동종 사업을 하는 다른 회사나 개인을 도와서는 안 된다는 말이다. 회사는 경업금지를 위반하여 회사에 발생한 손해배상을 해당 이사에게 요구해야 한다.

또한 이해관계인의 경우에는 퇴직 이후 수년 동안 동종 업종 취업을 금지하는 조항도 들어갈 때가 많다.

상식적으로 지극히 당연한 조항이지만 어떤 일이 벌어질지 모를 미래를 위해서 한 번쯤 체크해야 한다. 특히 회사가 투자 유치를 하며 급격히 커나가면서 창업자, 대표이사 지분율이 극히 미미해졌는데도 이해관계인으로 묶여 이도 저도 못 하는 상황이 될 수도 있다.

이때를 대비하여 '이해관계인 지분율이 3% 미만으로 떨어졌을 경우, 그 시점을 기준으로 2년이 경과하면 경업금지 조항이 소멸된다'는 식으로 구체적인 조항을 넣는 게 좋다.[73]

경영사항 동의권과 협의권, 이걸 다 물어봐야 해?

일반적으로 동의권은 정관 변경, 신주 발행, 스톡옵션 부여, 해산·청산·합병·분할 등 조직의 근본적 변경, 자산총계 10% 이상 자산 구매·매각, 자산총계 10% 이상의 투자·자금대여·담보제공, 자산총계 10% 이상의 자금차입·채무부담, 주요사업의 중단·포기, 계열회사·임직원·주주와의 거래, 배당의결·지급, 대표이사·이사 선임 또는 해임, 자회사 설립 등 주요 경영사항에 대해 시행일 2주 전까지 서면으로 통지하고 시행일 전일까지 서면으로 동의를 받도록 되어 있다. 회사와 이해관계인이 이를 위반할 경우에는 투자계약에 명시된 채무불이행 책임을 지게 된다.

협의권은 주주총회·이사회 안건, 기업공개 시기·공모가격 등에 대해 사전에 협의하도록 되어 있다.

동의권의 경우 지나치게 광범위하게 규정될 경우 회사 경영에도 영향을 미치므로 사전에 범위를 잘 정해야 한다.

특히 재무와 관련한 조항, 즉 앞에서 '자산총계 10% 이상 구매'와 같이 동의권에 금액 한도를 설정하는 경우는 주의해서 계약을 맺어야 한다. 이제 막 창업한 스타트업이라 자산 총계가 몇 억 원 밖에 안되는 데 '자산총계 3% 이상 구매'처럼 기준점을 낮출 경우 설비를 구매할 때마다 시도때도 없이 동의를 받아야 하는 상황이 벌어질 수 있기 때문이다.

한편 투자자가 이사를 파견할 수도 있다. 보통 시리즈B 이상 단계부터는 상대적으로 높은 지분율을 갖게되는 투자자 단독으로, 또는 각 라운드별 투자자가 합의하여 공동으로 이사를 선임할 수 있는 규정을 넣기도 한다.

이사는 주주총회에서 선임하기 때문에 공동 선임을 할 경우에는 주주간계약서에 이사 선임과 관련한 내용을 자세히 적어넣게 된다.

주주간 합의만 있다면 대표이사, 사내이사, 사외이사 등 어떤 이사도 선임할 수 있다. 다만 많은 경우 '기타 비상무이사'를 파견하는 경우가 일반적이다. 기타 비상무이사는 사외이사와 동일하게 회사에 상근하지 않고 이사회에 참여하지만, 사외이사와 달리 엄격한 자격 요건은 없기 때문이다.

회사의 중요 결정은 이사회에서 이루어지기 때문에 이사 파견은 사실상 가장 강력한 경영 동의권과 협의권으로 볼 수도 있다.

'미래'를 위해서, 적정선의 스톡옵션 풀 확보

상법상 스톡옵션(주식매수선택권) 부여는 비상장법인의 경우 발행주식총수의 10%, 상장법인은 15%까지만 가능하다. 하지만 벤처기업법상 특례조항에 따라 벤처기업은 무려 발행주식총수의 50%까지도 부여할 수 있다.

넉넉한 월급을 주기 힘든 스타트업 특성상 대부분의 인재는 스톡옵션 부여 등으로 유치할 수밖에 없다.

하지만 투자자 입장에서는 스톡옵션이 과도하게 부여될 경우 추후 지분 희석 등으로 투자 가치가 낮아질 수밖에 없다. 따라서 신주인수계약서에 스톡옵션 풀 상한선을 규정하는 게 일반적이다.

통상 신주인수계약 시점을 기준으로 발행주식총수의 10% 또는 향후 발행될 주식을 모두 포함한 발행주식총수의 10%로 제한을 둔다(수치는 보통 10~15% 사이에서 결정된다). 전자는 스톡옵션 풀의 주식 수가 고정된다. 후자는 후속 투자에 따라 스톡옵션 풀에 들어간 주식 수가 증가한다. 회사 입장에서는 인재 유치에 유리한 후자의 구조로 규정하는 게 바람직하다.

때로는 스톡옵션의 가격에까지 일정 비율로 제한을 두는 조항을 추가하기도 한다. 이 또한 과도한 정도로 요구하지 않는지 체크할 필요가 있다.

독이 될 수 있는 기존 투자자의 증자 참여 우선권

증자 참여 우선권은 회사가 새로운 투자 라운드를 시작할 경우, 기존 투자자가 자신의 지분율 만큼 제3자보다 우선하여 신주를 인수할 수 있는 권리를 뜻한다. 투자자 입장에서는 회사가 다음 시리즈로 갈 때마다 지분율이 낮아지는 것을 방지할 수 있는 조항이기 때문에 대부분 증자 참여 우선권을 당연히 넣으려고 한다. 스타트업 입장에서는 일반적으로 크게 문제의 소지가 없을 가능성이 높다.

하지만 때에 따라서는 기존 투자자의 지분율을 낮추고 싶을 때가 있다. 예를 들어 기존 투자자의 명성이 크게 훼손된 일이 벌어진 후에 우리 회사 증자에 참여할 경우라든지, 기존 투자자가 동의권과 협의권을 활용하여 회사 경영에 지나칠 정도로 간섭한다든지 하는 일이 있을 때다. 또한 새롭게 주주가 될 가능성이 있는 투자자가 회사의 성장에 큰 도움이 될 수 있는데도 원하는 지분율을 확보 못 할 가능성 때문에 투자를 포기할 수 있다는 점을 주의해야 한다.

사전동의 필요한 이해관계인의 주식 처분

신주인수계약서의 이해관계인과 관련한 내용 가운데 반드시 들어가는 내용이 주식처분 제한 조항이다. 말 그대로 주식을 처분할 때 자유롭게 하지 못하고 제한을 두는 규정이다.

스타트업에 투자하는 투자자는 창업 팀 멤버의 중요성을 높이 평가해 투자하는 경우가 많다. 따라서 이해관계인이 회사를 떠나는 게 최악의 경우가 될 가능성이 높다. 이를 방지하기 위해서 이해관계인 주식처분 제한 조항을 넣는 것이다.

일반적으로 '이해관계인은 투자자의 사전 서명 동의 없이 그 소유 회사 발행 주식 전부 또는 일부를 처분(양도, 이전, 매각, 담보제공 등)하여서는 아니된다. 이해관계인이 사전 서명 동의를 받고 주식을 제3자에게 처분하는 경우, 이해관계인은 제3자로 하여금 본계약에 따른 이해관계인의 권리의무 일체를 승계하도록 하여야 한다'는 표준 조항이 들어간다.

때로는 이해관계인끼리 지분정리를 해야 하는 불가피한 상황이 벌어질 수도 있다. 또한 이해관계인이 인재를 유치하기 위해 본인 주식을 양도해야 할 경우도 생긴다. 실무적으로 대부분 이같은 상황이 벌어지면 투자자들도 상황을 충분히 납득하기 때문에 사전에 동의해주는 경우가 대부분이다.

다만, 표준 조항을 뛰어넘어 '이해관계인은 3년간 주식 전부 또는 일부를 다른 이해관계인 또는 제3자에게 처분할 수 없다'는 식으로 주식 처분을 원천적으로 금지하는 조항을 넣으려고 할 때다.

상법 제335조 제1항은 '주식은 타인에게 양도할 수 있다. 다만, 회사는 정관으로 정하는 바에 따라 그 발행하는 주식의 양도에 관하여 이사회의 승인을 받도록 할 수 있다'고 규정하고 있다. 따라서 시기를 특정짓는다 하더라도 주식 양도를 전면 부정할 경우에는 엄연히 불법이다.

이해관계인 주식 처분시 투자자의 권리들

이해관계인이 주식을 처분하는 것을 제한하는 조항과 함께 따라다니는 조항으로 투자자의 우선매수권^{Right of First Refusal}과 공동매도참여권^{Tag Along Right}이 있다.

투자자의 우선매수권은 제3자에게 주식을 파는 것을 전부 거절하거나 일부 물량만큼 거절하고^{=First Refusal} 대신 투자자 자신에게 전부 또는 일부를 팔도록 하는 조항이다.

일반적으로 '투자자는 거절 또는 동의 대신에 이해관계인이 처분하려는 주식의 전부 또는 일부에 대하여 직접 또는 투자자의 특수관계인을 통하여 매수할 의사를 통지할 수 있고, 통지일에 투자자와 이해관계인 간에 통지된 조건으로 주식 거래가 체결된 것으로 본다'고 규정한다. 특수관계인이 들어간 이유는 대부분 투자자들이 펀드를 만들어 투자하기 때문이다. 펀드 스스로가 통지를 할 수 없어, 펀드의 운용주체 법인인 특수관계인이 통지하도록 한 것이다.

우선매수권 조항은 이해관계인 주식 처분 조항 속에 거의 포함돼 있는 경우가 대부분이기 때문에 혹시 과도한 내용이 있는지 정도만 체크하면 된다.

이해관계인 주식 처분시 투자자의 공동매도참여권은 병행매도청구권, 공동매도권 등 여러 이름으로 불리지만 보통 '태그 어롱Tag Along Right' 조항이라고 일컫는다. 이해관계인 등 특정 주주가 회사 주식을 제3자에게 매각하려고 할 때, 투자자가 거부권이나 우선매수권을 행사하지 않고, 대신 자신의 주식을 함께 제3자에게 매각할 수 있도록 요구하는 권리이다.

투자자가 주식을 붙여서Tag 함께Along 판다는 의미로 이해하면 된다.

태그 얼롱에는 두 가지 방식이 있다. 우선 이해관계인과 투자자가 자신이 가진 지분율에 따라 주식매수예정자에게 매도하는 규정을 넣는 방식(동등비율)이다. 각자의 지분율에 따라 매도하기 때문에 창업자들에게 유리한 규정이라고 할 수 있다.

반면 투자자가 먼저 매각한 이후에 이해관계인이 매도하도록 규정할 수 있다. 투자자의 우선 매각권이라고 부른다. 실무적으로는 이같은 경우 이해관계인 스스로가 '무리한 요구'라고 판단해서 주식 처분을 포기하면 문제될

일이 없다. 다만, 주식인수계약서상 굳이 불편한 조항을 명기할 필요는 없기 때문에 지분율에 따른 매도 규정을 넣도록 상호간에 합의하는 게 바람직해 보인다.

억지로 팔아야 한다고? 투자자의 동반매도 요구권

보통 영문 그대로 '드래그 얼롱Drag Along Right' 조항이라고 표현하는 규정으로, 잡아끌어서Drag 함께Along 간다는 부정적인 어감처럼 초기 스타트업 창업자 입장에서는 가장 대표적인 독소조항이다.

태그 어롱이 회사측 이해관계인이 주식을 처분할 때 투자자가 공동으로 매도할 수 있는 권리를 주는 조항이라면, 드래그 어롱은 반대로 투자자가 주식을 처분할 때 회사 측 이해관계인이 함께 주식을 처분하도록 요구하는 조항이다.

투자자 입장에서 만들어진 조항으로, 투자자는 드래그 어롱을 통해 회사 미래의 긍정과 부정 시나리오를 모두 대비할 수 있다. 우선 긍정 시나리오는 투자 이후 회사를 더 성장시켜 비싼 가격에 인수합병을 통해 엑시트하고 싶을 때, 보유한 소수 지분만으로는 M&A가 되지 않으므로 이해관계인 지분을 모두 끌어들여 비싸게 파는 것[74]이다. 이 경우 이해관계인 입장에서도 좋은 조건에 엑시트를 할 수 있다는 점에서는 바람직하다.

부정 시나리오는 회사 사정이 점점 나빠지고 있는데 기존 임원들(이해관계인)의 경영 능력이 더 이상 나아질 기미를 보이지 않을 때 최후의 수단으로 보유한 회사 지분을 팔 수밖에 없다. 이때 소수 지분만 팔아서는 제 값을 받기 힘들므로, 이해관계인 지분 모두를 끌어들여 아예 회사를 통으로 매각하게 만드는 것이다.

일반적으로 '투자자가 제3자로부터 매수제안을 받은 경우 투자자는 주식의 전부 또는 일부를 처분하면서 동일 조건으로 이해관계인이 보유한 주식의 전부 또는 일부를 함께 처분할 것을 요청할 수 있다. 이 경우 이해관계인은 최대한 협의하여야 하고, 합리적 이유 없이 이를 거절할 수 없다'는 식으로 표현한다.

대부분 투자자들은 경영사항 동의권과 이사 파견권 등 회사 이해관계인들을 견제할 다양한 권리를 갖고 있는데다, 결정적으로 이해관계인들이 주식을 마음대로 처분할 수 없도록 하는 동의권을 갖고 있다. 따라서 투자자의 드래그 어롱 요구를 들어주지 않을 경우 진퇴양난의 상황에 빠질 수 있다. 결국 어쩔 수 없이 투자자의 드래그 어롱 요구를 받아들일 수밖에 없는 상황이 오게 된다.

따라서 초기 스타트업의 계약서에 드래그 어롱 조항이 들어가는 것에 대한 부정적인 시선이 일반적이다. 초기 스타트업의 연구개발비 등을 지원하는 정부-민간 연계 지원 프로그램인 팁스에서는 아예 계약서에 드래그 어롱을 삭제토록 권고하기도 한다.

창업자들은 투자자가 신주인수계약서 초안을 들고 올 때 드래그 어롱이 포함됐다면 두 번 세 번 꼼꼼히 읽어봐야 한다. 만약 드래그 어롱 조항을 넣을 경우에 '이사회 결의가 있는 경우에 투자자가 다른 주주의 동반매도를 요구할 수 있다'는 식의 단서 조항을 넣는 게 좋다.

회사가 투자자 주식 되사가는 부담, 주식매수 청구권

투자자 입장에서 회사나 이해관계인의 잘못으로 손해를 보게 생겼다면 어떻게 해야 할까. 우선 민법상 손해배상 청구 소송을 통해 배상받는 방법이 있다. 이와 동시에 자신이 가진 주식을 회사나 이해관계인이 되사가게 함으로써 손실을 방어하는 방법도 있다. 후자를 신주인수계약서에 명시하는 조항을 주식매수청구권, 즉 풋 옵션^{Put Option} 조항이라고 한다.

풋 옵션은 신주인수계약서에 자세히 규정한 특정 사유가 발생할 때 투자자가 회사 또는 이해관계인에게 투자자가 보유한 회사 지분 전부 또는 일부를 정해진 가격에 매수하여 줄 것으로 청구할 수 있는 권리이다.

일반적으로 '회사 또는 이해관계인에게 다음 각 호의 사유가 발생하는 경우에 투자자는 회사 또는 이해관계인에게 본 계약으로 인수한 주식 전부 또는 일부를 매수할 것을 청구할 수 있다. 1. 진술과 보장이 허위 또는 부정확하였다는 것이 밝혀진 경우 2. 회사 또는 이해관계인이 본 계약에서 정한 의무를 중대하게 위반한 경우…(중략)…주식 매수시 매매 가격은 1. 투자자의 투자 원금과 거래 완결일부터 매매 이행일까지 연복리 X%의 비율에 의한 금액을 합산한 금액 2. 주식매수청구일을 기준으로 과거 X년간 있었던 회사 발행 주식 거래 중 가장 높은 매매대금…(중략)… 중 높은 가격으로 하되, 기 지급된 배당금은 이에서 차감한다'는 내용으로 표현한다.

매수의 주체는 회사 또는 이해관계인이다. 회사의 경우에는 상법상 배당 가능이익⁷⁵⁾이 있는 경우에만 자기주식을 취득할 수 있다. 따라서 회사에 대한 풋 옵션 요구는 극히 제한적일 수밖에 없다. 결국 대부분의 경우 회사 대신 이해관계인이 풋 옵션을 떠안을 수밖에 없다.

이해관계인의 입장으로서는 지나치게 과중한 책임을 떠맡는다는 느낌을 받을 수밖에 없다. 이를 방지하기위해 풋 옵션 조항에 '이해관계인이 직접 본 계약을 위반하거나 이해관계인의 고의 또는 중과실에 의해 회사가 계약을 위반했을 경우'라는 문구를 넣는 게 좋다.

풋 옵션이 발동되는 특정 요건은 많게는 열 개 이상 나열된다. 이해관계인에게 일방적으로 불리하지 않은지 하나하나 꼼꼼히 따져봐야 한다.

M&A 때 문제 되는 청산 잔여재산분배 우선권

회사가 청산을 하는 과정에서 남아있는 재산(잔여재산)을 분배할 때에 다른 주식보다 우선하여 분배받을 권리를 청산 잔여재산분배 우선권이라고 한다.

RCPS나 CPS 등 우선주 계약서에는 일반적으로 '회사가 청산에 의하여 잔여재산을 분배하는 경우 본 계약상 주주는 주당 발행가액(또는 액면가액) 및 이에 대하여 연 X% 비율로 산정한 금액을 합산한 금액에 대하여 보통주식 주주에 우선하여 잔여재산을 분배받을 권리가 있다. 이 경우 청산 이전까지 미지급 배당금이 있는 경우에도 동일하다'고 규정한다.

투자금 및 미지급 배당금까지 모두 회수한 이후 남은 재산에 대해서는 남은 보통주 주주들과 지분율에 따라 분배받는 방식Full Participation, 보통주 주주들이 우선주 주주들과 동일한 주당 분배금액에 해당하는 재산을 분배받은 후에 그래도 남은 재산에 대해 우선주와 보통주 주주들이 지분율에 따라 분배받는 방식Simple Participation, 우선주 주주들은 남은 재산에 대해서는 더이상 분배받지 않고 보통주 주주들만 지분율대로 분배받는 방식Non Participation 가운데 하나로 규정한다.

문제는 청산의 개념에 인수합병이 포함될 때 발생한다.

일부 투자자들은 신주인수계약서에 M&A와 경영권 이전을 청산 개념에 포함한 계약서를 제시하기도 한다. 회사가 타 회사에 넘어갈 때 투자 원금에 더해 일정 수익을 보장받을 수 있기 때문이다. 다른 주주에 비해 월등히 유리한 조건이 된다.

하지만 다수의 법률 전문가들은 상법상 경영권이 이전되는 방식의 M&A를 청산의 개념에 포함시킬 경우 불법 소지가 크다고 해석하고 있다.

상식적으로도 M&A와 경영권 이전을 청산의 개념에 포함시키는 것은 합리적이지 않아 보인다. 경영권을 이전하는 대주주 등 이해관계인들은 본인 주식의 매각 대금 가운데 상당히 많은 재산을 투자자에게 먼저 분배한 후에 남아있는 재산을 분배받게 되기 때문이다. 한마디로 '재주는 곰이 부리고 돈은 왕 서방이 받는' 다소 억울한 상황이 될 수 있다.

따라서 신주인수계약서 초안의 청산 잔여재산분배권 항목에서 M&A나 경영권 이전 등에 대한 세세한 규정을 발견하면 이를 수정하도록 요구하는 게 창업자들에게 유리하다.

연대책임 규정한 손해배상, 이해관계인 책임

계약상의 의무를 위반 또는 이행하지 않거나 불완전하게 이행하는 채무불이행을 저지른 당사자는 그에 대한 책임을 부담해야 한다. 이를 규정한 조항을 손해배상 조항이라고 한다.

신주인수계약서상 손해배상 조항은 일반적으로 '회사 또는 이해관계인의 진술 및 보장이 허위이거나 부정확한 경우 또는 회사 또는 이해관계인이 본 계약에 따라 이행하여야 할 의무를 위반하거나 이행하지 아니하는 경우, 위반 당사자는 그로 인하여 인수인이 입은 모든 손해와 손실로부터 그러한 손해와 손실이 없었던 것과 동일한 수준으로 인수인에게 배상하여야 한다. 본 조에 의한 손해배상의 청구는 본 계약의 다른 조항에서 정한 인수인의 권리 행사 및 본 계약의 관련 계약에 따른 인수인의 권리 행사에 영향을 미치지 아니한다' 식으로 규정한다.

손해배상청구 조항은 신주인수계약서 곳곳에 들어가 있는 회사 또는 이해관계인의 의무를 제대로 이행하고 책임지게 만드는 조항이다. 따라서 비밀유지 조항을 위반한 경우, 진술과 보장 조항이 허위임이 밝혀진 경우, 투자금 사용용도와 다른 용도로 투자금을 사용할 경우, 주식처분 제한·태그 어롱·드래그 얼롱·풋 옵션 등 주식과 관련한 다양한 조항의 규정을 위반한 경우 등에 적용된다.

문제는 투자자가 이해관계인에게 지나치게 높은 수준의 연대책임을 부과하려고 할 때 발생한다. 이해관계인의 고의나 중과실이 있는 경우에는 당연히 책임을 저야 한다. 하지만, 일부 투자자들은 아예 고의 또는 과실이 없는 경우에도 책임을 져야 한다는 조항을 넣으려고 할 때가 있다.

따라서 '회사 또는 이해관계인이 본 계약에 따라 이행하여야 할 의무를 고의 또는 과실로 위반하거나 이행하지 아니하는 경우, 이에 대하여 귀책사유가 있는 위반 당사자는' 같은 표현으로 변경하여 창업자 입장에서 미래에 발생할지 모르는 리스크를 줄이는 게 바람직하다.

또한 최근에는 점차 줄어드는 추세이기는 하지만, 아예 계약서상 '이해관계인의 연대책임'이란 항목을 따로 만드는 계약서가 있다.

일반적으로 '이해관계인은 본 계약상 회사의 모든 의무를 회사와 연대하여 이행하여야 하며, 회사가 법적 제약으로 인해 의무를 이행하지 못하는 경우에도 그러하다. 이해관계인의 연대책임 및 본 계약상 의무에는 이해관계인이 본 계약에 따른 의무의 취지에 부합하게 직접 또는 간접적으로 이사회 및 주주총회에서 의결권을 성실하게 행사하는 것을 포함한다'는 식으로 규정해왔다.

하지만 고의 또는 과실이 없는데도 연대책임을 지는 것은 가혹하고, 한 번 실패한 창업자가 재도전하는 것을 막는다는 비판이 많았다. 이에 따라 실무적으로 이해관계인 연대책임 조항을 빼고 개별 조항에 이해관계인 책임을 구체적으로 따로따로 규정하는 사례도 늘어나고 있다.

또한 이해관계인 연대책임 대신 '이해관계인 책임'이란 항목하에 '이해관계인은 본 계약상 회사의 모든 의무가 이행될 수 있도록 본인의 권한, 권리, 의무를 다하여야 하고, 이해관계인의 고의 또는 과실에 의하여 회사가 본 계약을 이행하지 못하게 된다거나 이해관계인이 본 계약을 위반한 경우에는 이해관계인도 회사와 함께 본 계약상 책임을 부담하여야 한다'는 식으로 규정하는 사례도 많아지고 있다.[76]

주주간계약서 체크포인트

지금까지는 주식인수계약서에서 꼼꼼히 점검해야 할 부분에 대해 논의했다. 앞에서도 언급했듯이 주식인수계약서의 이해관계인과 관련한 조항 상당 부분은 주주간계약서에 들어갈 내용과 많은 부분 중복된다. 특히 투자자가 민감해하는 주식과 관련한 내용인 증자 참여 우선권, 주식 처분 제한, 태그 얼롱, 드래그 얼롱, 풋 옵션 등은 주주간계약서에서 가장 중요한 부분이기도 하다. 다음은 주주간계약서 가운데 앞에서 다루지 않은 내용들 위주로 서술한다.

주주간계약서 샘플은 인터넷에서 흔하게 구할 수 있는데, 창업자가 팀을 꾸려 창업을 할 경우, 가장 먼저 작성해야 할 계약서 가운데 하나이다. 아무리 친한 친구끼리 창업을 해도 회사가 너무 잘 나갈때는 서로 내 의견이 옳다고 싸우거나 스톡옵션 문제로 얼굴을 붉히고, 회사가 힘들어질 때는 갑자기 회사를 떠나버리는 일이 비일비재하다. 또 창업자 친구를 배신하고 나머지 주주들과 규합하여 경영 주도권을 뺏어버리는 사례도 심심치 않게 벌어진다. 안 그래도 일분일초가 아까운 스타트업에서 이런 일이 벌어지면 회사가 휘청거릴 정도로 큰 타격을 입는다. 사업 시작 전에 자세하게 잘 작성해둔 주주간계약서는 이같은 일을 미연에 방지할 수 있다.

회사 설립 전에 창업 팀이 모여 가장 먼저 합의해야 할 일은 지분율과 역할 및 책임 분담R&R, Roles & Responsibilities이다. 이를 주주간계약서[77]에 반영해야 한다.

지분율의 경우 주식회사의 최고의사결정기구인 주주총회 결의 요건을 고민해서 정해야 한다. 스타트업 초기에는 주주총회에 참석할 인원이 몇 명되지 않기 때문에 전체 의결권 100% 참석을 전제로 해서 검토해야 한다. 창업자와 함께 무조건 창업자를 지지해줄 우호지분이 보통결의를 통과시킬 수 있는지(50%+1주)와 더 나아가서 특별결의[78]를 통과시킬수 있는지(66.7%)를 미리 따져보자. 일부 투자자들은 의사결정의 신속성 및 추후 벌어질 주주간 분쟁 가능성 등을 고려해 창업 초기에는 최대주주가 상당한 지분율을 확보하기를 원하기도 한다.

R&R은 창업 팀끼리 대표이사·기획이사·연구개발이사 등 업무를 분장하고 각 업무에서 책임을 지게하는 것이다. 또한 업무분장과 함께 어떤 식으로 협의를 할 것인지도 규정해 놓으면 좋다.

이사회 구성도 신경써야 한다. 이사는 주주총회에서 선임한다. 이사회에서는 창업자와 우호적인 이사가 과반을 넘어야 한다. 따라서 이사회 구성을 짝수로 할 경우 여러 가지 문제가 발생할 수 있다.

이사회 구성 때 가장 중요한 부분 가운데 하나가 대표이사 선임이다. 회사의 세부 업무에 대한 의사결정을 하고 회사를 대외적으로 대표하기 때문이다. 대표이사는 이사회 과반의 찬성으로 선임한다. 창업자가 꼭 대표이사일 필요는 없다. 예를 들어 연구개발이 핵심인 회사에서는 창업자가 CTO(최고기술책임자)를 맡고, 대외활동을 잘하는 기획재무 업무 이사가 CEO를 맡는 사례도 많다.

주주간계약서에서 뭐니 뭐니 해도 가장 중요한 조항은 주식 처분과 관련한 다양한 조항이다. 증자 참여 우선권, 주식 처분 제한, 태그 얼롱, 드래그 얼롱, 풋 옵션 등은 앞에서 설명했기 때문에 다음은 남은 이슈인 주식매도청구권^{Call Option}(콜 옵션)에 대해서 얘기해보자.

콜 옵션은 주주가 다른 주주에게 그가 보유 중인 회사 주식을 매도할 것을 요청하는 권리이다. 특히 창업 초기 창업 팀끼리 맺는 주주간계약서에 반드시 등장한다. 창업 초기 주주 가운데 한 명이 사전에 정한 기간 내에 퇴사를 할 경우 보유 주식을 사전에 정해진 가격(대부분 액면가)에 다른 주주들에게 매도하도록 해 중도 퇴사에 대해 사실상 페널티를 주는 방식이다.

다음의 사례처럼 콜 옵션 물량이 시간이 지날수록 줄어들게 계약하는 게 일반적이다. 일찍 퇴사할수록 더 큰 페널티를 부여하는 셈이다. 또한 창업 초기 지분율과 맡은 역할과 책임 등을 종합적으로 고려해 기간과 한도를 다르게 계약한다.

주주간계약서의 거의 끝부분에는 앞서 합의한 내용을 강제하기 위해 반드시 위약금·위약벌 조항이 들어간다. 일반적으로 '어느 당사자가 자신의 책임있는 사유로 본 계약상 의무를 이행하지 아니하여 상대방 당사자에게 손해가 발생한 경우, 해당 당사자는 상배당 당사자가 입은 일체의 손해 및 비용(지연이자, 소송비용, 법률 회계 및 기타 자문비용을 포함하되 이에 한정되지 아니함)을 배상하여야 한다' 식으로 명기한다.

공동창업자간 주주간계약서상 주식매도청구권(Call Option) 사례

퇴사 주주	회사설립일~퇴사일까지 기간	Call Option 한도 적용 물량(액면가 적용)
A,B	~1년 미만 1년 이상~2년 미만 2년 이상~3년 미만 3년 이상~4년 미만 4년 이상~5년 미만 5년 이상~6년 미만 6년 이상~7년 미만 7년 이상~	퇴사 주주 본인이 보유한 주식의 100% 퇴사 주주 본인이 보유한 주식의 90% 퇴사 주주 본인이 보유한 주식의 80% 퇴사 주주 본인이 보유한 주식의 65% 퇴사 주주 본인이 보유한 주식의 50% 퇴사 주주 본인이 보유한 주식의 30% 퇴사 주주 본인이 보유한 주식의 10% 퇴사 주주 본인이 보유한 주식의 0%
C,D,E	~1년 미만 1년 이상~2년 미만 2년 이상~3년 미만 3년 이상~4년 미만 4년 이상~5년 미만 5년 이상~	퇴사 주주 본인이 보유한 주식의 100% 퇴사 주주 본인이 보유한 주식의 80% 퇴사 주주 본인이 보유한 주식의 60% 퇴사 주주 본인이 보유한 주식의 40% 퇴사 주주 본인이 보유한 주식의 20% 퇴사 주주 본인이 보유한 주식의 0%

또한 구체적으로 '계약서상 몇 조, 몇 조에 명시된 의무를 위반할 경우, 계약의무 위반자는 이에 대한 위약벌로 금 2억 원을 지급해야 한다'는 식으로 정하기도 한다.

투자할 때 지분율 결정하지 않는 SAFE 투자 계약

창업 초기 스타트업에는 창업 아이템과 창업 팀, 그리고 사업계획서만 있는 수준이 대부분이다. 조금 상황이 나은 기업은 프로토타입을 가지고 소규모 매출을 일으킨 정도에 머무를 것이다. 밸류에이션 부분에서 살펴볼 것처럼 투자자들은 창업 초기 스타트업의 기업가치 평가에 애를 먹고 있으며, 어떻게든 평가하려고 다양한 방법을 동원하고 있다. 밸류에이션을 끝내야 투자자가 주식 한 주당 얼마의 가치로 투자를 할 것인지가 정해지기 때문이다.

이 같은 문제를 해결하기 위한 극단적인 방법은 투자 당시에는 아예 밸류에이션을 하지 않고 투자를 한 후에, 기업이 밸류에이션 기법을 적용할 만큼 성장했을 때 기업가치를 정해 지분율을 결정하는 것이다. 실제 미국 실리콘밸리의 세계적인 액셀러레이터인 와이콤비네이터^{Y Combinator}는 이 방식을 많은 기업에 적용해왔다. 스타트업 입장에서도 당장 돈이 급한 초기에 필요한 자금을 받아 회사를 성장시킨 후에 높은 기업가치로 지분율을 계산할 수 있어 나쁘지 않은 방식이다.

SAFE^{Simple Agreement for Future Equity}(우리나라 법률상 용어로는 조건부지분인수계약)라고 불리는 이 방식은 우리나라에서도 2020년 벤처투자 촉진에 관한 법률 개정(이하 벤처투자법)으로 적법화됐다.

벤처투자법 제2조(정의) 1항 라목에 '투자금액의 상환만기일이 없고 이자가 발생하지 아니하는 계약으로서 중소벤처기업부령으로 정하는 요건을 충족하는 조건부지분인수계약'이라고 명시한 것이다.

SAFE 계약의 요건은 벤처투자법 시행규칙 제3조에 다음의 세 가지가 나열돼 있다.

1. 투자금액이 먼저 지급된 후 후속 투자에서 결정된 기업가치 평가와 연동하여 지분이 확정될 것

2. 조건부지분인수계약에 따른 투자를 받는 회사가 조건부지분인수계약의 당사자가 되고, 그 계약에 대해 주주 전원의 동의를 받을 것

3. 조건부지분인수계약을 통해 투자를 받은 회사가 자본 변동을 가져오거나 가져올 수 있는 계약을 체결하는 경우 조건부지분인수계약이 체결된 사실을 해당 계약의 상대방에게 문서로 고지할 것

1.번 조건에서 정확하게 와이콤비네이터의 SAFE계약이 곧 한국의 조건부지분인수계약임을 알 수 있다. SAFE의 핵심 특징이 '투자금이 회사에 먼저 들어온 이후 후속 투자때 기업가치 평가를 받아 SAFE 투자자의 지분율이 확정'되는 것이기 때문이다.

2.번 조건은 SAFE 계약이 보통주, 우선주 신주인수계약과 다른 점이다. 기업이 투자자와 신주인수계약을 체결해 신주를 발행할 때에는 이사회 결의를 반드시 거쳐야 한다. SAFE 계약에서는 이사회 결의나 주주총회 결의를 거쳐야 할 의무가 없지만, 무조건 주주 전원의 동의를 받아야 한다. 따라서 어차피 주주 전체 동의를 받아야 한다면 이사회 결의를 거쳐 임시 주주총회를 소집해 주주총회에서 주주 전원 동의를 받아서 법적인

문제 소지를 아예 없애는 게 바람직하다.

3.번 조건은 SAFE 계약을 통해 들어온 투자자가 주주명부에 드러나지 않기 때문에 만들어진 조항이다. SAFE 계약 특성상 후속 투자자가 들어오면 그제서야 SAFE 투자자가 주주의 지위를 얻게 된다. 따라서 우리 회사가 고의 또는 과실로 SAFE 투자 사실을 알리지 않을 경우 후속 투자자는 뒤늦게 자신의 지분율이 희석된다는 점을 알게 된다. 이같은 법적 문제가 발생할 소지를 없애기 위해서 SAFE 투자 사실을 후속 투자자에게 의무적으로 통보하도록 한 것이다.

그러면 후속 투자때 지분율은 어떻게 결정될까.

통상 SAFE 계약에는 후속 투자가 들어올 경우 주식 수를 산정할 때 적용하는 '밸류에이션 캡$^{Valuation\ Cap}$(가치평가 상한선)'과 '할인율$^{Discount\ Rate}$'이라는 2가지 개념을 규정한다. 둘 모두를 적용해 투자자가 유리한 숫자를 선택하는 게 일반적이나, 둘 중 하나만 적용하도록 하는 계약도 있다.

예를 들어 투자자가 1억 원을 투자한 SAFE 계약에서 밸류에이션 캡 50억 원, 할인율 20%로 정했다고 하자. 후속 투자자가 투자를 할 때 우리 회사 프리 머니 밸류가 100억 원이고, 기발행주식수는 100만 주이며(따라서 1주당 1만 원), 후속 투자자는 10억 원을 투자한다고 하자.

밸류에이션 캡을 적용할 경우, SAFE 투자자에게 우리 회사 프리 머니 밸류는 100억 원이 아니라 상한선인 50억 원이 된다. 기발행주식수가 100만 주이므로 SAFE 투자자는 1주당 5,000원으로 주식을 인수하게 된다. 따라서 SAFE 투자자가 인수할 주식 수는 2만 주(=1억 원÷5,000원)가 된다.

할인율을 적용할 경우, SAFE 투자자에게 우리 회사 프리 머니 밸류는 100억 원이 아니라 80억 원(=100÷(1-0.2))이다. 따라서 SAFE 투자자는 1주당 8,000원으로 주식을 인수하게 된다. 따라서 SAFE 투자자가 인수할 주식 수는 1만 2,500주(=1억 원÷8,000원)가 된다.

만약 SAFE 계약에서 두 조건을 모두 규정할 경우에는 SAFE 투자자에게 유리한 밸류에이션 캡 방식이 적용된다. 즉, SAFE 투자자가 인수할 주식 수는 최종적으로 2만 주가 된다.

SAFE 계약을 체결할 때는 후속 투자시 SAFE 투자자가 받을 주식의 종류를 미리 정해놓는 게 좋다.[79]

IV. 여러 가지 엑시트^{Exit} 방법

창업자들이 창업 전에 그리는 인생의 궁극적인 목표는 뭘까?

앞에서도 여러 번 강조했듯이 스타트업은 고객의 문제를 해결하는 데서 시작한다. 고객의 문제를 잘 해결해야 돈을 벌 수 있고, 유니콘으로 성장할 수 있다. 따라서 삶의 목표를 묻는 질문에 '나는 밤마다 우리 고객이 어떤 혜택을 받을 수 있을까를 고민한다. 고객이 행복하다면 나도 행복하다. 그것만으로도 족하다'는 식으로 말하는 스타트업 창업자도 있을 수 있다. 하지만 솔직히 그런 사람을 만나 마음속 깊이 신뢰하는 사람은 많지 않을 것이다.

사회적 기업이 아닌 이상 스타트업 창업자의 궁극적인 목표는 돈, 그것도 아주 많은 돈일 수밖에 없기 때문이다. 아주 많은 돈에 대한 욕심을 체계적이고 설득력 있게 드러내는 스타트업 창업자는 성공할 자질을 갖춘 것이다.

그렇다면 스타트업을 잘 키운 후에 스타트업 창업자가 많은 돈을 벌 수 있는 방법에 어떤 게 있을까. 크게 보면 구주매출, 인수합병, 상장 등 세가지다. 스타트업 성장 단계별로 사용할 수 있는 주요 엑시트 방법과 주의해야 할 점에 대해 설명한다.

창업자 목돈 마련 구주매출

구주매출은 이미 주식을 보유하고 있는 기존 주주가 자신이 보유한 주식의 일부 또는 전부를 투자자에게 파는 것이다. 옛 주식(구주)을 판매(매출)한다는 뜻에서 구주매출이라는 어려운 용어가 생겨났다. 신주에 비해 일정 비율을 할인해서 매각하는 게 일반적이다.

구주매출이 일어나는 상황은 매우 다양하다.

가장 바람직한 상황은 시리즈A, B, C 투자 유치 단계와 상장 직전 마지막 투자 유치인 프리 IPO 단계에서 투자회사들의 요청으로 기존 주주 주식을 파는 것이다.

투자 회사 입장에서는 성장성이 높은 우리 회사 주식을 최대한 싼 값에 확보하는 게 중요하다. 따라서 구주를 할인받아 일정 비율로 섞어서 신주와 함께 인수할 경우 전체적인 주식 인수 단가가 떨어지기 때문에 향후 투자회사 자신이 설정한 목표 수익율을 달성하는 데 유리하다.

창업자인 최대주주와 대주주 입장에서는 구주매출을 통해 목돈을 마련할 수 있다. 그동안 스타트업이라는 이유로 상대적으로 월급을 덜 받고 살아왔던 개인적 고통을 일거에 상쇄하는 셈이다.

창업 멤버가 아니라 시드나 시리즈A 단계에 들어왔던 개인 엔젤투자자, 개인투자조합이 가진 주식을 시리즈B, C나 프리 IPO 단계에서 구주매출하는 경우도 흔히 볼 수 있다. 후속 투자를 하는 벤처캐피탈 입장에서는 경영 동의권 등 각종 우선권을 가진 다른 주주가 많을수록 불편한 일이 많아질 수밖에 없다. 따라서 회사 측이 시드~시리즈A 투자자를 설득해 후속 투자자에게 구주를 팔도록 요청하는 사례가 많다.

별로 바람직하지 않지만 어쩔 수 없이 대주주가 떠나는 상황도 발생한다. 창업 팀 멤버 가운데 한 명이 피치 못할 사정으로 더이상 회사에 남아있기 힘들 때, 동료들에게 구주매출을 하거나 투자자에게 구주매출을 하는 경우도 있다. 이 같은 경우를 대비해 주주간계약서에서 사전에 근무기간에 따른 보유주식 매각제한물량(동료나 투자자 입장에서는 콜 옵션 한도 적용 물량)을 설정해 둔다. 떠나는 사람이 자유롭게 팔 수 있는 물량은 매각제한물량 이외의 주식에만 한정된다.

구주매출은 회사 입장에서는 별로 바람직하지 않을 수도 있다. 구주매출 주식 가격에 지나치게 높은 할인율이 적용될 경우 향후 투자 유치 때 투자자들이 자신들의 주식인수가격을 깎는 빌미로 작용할 수 있다. 또한 구주매출의 매각 대금이 회사가 아닌 개인 계좌로 들어가기 때문에 회사로서는 아무런 실익이 없다. 구주를 여러 투자자가 나눠가질 경우 지분 구조가 더욱 복잡해지는 상황도 벌어질 수 있다.

따라서 회사가 통제할 수 있거나 협상을 할 수 있는 기존 주주들이 가진 주식에 대해서는 구주매출에 적극적으로 관여해 상황을 회사에 유리하게 조절할 필요가 있다.

경영권 통으로 넘기는 M&A

인수합병은 회사의 지배권 또는 경영권의 변동을 수반하는 각종 거래 형태를 뜻한다. 아주 단순한 사례로 회사 전체 지분의 50%+1주를 확보하면 회사의 지배권·경영권을 확보할 수 있다. 하지만 회사가 커질수록 지분구조가 복잡해지기 때문에 사실상 이사회를 장악할 수 있는 수준의 의결권을 확보하는 정도로 주식을 인수하는 경우가 많다. 구주매출과 신주발행을 섞는 등 M&A를 실행하는 방식은 매우 다양하다.

창업자와 창업 팀 입장에서는 M&A를 통해 시리즈 A, B, C 단계에서도 엑시트를 할 수 있다는 장점이 있다. 실제 미국에서는 M&A를 통한 엑시트가 전체 엑시트의 80%에 이를 정도로 매우 활발한 편이다. 유튜브가 구글에, 인스타그램이 페이스북에 인수된 게 대표적이다.

하지만 우리나라 스타트업 업계에서는 M&A에 의한 엑시트가 활발한 편은 아니다. 국내 대기업들이 어느 정도 성과를 내고 시장성이 확인된 후에야 신사업에 진출하려는 보수적 성향이 강하기 때문이다. 또한 우리나라 스타트업 대부분이 국내 시장용이라는 한계가 있어, 글로벌 시장을 노리는 큰 기업들로서는 기술과 인력만 확보해 사업부 형태로 사업을 하는 게 편하기 때문이다.

그래도 최근에는 스타트업들이 아예 M&A를 엑시트 모델로 하고 사업전략을 짜는 경우도 볼 수 있다. 작은 시장에서 독보적인 기술력과 시장 점유율을 확보한 후 관련 업종 대기업에게 M&A되는 방식이다. 농축산업 분야의 네이버로 불릴 정도로 국내 대표 농업 포털 및 유통 플랫폼으로 성장하고 있는 그린랩스가 양계 농장 관리, 축산 스마트팜 분야 스타트업들을 잇따라 인수한 게 대표적인 사례다.

창업자 입장에서는 나중에 벌어질 M&A를 가정해서 투자 유치 관련 계약서를 쓸 때마다 조심해야 할 부분이 있다. RCPS나 CPS 등 우선주 투자 유치를 할 경우, 주식인수계약서[SPA]에 청산 잔여재산 우선 배분권 조항이 들어간다. 청산 잔여재산 우선 배분권은 회사가 청산할 때 회사의 잔여재산을 다른 주주에 우선해서 분배받을 권리이다. 보통 자신들의 투자금 원금에 연 10%대 수익율 이자를 더한 금액을 받은 후, 그래도 회사에 남은 재산에 대해 보통주와 우선주 투자자들이 한번 더 지분율대로 나눠 갖는다.

문제는 투자회사들 가운데 상당수가 '청산'의 범주에 경영권을 넘기는 M&A를 포함시키고 있다는 점이다. 엑시트 수단으로 최대주주가 M&A를 통해 회사 경영권을 넘길 때는 상대적으로 큰 돈이 들어온다. 청산 잔여재산 우선 배분권에 M&A 규정을 넣은 우선주 투자회사들은 예를 들어 '투자금+연 10%대 수익률'을 먼저 받은 후에, 남은 부분에 대해서도 지분율대로 한 번 더 분배받는다. 결과적으로 M&A를 한 이후에 창업자 및 창업 팀이 가져갈 몫이 현저히 줄어들 수밖에 없다.

창업자들 입장에서는 '죽 쒀서 남 주는' 억울한 상황이 벌어질 수 있으므로, 미리 주식인수계약서를 쓸 때 이 같은 규정이 있는지 꼼꼼히 점검해야 한다.

비상장에서 상장으로 가는 IPO

IPO(기업공개 또는 상장)는 많은 창업자들이 원하는 엑시트 수단이다. '누구는 IPO를 해서 창업 7년 만에 수천억 주식부자가 됐다던데, 그 회사 CFO도 스톡옵션으로 수백억 차익을 냈다던데…' 하는 식의 얘기들은 주변에서 종종 들었을 것이다.

하지만 대박의 크기만큼 성공 확률은 극히 낮다. 대학입시에서 서울대를 갈 정도의 가능성이라고 비유할 수 있다. 아무리 경쟁률이 치열해도 해마다 서울대에 가는 학생들은 있다. 마찬가지로 한 해에 많게는 백 개가 넘는 기업이 상장 문턱을 넘어선다. '어렵지만 불가능하지 않은' IPO를 위해서는 창업 초기부터 실수하지 않고 탄탄하게 준비해야 한다.

먼저 IPO를 이해할 필요가 있다. IPO는 영어로 'Initial Public Offering' 우리말로는 기업공개 또는 상장으로 번역한다. 우리나라에는 기업공개를 할 수 있는 시장으로 한국거래소 산하에 유가증권시장(=코스피시장), 코스닥시장, 코넥스시장이 있다.

'Public Offering'이라는 말 뜻에서 유추할 수 있듯, IPO는 기업의 자본금을 공개모집한다는 뜻이다. 공개모집, 즉 공모의 반대말은 사적모집, 즉 사모다. 기업이 자본금을 모집할 때 공개적으로 하지 않고 사적으로 모집한다는 뜻이다. 종종 들어본 사모펀드, 공모펀드라는 용어는 이같은 구분을 뜻한다.

우리나라에서는 사모와 공모의 기준점을 '6개월, 50인'으로 하고 있다. 6개월의 기간동안에 개인, 법인[80]을 불문하고 50인 미만, 즉 49인 이하를 모집해서 자본금을 모아야 사모가 된다. 비상장 기업은 이 기준을 지켜야 한다. 만약 6개월 동안 49인을 모집해 자본금을 받고, 다음 6개월에 49인을 모집해서 자본금을 받으면 아무런 문제가 없다.

하지만 6개월동안 고의든 실수든 50인 이상을 모집해야 할 경우에는 공모를 할 때처럼 금융위원회(실무는 금융감독원이 주관)에 증권신고서를 제출하고, 이후 분기마다 사업보고서를 발간해야 한다. 비상장기업이지만 공모에 해당하는 행위를 한 번이라도 했을 경우, 사실상 상장 기업처럼 여러가지 의무가 부과되는 것이다. 따라서 '6개월, 50인'이라는 기준점을 늘 염두에 두고 투자 유치를 해야 한다.

상장이 되서 좋은 점은 불특정 다수의 개인, 법인에게 유상증자를 할 수 있다는 점이다. 기업 입장에서는 벤처캐피탈 등을 일일이 찾아다니며 투자 유치를 위해 힘겹게 설득해왔던 매우 고통스러운 투자 유치의 과정을 훨씬 덜 고통스러운 과정으로 바꿀 수 있는 기회다.

주식 투자자들이 주식 시장에서 자유롭게 거래를 하기 때문에 우리 회사의 기업가치가 시장에서 바로바로 결정된다. 은행, 증권사, 자산운용사, 사모펀드 등 금융기관들도 상장 주식에 대해서는 훨씬 편하게 투자 의사 결정을 할 수 있다. 따라서 상장기업의 경우 회사에 큰 문제가 발생하지 않는 한 투자 유치가 힘들어서 망하는 일은 벌어지지 않는다.

반대로 우리 회사가 상장 이후 제대로 된 실적을 내지 못하거나 경영상의 고의 또는 과실로 회사에 큰 문제가 발생할 경우 소수의 투자자가 아닌 불특정 다수의 투자자들에게 피해가 간다. 금융 시장의 안정성을 중요시하는 정부 입장에서는 다수의 금융 사고 피해자가 발생할 수 있는 상황을 피하고 싶어 한다. 따라서 상장 준비 과정뿐만 아니라 상장 이후에도 매우 엄격한 규칙들이 적용된다.[81]

상장 준비 과정은 보통 상장 예상 시점 2년 전쯤에 주관사를 선정하면서 시작된다. 국내 증권사 가운데 우리 회사가 속한 분야에서 상장 성공 경험이 많이 있는 팀이 속해있는 증권사를 선택하면 된다.[82]

상장을 위한 준비가 어느 정도 완료되면 상장예비심사 청구서를 한국거래소에 제출함으로써 상장 과정이 시작된다. 적자 기업이라도 기술성이 뛰어난 기업이 상장할 수 있는 기회를 주는 '기술특례상장'에 도전할 경우에는 기술성평가라는 과정을 상장예비심사 청구서 제출에 앞서 거쳐야 한다.

상장예비심사 청구서와 증권신고서는 매우 비슷하다. 상장예비심사 청구서에 들어있는 내용에, 공모 투자자들이 알아야 할 각종 내용(리스크 요인 및 기업가치평가 등)을 덧붙인 게 증권신고서이다. 따라서 상장예비심사 청구서 사전 준비에 수개월이 소요된다.

통상적인 상장 프로세스

한국거래소	상장예비 심사 청구서접수	⇨	외형요건 체크	⇨	서류 검토	⇨	실무진 면담	⇨	기업 현장답사
금융위원회 (금융감독원)	상장위원회 심의	⇦	상장위원회 심의 안건 작성	⇦	추가서류 검토	⇦	대표이사 면담	⇦	전문가회의 (기술특례)
회사, 주관사	상장예비 심사 결과 통보	⇨	증권신고서 제출	⇨	증권신고서 효력발생	⇨	국내외 기관 IR	⇨	수요예측 실시
	매매거래 개시	⇦	신규상장 승인 통보 및 공시	⇦	신규상장 신청	⇦	청약,배정/ 환불, 주금납입	⇦	공모가격 최종결정

한국거래소에서 심사하는 과정을 상장 '예비심사'라고 부르는 까닭은, 예비심사 통과 이후 투자자들이 청약하고 주식대금(주금)을 납입해서 자본금을 모으는 마지막 과정이 사실상 상장 '본 심사'라고 할 수 있기 때문이다. 시장에서 개인, 법인 투자자들이 "이 회사 별루 안 좋네" 하면서 청약을 하지 않으면 상장 실패로 이어진다. 이때 상장예비심사를 통과한 기업들은 상장 절차를 중단하고 '상장철회'라는 걸 하게 된다.

상장예비심사 과정에서 심사하는 사람들이 가장 중요하게 보는 두가지 포인트가 우리 회사가 3~4년의 기간동안 매출 및 영업이익이 계속 증가할 것인가(사업성 및 수익성)와 경영진 또는 계열사가 실수를 저질러서 문제가 발생하지 않을까(경영투명성 및 안정성)이다.

심사하는 입장에서는 미래에 벌어질 일을 예측하는 가장 쉬운 방법은 과거를 꼼꼼하게 들여다보는 것이다. 따라서 스타트업 입장에서는 지금부터 실수를 하지 않도록 체크해야 할 포인트들이 있다.

우선 사업성 및 수익성과 관련해서는 매출과 영업이익 등이 꾸준히 증가하고, 변동성이 크지 않을 것이란 점을 보여주는 게 중요하다. 매출이나 영업이익이 심하게 줄었다가 다시 늘어난다든지, 매출 대부분이 한 군데 회사에 집중돼 있다든지, 계열사나 해외사업장 한 곳에 매출이 집중돼 있다든지, 핵심 특허가 보호되지 않아 어느날 갑자기 제품·서비스 판매가 중단된다든지 하는 이슈를 체크해야 한다. 경영투명성 및 안정성과 관련해서는 최대주주나 대주주 등 창업자들이 자신들의 이익을 위해 비정상적인 방법으로 회사의 현재·미래 이익을 훼손하지 않는 지를 점검해야 한다.

스타트업 창업자들이 가장 쉽게 저지르는 실수가 창업 초기 부족한 생활비 마련 등을 위해 자신의 가족들이 소유한 회사와 거래하는 것이다. 또한 회사가 이익을 냈다고 해서 회사로부터 돈을 빌려가는 행위(회사 입장에서는 가지급금)도 자주 저지르는 실수 가운데 하나다. 자신의 지분율이 높은 자회사를 별도로 만들어 매출을 늘리는 일도 하지 않는 게 좋다.

공모 이후에 최대주주 지분율이 20% 밑으로 떨어지는 경우에는 한국거래소가 예비심사 과정에서 다양한 경영권 안정화 방안을 요구하게 된다. 스타트업 초기부터 최대주주가 충분한 지분율을 확보하거나 공동창업자로부터 장기간의 의결권 위임을 받는 주주간 계약서를 작성해 놓는 것이 바람직하다.

상장할 때 기업가치를 높게 받기 위해서는 뒤의 밸류에이션 부분에서 소개할 현금흐름할인법DCF에 의한 매출 추정을 논리적으로 정교하게 만들어야 한다. 실제 증권신고서에는 DCF를 활용한 절대적 기업가치평가기법과 PER 등 상대적 기업가치평가법이 모두 사용된다.

미래 가치를 논리적으로 설명하려면 과거 우리 회사의 영업활동현금흐름이 체계적으로 탄탄하게 증가했음을 보여줘야 한다. 매출이나 영업이익 뿐만 아니라 회사가 성장하면서 목돈이 들어가는 자본적 지출^{Capital Expenditure} 즉, 공장 건설과 고가 설비 구입 등도 사전에 감가상각 등을 고려해 치밀한 계획을 세워서 실행해야 한다. 초기 스타트업이라면 우리 회사 규모에 비해 큰 투자를 할 때 재무회계 전문가들의 검토를 받는 게 좋다.

상장을 했다고 해서 창업자가 바로 주식시장에서 자신이 가진 주식을 팔아 엑시트할 수 있는 것은 아니다. 대개 상장할 때 주식 규모에 따라 1년에서 3년까지 락업^{Lock-up}(법률상 용어는 '의무보유')을 걸기 때문이다. 상장일로부터 1~3년 동안은 의무적으로 주식을 보유해야 하기 때문에 단 1주도 시장에 내다팔지 못한다.

또한 락업이 있든 없든 상관없이 등기임원과 10% 이상 대주주는 주식을 1주라도 사고 팔 경우, 5% 이상 보유 주주는 1% 이상 사고 팔 경우 금융감독원에 보고하고 공시를 해야 한다. 상장으로 얻는 이득에 상응하는 다양한 의무가 부과되므로 상장 전에 자본시장법 등을 숙지해 불법을 저지르는 실수를 하지 않아야 한다.

스타트업 창업자 대부분이 가지는 최고의 꿈은 창업 팀 모두가 행복하게 엑시트하는 것이다. 일상생활이 그렇듯, 기업의 행복도 결과적으로는 꾸준함에서 나온다. 하루하루 성과를 쌓고, 그 성과를 매일 점검하고, 점검한 성과를 주기적으로 투자자로부터 평가받는 과정을 수없이 반복하다보면 어느새 별 무리 없이 상장기업이 되어 있을 것이다.

ALL ABOUT STARTUP

부록

밸류에이션 이해하기

밸류에이션^{Valuation}은 기업의 가치, 즉 밸류^{Value}를 평가^{Evaluation}하는 것을 뜻한다. 흔히 밸류라고 하는 것은 기업이 가진 전체적인 가치의 총합을 뜻한다. 비상장사가 투자를 받을 때 "200억 밸류에 20억 룸[83]을 열었다"고 표현할 때 그 밸류다. 이론적으로 주식회사의 가치는 발행된 주식의 가격에 고스란히 반영된다. 주식의 가격, 즉 주가^{Value Per Share}는 주식 1주당 가치를 뜻한다. 통상 기업가치는 주가에 전체 발행주식수를 곱해 계산한다.

기업가치 = 주식 1주당 가격 × 전체 발행 주식수

(상장기업의 경우 시가총액 = 주식 1주당 가격 × 전체 상장 주식수)

밸류에이션은 미국의 유명 MBA에서도 최소 2학기에 걸쳐 가르친다. 실제 정교한 가정을 붙여 예상 재무 수치를 만들어내고 밸류에이션을 하기까지는 시간이 너무 많이 투입된다.

하지만 스타트업 대표는 바쁜 시간을 굳이 밸류에이션 이론을 배우는 데

낭비할 필요가 없다. 밸류에이션이 필요한 부분은 재무관리를 공부한 팀원이나 지인, 아니면 주변 전문가에게 맡기면 된다. 실무상으로는 투자자들이 하는 얘기를 알아듣고 협상에서 대응할 정도면 된다.

아래에서 알려주는 내용을 한번 이해했으면 잊어버려도 좋다. 궁금해질 때 다시 책을 열어보고 무슨 말인지 이해하면 된다.

상대 가치평가 기법

하늘 아래 새로운 것은 없다. 아무리 혁신적인 아이디어를 갖고 시작한 창업 기업이라도 유사한 비즈니스를 하는 기업은 꼭 있다. 기업가치를 평가할 때도 이처럼 유사한 사업을 하는 기업, 즉 비교기업을 찾아낸 후 상대적인 비교를 해서 기업가치를 구할 수 있다.

상대 가치평가 기법은 크게 네 단계를 거쳐 진행된다.

첫째, 우리 회사가 속한 업종과 우리 회사 비즈니스 특성을 고려해 우리 회사 밸류에이션에 가장 적합한 평가 방법을 선정한다. 많이 쓰는 평가 방법은 PER, PBR, PSR, EV/EBITDA가 있다.

둘째, 선정한 평가 방법을 적용해 우리 회사와 비교할 대상 기업을 골라낸다. 비즈니스 모델이 유사한 기업을 선정하고, 회사 규모가 지나치게 차이 나는 기업은 배제해야 설득력이 높아진다.

셋째, 비교 대상 기업의 평가 지표를 계산한다.

넷째, 비교 대상 기업의 평가 지표를 바탕으로 우리 회사의 기업 가치를 추산한다.

PER^{Price to Earning Ratio}：

주식 1주당 가격, 즉 주가^{Price}를 주당 순이익^{EPS, Earning Per Share}으로 나눈 값이다. 분자와 분모에 발행주식수를 동시에 곱할 수 있으므로, 기업가치를 순이익으로 나눈 값과 동일하다.

PER = 주가 ÷ 주당순이익 = 기업가치 ÷ 순이익 (= 상장기업의 경우 시가총액 ÷ 순이익)

예를 들어 어떤 비교 대상 기업의 당기순이익이 10억 원이고, 총발행 주식수는 10만 주이며, 현재 주가는 10만 원이라고 할 때 이 기업의 EPS는 1만 원(=10억 원/10만 주)이고, PER은 10배(=10만 원/1만 원)이다. 화폐의 시간 가치를 고려하지 않고 단순히 추정할 경우 대략 10년이면 투자금을 모두 회수할 수 있다는 것으로 해석할 수 있다.

PER를 이용하면 우리 회사의 가치가 상대적으로 싼지 비싼지 알 수 있다. 또한 우리 회사의 적정주가를 산출하는 데도 이용할 수 있다.

예를 들어 도합 5개 비교 대상 기업의 PER 평균값이 10배이고, 우리 회사 PER가 9배라면 상대적으로 우리 회사 현재 가치가 싸다고 볼 수 있다. 또한 비교 대상기업 PER의 평균값이 10배이고, 우리 회사 EPS가 9,000원이라면 우리 회사의 적정 주가는 9만 원으로 계산된다.[84]

이익 또는 예상 이익을 기준점으로 하기 때문에 경기 호황기에는 전반적으로 PER가 높고, 불황기에는 PER가 낮은 경향이 있다. 또한 업종별로도 게임, 바이오 등 소위 성장주들은 PER가 높고 전통 제조업에 가까울수록 PER가 낮다. 이같은 경향성을 잘 이해하고 적용해야 한다.

PBR^{Price to Book Value Ratio}:

주식 1주당 가격, 즉 주가^{Price}를 주당 순자산장부가치^{BPS, Book Value Per Share}로 나눈 값이다. 분자와 분모에 발행주식수를 동시에 곱할 수 있으므로, 기업가치를 순자산장부가치로 나눈 값과 동일하다.

PBR = 주가 ÷ 주당 순자산장부가치 = 기업가치 ÷ 순자산장부가치 (= 상장 기업의 경우 시가총액 ÷ 순자산장부가치)

예를 들어 어떤 비교 대상 기업의 순자산장부가치가 10억 원이고, 총발행 주식수는 10만 주이며, 현재 주가는 1만 원이라고 할 때 이 기업의 BPS는 1만 원(=10억 원/10만 주)이고, PBR은 1배(=1만 원/1만 원)이다. 이 회사의 기업가치가 갚아야 할 빚 등을 다 빼고 남은 순자산가치와 동일하다는 뜻이다.

비교 대상 기업 5개사 평균 PBR이 1배이고, 우리 회사 PBR이 0.9배라면 상대적으로 싸다고 볼 수 있다.

PBR은 자산의 장부가액과 자산의 시장가격이 크게 차이 나지 않는 제조업이나 금융업에 보다 적합한 평가 방법이다. 은행업처럼 업종에 따라서는 PBR 1배 아래인 기업도 많다.

하지만 마케팅, 인력, 기술력, 브랜드파워 등 장부가치로 정확히 측정되지 않는 요소를 바탕으로 빠르게 성장하는 산업에는 적합하지 않은 방법이다.

PSR^{Price to Sales Ratio}:

주식 1주당 가격, 즉 주가^{Price}를 주당 매출액^{SPS, Sales Per Share}로 나눈 값이다. 분자와 분모에 발행주식수를 동시에 곱할 수 있으므로, 기업가치를 매출액으로 나눈 값과 동일하다.

PSR = 주가 ÷ 주당 매출액 = 기업가치 ÷ 매출액 (= 상장기업의 경우 시가총액 ÷ 매출액)

예를 들어 어떤 비교 대상 기업의 매출액이 20억 원이고, 총발행 주식수는 10만 주이며, 현재 주가는 10만 원이라고 할 때 이 기업의 SPS는 2만 원(=20억 원/10만 주)이고, PSR은 5배(=10만 원/2만 원)이다. 이 회사 기업가치가 대략 매출액의 5배 수준이라는 뜻이다.

비교 대상 기업 5개사 평균 PSR이 5배이고, 우리 회사 PSR이 4.5배라면 상대적으로 싸다고 볼 수 있다.

당기순손실로 인해 PER, PBR을 계산하기 어려운 경우 대리 지표로 산출하는 방법이다. 또한 적자기업이긴 하지만 매출 성장성이 높은 기업, 예를 들어 온라인 쇼핑몰 같은 기업의 밸류에이션 적정성 비교에 사용된다.

하지만 비교 대상 기업 선정에 매우 주의를 기울여야 한다. 매출액이 비슷한 기업이라 할지라도 원가구조가 전혀 다를 수 있기 때문이다.

EV/EBITDA:

우리말로 '이비/에비타'로 읽는다. 기업이 얼마나 많은 현금을 창출할 능력이 있는 지를 주로 평가하기 때문에 인수합병때 많이 사용하는 방법이다.

EV는 Enterprise Value의 줄임말로 기업가치(상장사는 시가총액)와 순차입금(= 총차입금 - 현금 - 현금등가물)을 더한 값이다.

EBITDA는 Earnings Before Interest, Tax, Depreciation and Amortization

의 줄임말로 말 그대로 이자, 세금, 감가상각비 등을 차감하기 전의 순이익을 뜻한다. 이자, 세금, 감가상각비 등은 업종별 상황, 조세제도, 회계제도 등 외부 환경에 따라 많이 변화한다. 따라서 기업의 순수한 현금 창출 능력을 보기 위해서는 이를 빼기 전의 이익을 감안해야 한다. 실제 계산할 때는 순이익에 이자, 세금, 감가상각비를 더하는 형식으로 계산한다.

EV를 EBITDA로 나눈 값이기 때문에, 인수자의 입장에서는 EV/EBITDA가 낮을수록 좋다. 즉 기업비 보유한 부채가 적을수록, 현금이 많을수록, 이익이 많을수록 기업 인수에 필요한 금액은 줄어든다. 특히 이익 성장률이 높은 기업은 EV/EBITDA가 해마다 빠르게 낮아진다.

현금 흐름을 보는 기법이기 때문에 창업 초기 스타트업 밸류에이션에서는 자주 쓰이지는 않는다.

절대 가치평가 기법

비교 기업이 있어야 하는 상대 가치평가 기법에 비해, 절대 가치평가 기법은 비교할 대상이 없이 기업의 본질적인 가치를 측정하는 방법이다. RIM$^{Residual\ Income\ Model}$(잔여이익모델) 등 다른 절대 가치평가 기법이 있지만 여기서는 가장 전통적이며 이론적으로 완벽하다고 평가받는 DCF$^{Discount\ Cash\ Flow}$(현금흐름할인법)를 소개한다.

순이익 추정, 성장률, 할인율 등에 있어서 가정이 너무 많이 들어가기 때문에 투자자 입장에서 초기 스타트업 가치평가에서는 상대 가치평가 기법에 비해 보조적으로 쓰고 있다. 하지만 인수합병과 상장 때는 기본으로 들어가는 가치평가 기법이다. 따라서 어느 정도 매출이 나오는 시리즈A 단계 이상, 늦어도 시리즈B부터는 자주 사용되기도 한다. 앞에서도 말했듯이 '이

런 방식으로 평가를 하는구나'하는 정도만 이해하고 넘어가면 된다.[85]

한 번쯤 혼자 계산을 해보고 싶다면 포털 등에서 'DCF 엑셀'로 검색해 보자. 바로 우리 회사 숫자를 넣어 적용할 수 있는 탬플릿을 쉽게 구할 수 있다.

현금흐름할인법은 단어 뜻 그대로 미래의 현금흐름을 현재가치로 계산하는 기법이다. 아주 단순하게 식을 만들면 다음과 같다.

$$EV = \sum_{n=1}^{t} \frac{FCF_n}{(1+WACC)^n} + TV$$

EV, 즉 기업가치[Enterprise Value]는 1년부터 t년까지 예측기간 동안의 현금흐름을 현재가치로 환산한 가치의 합(위 계산식에서 Σ 부분)과 예측기간 이후부터 영원히 발생할 현금흐름인 TV[Terminal Value](영구가치)를 더한 값이다. 통상 t는 5년~10년으로 설정한다. EV를 계산하는 법을 차근차근 이해해보자.

분자인 FCF 계산법:

먼저 FCF는 잉여현금흐름[Free Cash Flow]을 뜻한다. 기업이 사업 활동을 하고 나서 최종적으로 기업에 남은 현금흐름이다.

잉여현금흐름[FCF] = 영업활동현금흐름[OCF, Operating Cash Flow] - 자본적 지출
CAPEX, Capital Expenditure

영업활동현금흐름[OCF]은 순이익에서 회사에 들어오는 돈은 더하고, 나가는 돈은 빼주면 된다.

영업활동현금흐름[OCF86)] **= 순이익 + 매입채무 증가분 - 매출채권 증가분 - 배당수입 - 대출이자 - 법인세**

자본적 지출[CAPEX]은 회사 성장을 위해 부동산과 동산에 투자하는 돈이다. 예를 들어 공장이 필요해서 토지를 매입하고 건물을 건축하며, 공장 안에 들어갈 제조설비를 구매하는 등의 활동에 쓰이는 돈이다.

자본적 지출[CAPEX] **= 토지 구입 + 건물 건축·구입 + 제조설비 구매 + 차량 구입 + 전산기기 구입**

잉여현금흐름[FCF]이 줄어든다면 궁극적으로 회사는 미래 성장을 위해 쓸 자본적 지출을 할 돈이 부족하게 된다. 결과적으로 성장성에 문제가 생길 가능성이 높아진다. 성장주 주식투자자들이 투자 판단을 할 때 잉여현금흐름[FCF]의 시계열적 추세를 꼭 확인하는 까닭이다.

분모 WACC 계산법:
WACC, 즉 가중평균자본비용[Weighted Average Cost of Capital]은 기업이 가지고 있는 타인자본에 대한 비용과 자기자본에 대한 비용을 전체 자산에서 각각이 차지하는 비중만큼 가중하여 계산한 수치다. 앞에 적은 말로는 천재도 이해하기 힘들다. 아래 수식을 잘 따라가보자.

$$WACC = \frac{D}{V} \times K_d \times (1-T) + \frac{E}{V} \times K_e$$

우선 D는 타인자본(=부채)의 시장가치, E는 자기자본(=자본)의 시장가치, V=D+E, T=한계법인세율을 뜻한다.

Kd는 타인자본비용, 즉 부채에 대한 비용이다. 회사채를 발행하고 이자를 지급하는 경우, 은행에서 대출을 하고 이자를 지급하는 경우 등을 생각하면 된다. 회사채 이자율, 대출 이자율이 바로 타인자본비용이 된다. 만약 회사채 발행이나 대출 차입이 없다면 회사가 금융기관으로부터 신규로 조달 가능한 장기 차입금 이자율 수준과 금융기관에서 활용하는 신용평가등급을 참고해 결정된다.

Ke는 자기자본비용, 즉 주주들이 얻을 수 있는 예상 수익율이다. WACC에서는 CAPM^Capital Asset Pricing Model(자본자산가격결정모형)을 사용해 Ke를 계산한다.

$$Ke = Rf + \beta \times (Rm - Rf)$$

여기서 Rf는 무위험 수익률을 뜻한다. 어떤 자산에 투자했을 때 '최소한 이 정도 이상은 벌어야 한다'는 개념으로, 리스크를 지지 않더라도 얻을 수 있는 수익률이다. 일반적으로 10년 만기 미국 국채 수익률이나 3년 만기 대한민국 국고채 수익율을 사용한다.

β(베타)는 시장 전체와 비교하여 기업 주가가 얼마나 민감한지를 수치화한 지표이다. 만약 베타가 1이라면 시장 변동과 동일하다는 뜻이고, 베타가 2라면 시장이 100 변동할 때 우리 회사 주가가 200 변동한다는 뜻이다. 스타트업 같은 비상장 기업의 베타는 유사한 기업 중 상장한 기업의 베타를 가져다 쓰는 게 일반적이다.

Rm은 시장에 투자해서 기대되는 수익률이다. 시장 기대수익률은 유사 기업이 있는 주식시장, 예를 들어 코스피나 코스닥의 해당 기간 연평균 수익률을 계산하면 된다. 보다 쉽게 유사 기업 평균 PER의 역순을 사용하기도 한다.[87]

TV 계산법:

예측기간 이후부터(즉, t+1년부터) 영원히 발생할 현금흐름을 $TV^{Terminal\ Value}$(영구가치)라고 한다.

$$TV = \frac{\dfrac{FCF_{t+1}}{WACC-g}}{(1+WACC)^t}$$

여기서는 $g^{Terminal\ Growth\ Rate}$(영구성장률)라는 개념이 새로 등장한다. 예측기간 이후에는 기업의 사업 아이템이 시장 성숙 단계에 진입하기 때문에 성장률이 매우 낮을 수밖에 없다. 따라서 실무적으로 g는 우리나라 국내총생산^{GDP} 성장률, 물가 상승률, 오래된 유사 기업의 성장률 중에서 한가지를 선택하거나 2~3가지의 평균을 내서 사용한다.

예측 기간 다음해 즉 t+1의 FCF인 FCFt+1를 구하고, 앞에서 구한 WACC와 g값을 넣으면 최종적으로 TV 값을 계산할 수 있다.

결과적으로 분자인 FCF의 1년~t년까지의 값과 분모인 WACC 값, 그리고 TV 값을 모두 대입하면 우리는 현금흐름할인법에 의해 기업가치^{EV}를 도출할 수 있다.

미국 스타트업 투자자들이 쓰는 평가 기법

시드나 엔젤투자 단계의 스타트업은 창업 아이템을 가지고 이제 막 시장에서 테스트를 하는 단계에 머물러 있다. 매출이 거의 없고 큰 폭의 적자를 내고 있으며, 창업 팀이 많아야 서너 명인 곳이 대부분이다. 앞에서 설명한 밸류에이션 기법을 적용해서 평가한다면 지나치게 비현실적인 가정들이 너무 많이 들어갈 수 있다.

이같은 고민을 해결하고자 미국의 초기 스타트업 투자자들, 즉 엔젤 투자자와 액셀러레이터들은 다양한 밸류에이션 기법을 고안해왔다. 국내에서도 일부 투자자들이 이들의 기법을 변형해 쓰고 있다.

하지만 스타트업이 본인의 가치를 제시하는 방법으로는 앞의 상대 가치평가 기법과 절대 가치평가 기법을 대부분 사용하고 있다. 다음에 소개하는 내용은 '투자자들이 이런 기법을 사용하고, 이런 평가 항목을 가지고 있구나' 하는 정도로 이해하고 넘어가면 된다.

Scorecard Method[88]:

미국처럼 스타트업에 대한 데이터가 실시간으로 축적되는 나라에서는 지역별, 업종별 비교가 용이하다. Scorecard Method는 이같은 데이터를 활용해 특정 지역, 특정 분야 스타트업 투자 이력을 입력해 우리 회사의 가치를 유추하는 기법이다.

첫째, 지역별로 최근에 엔젤투자를 받은 기업들의 밸류에이션 평균 데이터를 확보한다.[89]

지역	기업가치 (억 원)
A	4.0
B	3.0
C	3.5
D	4.5
E	5.0

두 번째 단계로 우리 회사와 같은 A지역에 위치한 스타트업들의 특성을 상대평가할 핵심 요인을 도출하고, 요인별로 가중치를 결정한다.

요인	가중치
창업팀 경쟁력	0.3
시장성	0.25
제품·기술	0.15
경쟁 환경	0.1
마케팅·유통채널·파트너십	0.1
추가 투자 필요성	0.05
기타	0.05
합계	1.0

세 번째로 우리 회사와 유사한 사업을 하고 있는 기업들 평균치와 비교해 우리 회사가 얼마나 더 우수한지 점수를 매긴다. 아래 표에서 우리 회사 점수는 유사 사업 기업의 평균보다 우리 회사가 몇 배 잘하는지를 나타낸다.

다음으로 가중치와 우리 회사 점수를 곱해 요인별 배수를 계산해낸다. 요인별 배수를 모두 더해 산출배수를 계산한다.

요인	가중치(A)	우리 회사 점수(B)	요인별 배수(A×B)
창업팀 경쟁력	0.3	1.25	0.375
시장성	0.25	1.5	0.375
제품·기술	0.15	1.0	0.15
경쟁 환경	0.1	0.75	0.075
마케팅·유통채널·파트너십	0.1	0.8	0.08
추가 투자 필요성	0.05	1.0	0.05
기타	0.05	1.0	0.05
합계	1.0	산출배수	1.155

마지막으로 첫 번째 단계에서 구한 우리 회사가 속한 지역 A의 평균 기업가치 4.0억 원에 산출배수 1.155를 곱하면 우리회사 가치 4.62억 원이 나온다.

Berkus Method:

미국의 유명 엔젤투자자인 데이브 버커스Dave Berkus가 고안한 방법으로 두 가지 전제 조건으로 스타트업을 평가하는 기법이다.

1. 아직 매출이 나기 전 단계에 해당할 것

2. 향후 5년 이내 2,000만 달러의 매출 달성이 가능하다고 판단될 것

요인	평가 주안점	요인별 우리 회사 가치
사업아이디어 적절성	기본 가치	3~5억 원
창업팀 수준	실행위험 감소	1~3억 원
프로토타입 상태	기술위험 감소	2~4억 원
전략적 관계 구축 여부	시장위험 감소	0~1억 원
제품 공개 및 출시 가능 여부	생산위험 감소	1~2억 원
합산가치		7~15억 원

평가 요인별로 주안점을 두어서 가치를 매긴 후, 개별 요인의 가치를 모두 합산하면 우리 회사의 기업가치를 도출할 수 있다.

Berkus Method 적용 시 스타트업의 최대 평가가치는 제품 출시 전 단계 기업은 200만 달러, 제품 공개 및 출시 가능 제품을 보유하고 있지만 아직 매출이 발생하지 않은 기업은 250만 달러이다.

Venture Capital Method:

지극히 투자자의 입장에서 평가하는 방식으로, 투자자가 최종적으로 얼마나 큰 돈을 회수할지를 중심으로 현재 우리 회사의 기업가치를 계산하는 방법이다.

1. 투자자의 예상 ROI 멀티플Investor Desired Return On Investment Multiple(기대수익 배수)=엑시트 밸류Exit Value(투자자의 최종 회수 금액)÷포스트머니 밸류Post-money Value

예상 ROI 멀티플은 위 산식에서 보듯 투자자가 투자 후 일정기간이 지난 후에 엑시트할 때 벌어들인 돈이 포스트머니 밸류 기준 몇 배 정도 될지 기대하는 값이다. 우리 회사의 투자자는 기존 다른 회사 투자와 비교해 예상 ROI 멀티플을 10배라고 상정했다고 하자.

2. 엑시트 밸류=엑시트 멀티플Exit Multiple×엑시트 연도 매출 또는 당기순이익Exit Year Revenue or Net Income

여기서 엑시트 멀티플은 상대가치평가법에서 사용했던 PSR 또는 PER 개념을 사용한다. 엑시트 연도 예상 매출 200억 원, 당기순이익 20억 원이라고 하자.

만약 우리 회사와 유사한 기업의 PSR이 2배라고 하면 엑시트 밸류=2 ×

200 = 400억 원

만약 우리 회사와 유사한 기업의 PER이 17배라고 하면 엑시트 밸류=17
×20=340억 원

PSR과 PER을 사용한 엑시트 밸류 평균치는 (400+340)÷2=370억 원
이다.

3. 포스트머니 밸류=엑시트 밸류÷예상 ROI 멀티플

각각 2.와 1.에서 도출한 숫자를 넣으면 된다. 따라서 우리회사 포스트 밸
류 = 370÷10=37억 원이다.

결과적으로 이번에 투자자가 10억 원을 투자할 경우 현재 우리 회사의 프
리머니 밸류Pre-money Value는 37 − 10=27억 원인 셈이다.

Risk Factor Summation Method:

앞에서 제시한 방법들을 보완하는 방식으로 다양한 위험 요인Risk Factor를
고려해 기업가치를 보다 정교하게 산정하는 방법이다.

보통 아래 표에서 보는 바와 같이 12개의 위험 요인에 우리 회사의 점수
를 +2, +1, 0, −1, −2점으로 매긴다.

요인	우리 회사 점수
경영진(Management) 위험	+2
사업단계(Stage of the business) 위험	+1
법적·정치적(Legislation·Political) 위험	−2
생산(Manufacturing) 위험	0
영업 및 마케팅(Sales and Marketing) 위험	+1
투자 유치(Capital Raising) 위험	−1
경쟁(Competition) 위험	+2

기술(Technology) 위험	+1
소송(Litigation) 위험	0
국제(International) 위험	0
신뢰도·브랜드(Reputation) 위험	−1
회수(Potential Lucrative Exit) 위험	+1
합계 점수	+2

마지막으로 나온 합계 점수는 1점당 25만 달러로 계산하면 된다.

앞에서 제시한 방법들로 나온 기업가치가 300만 달러라고 하면 300+(2×25)=350만 달러가 우리 회사의 최종 기업가치가 된다.

ALL
ABOUT
STARTUP

주석

1) 정성창·이가희. *스타트업 CEO, 에디슨.* 이새, 2020.

2) 이 같은 전략은 1890년대 에디슨 연구소에서 일했던 헨리 포드가 훗날 자동차 제조공장에 현대식 대량생산시스템, 즉 포디즘을 구축하는 데 좋은 아이디어를 제공한다.

3) 포르투갈과 뉴질랜드가 1년에 생산하는 경제적 가치 즉, 국내총생산^{GDP}에 맞먹는 돈이다. 또는 대한민국 정부가 1년에 쓰는 예산의 절반에 해당하는 금액이다.

4) 애슐리 반스. *일론 머스크, 미래의 설계자.* 안기순 역, 김영사, 2015.

5) 서승원 외. *엔젤투자 알아야 성공한다.* 한국엔젤투자협회 한국청년기업가정신재단, 2018.

6) 홍익희. *구글 창업자 래리 페이지와 세르게이 브린* (p.7~8). 알라딘 e-book, 2012.

7) 유대인들이 자신들의 사상과 율법을 묶어놓은 책 '탈무드'를 공부할 때 나이, 계급, 성별과 관계없이 두 명이 짝을 지어 서로 논쟁을 통해 진리를 찾는 것을 뜻한다.

8) 당시에는 인권과 공정에 대한 관념이 희박했던 시대였기에 독점, 불공정거래, 노동탄압 등 지금의 기준으로는 매우 불명예스러운 일들도 많았다. 창업에 집중한 이 책에서는 그와 같은 내용은 상세하게 서술하지 않았다.

9) 박영서. "[지성의 산실, 미국 대학을 찾아서] 남부의 명문, 밴더빌트대학교(1)". VOA, 2019.10.31. https://www.voakorea.com/a/5146047.html. 2022년 10월 18일 접속.

10) 물론 이는 틀린 이야기다. 실제 이들이 인수합병$^{M&A}$이나 상장^{IPO}을 통해 자신의 주식을 팔기 전까지는 그냥 회계장부상의 숫자일 뿐이다.

11) p.82에 서술하는 비즈니스 모델^{BM} 만들기에서도 고객의 문제^{Problem}와 고객세분화 $^{Customer Segments}$를 가장 먼저 작성하도록 하고 있다.

12) 인간이 다른 동물과 다른 점은 창의성을 가진다는 점이다. 뇌 과학자들은 현대 의학 기술의 도움으로 인간의 뇌를 정밀 분석할 수 있게 되자, 창의성이 활발할 때와 즐겁게 놀이할 때 활성화되는 뇌의 영역이 같다는 점을 발견했다. 결국 모든 인간은 조금이라도 더 즐거움을 찾으려는 본능이 있는 셈이다.

13) 손동원·허원창. *스타트업 창업 바이블.* 도서출판 시대가치, 2020.

14) 로켓펀치(www.rocketpunch.com), 데모데이(www.demoday.co.kr), 비긴메이트(www.beginmate.com), 원티드(www.wanted.co.kr)

15) 특허청 지역지식재산센터(www2.ripc.org)에서 다양한 IP 지원 사업 정보를 얻을 수 있다.

16) SWOT 분석의 내부 역량

17) 소상공인시장진흥공단 상권분석사이트(https://sg.sbiz.or.kr)

18) 고객의 라이프스타일(Lifestyle) 차이에 따라 시장을 세분화하고 소비행태를 분석하는 방법을 AIO(Activity, Interest, Opnion) 분석이라고 부른다.

19) 각각의 세분 시장에서 실제 물건을 팔 수 있기 위해서는 마케팅 전략이 적용돼야 한다. 세분시장에 마케팅 전략이 적용될 수 있는지 점검하는 기준을 세분화 요건이라고 한다.

20) 마케팅 3C 분석(Customer, Company, Competitor)를 적용한 것이다.

21) 고객들이 중요하게 생각하는 지표를 기준으로 2차원 또는 3차원 공간에 그려넣는 통계적 분석 방법을 다차원척도법^{Multi-Dimensional Scaling}이라고 하며 포지셔닝 맵이 대표적인 사례이다. 포지셔닝 맵에서 동그라미는 매출액 등 중요 수치를 뜻한다.

22) 리포지셔닝과 달리 제품 포장이나 로고를 새롭게 바꿔 오래전 출시된 제품·서비스 이미지를 마치 새로 나온 제품처럼 바꾸는 것을 리뉴얼(Re-newal)이라고 한다.

23) 근태관리 앱이라고도 불린다.

24) 빌 올렛. *스타트업 바이블*. 백승빈 역, 비즈니스북스, 2020.

25) 애시 모리아. *린 스타트업*. 위선주 역, 한빛미디어, 2012.

26) 손동원·허원창. *스타트업 창업 바이블*. 도서출판 시대가치, 2020.

27) 앞에서 설명했듯 채널과 유사 개념인 마케팅믹스 4P의 Place에는 제품·서비스가 유통되는 단계의 수, 유통업자의 선정 및 관리, 운송, 보관 등 유통과 관련한 모든 변수가 포함된다.

28) KPI는 일정 단위의 시간이 지난 후에 개인·팀·프로젝트·회사의 성과를 측정하기 위 한 기준점을 뜻한다. 비슷한 개념으로 구글 등이 활용하는 OKR(Objective, Key Results)에서 성과를 측정하는 지표로 KR이 사용된다.

29) 김보라. *스타트업 창업실무와 경영전략*. G-world, 2018.

30) 빌 올렛. *스타트업 바이블*. 백승빈 역, 비즈니스북스, 2020.

31) 고객의 평생 구매 예측이 힘든 분야의 초기 스타트업의 경우에는 첫 구매 이후 5 년, 7 년 식으로 기한을 두고 계산해도 된다.

32) 신규 고객이 더 이상 우리 회사 제품·서비스를 사용하지 않게 되는 때(=고객 이탈) 까지의 기간

33) 빌 올렛. *스타트업 바이블*. 백승빈 역, 비즈니스북스, 2020.

34) 광고비, 판매촉진비, 영업직 인건비뿐만 아니라 영업과 관련한 차량 유지비, 출장비, 홈페이지 개발비, 상품 전시회 비용 등을 모두 계산해야 한다.

35) 손동원·허원창. *스타트업 창업 바이블*. 도서출판 시대가치, 2020.

36) 바이럴 계수 Viral Coefficient는 한 고객이 제품·서비스를 추천하는 인원수이다. 예를 들어 바이럴 계수가 2라는 것은 평균적으로 한 명의 고객이 두 명의 잠재 고객에게 우리 회사 제품·서비스를 추천한다는 뜻이다. 비즈니스 성장을 위해서는 당연히 바이럴 계수가 1보다 커야 한다.

37) 경영 관련 수치를 들여다보는 투자자들 중에는 높은 전문성과 과거 투자 경험을 바탕으로 수치를 검토한 후 스타트업에게 피벗을 권유하기도 한다.

38) 손동원·허원창. *스타트업 창업 바이블*. 도서출판 시대가치, 2020.

39) 기관 투자자들은 자기들의 지분율이 희석되는 것을 싫어하기 때문에 스톡옵션 한도를 주식인수계약서 또는 주주간계약서에 명시하려고 한다. 3부 계약서 부분에서 자세히 설명한다.

40) 물론 지분을 균일하게 나눠가지고서, 공동창업자가 대표가 될 사람에게 의결권을 몰 아주는(의결권 위임) 조항을 담은 주주간 계약서를 작성해서 이 같은 문제를 피해 가는 방법도 있다.

41) 임성준, *스타트업 아이템 발굴부터 투자 유치까지*. 유노북스, 2021.

42) 사업계획서를 핵심만 요약해서 파워포인트 문서 형식으로 정리하면 IR덱이 된다. 스타트업 대표는 IR덱을 보여주며 IR피칭(외부인을 설득하는 작업)을 한다. 어설픈 창업컨설턴트일수록 내용보다 형식을 강조하기 때문에 IR덱의 중요성을 강조한다. 하지만 진정한 사업의 성공은 형식보다 내용에 있다. 탄탄하게 구성된 사업계획서는 회사의 성공을 위한 기본이다.

43) K-Startup(www.k-startup.go.kr). 2022년 예비창업패키지 예비창업자 모집 공고 (2022.02.24.)에서 발췌

44) 다양한 창업 지원 사업에 대해서는 3부 창업 지원금 부분에서 자세히 설명한다.

45) 김보라. *스타트업 창업실무와 경영전략*. G-world, 2018.

46) 발기인이 주식 총수를 인수하는 발기모집은 스타트업 같은 소규모 회사 설립에 용이하다. 반면 대규모 자본 조달에 유리한 모집설립은 발기인과 함께 다수의 모집주주가 함께 주식을 인수한다. 주식청약서에 따라 주식을 인수하는 등 법적인 절차가 훨씬 까다롭다.

47) 부정경쟁방지 및 영업비밀보호에 관한 법률 제2조 제1호 나목 및 제4조

48) 정관에 정하는 바에 따라서 회사의 인터넷 홈페이지에 게재하는 방법으로 공고할 수 있기 때문에, 대부분 스타트업에서는 이 방법을 사용한다.

49) 반대로 자본금 총액이 10억 원 이상인 경우에는 공증인의 인증을 받아야 효력이 생긴다.

50) 자본금 10억 원 이상의 주식회사는 금융기관으로부터 주금납입보관증명서를 발급받 아 제출해야 한다.

51) 다만 이 경우 직무와 보고요구 조사 권한(상법 제412조), 이사의 보고의무(상법 제412조의2) 등은 주주총회로 대신한다.

52) 정확한 금액은 다음 해 1월 연말정산을 통해 최종 확정된다.

53) 특허가 있는 기술 기업의 경우 기술보증기금에서 기술가치평가를 받은 후 투자를 유치할 수도 있다. 또한 기술보증기금과 신용보증기금은 스타트업, 벤처기업이 은행에 서 대출받을 때 일종의 담보 역할을 하는 보증서를 발행해주어 기업들이 은행에서 대출을 받기 쉽다. 이 책에서는 기보와 신보를 통한 보증 대출은 생략한다. 기보와 신보 지점에서 친절하게 상담을 해주고 있다.

54) 언론 보도를 바탕으로 추산한 것이므로, 실제 배달의민족이 투자받은 내용과는 다를 수 있다.

55) 스톡옵션은 유능한 임직원에게 '회사에서 X년 이상(상법상 2년 이상) 일하면, △△△ 주를 ○○○○원에 살 수 있는 권리'를 주는 것이다. 회사와 약속한 기간 이상을 근무하면 임직원은 ○○○○원에 주식을 살 수 있다. 이때 임직원이 주식을 사는 행위를 스톡옵션 행사라고 한다. 행사가격인 ○○○○원이 우리 회사 주식의 시장가격보다 낮을 경우 그 차액만큼 이득을 보게 된다.

56) 벤처투자 촉진에 관한 법률 제2조(정의) 9호

57) 한국창업보육협회. *생각의 전환이 창업의 역사가 되다.* 중소벤처기업부 한국창업보육협회, 2022.

58) 한국창업보육협회. *생각의 전환이 창업의 역사가 되다.* 중소벤처기업부 한국창업보육협회, 2022.

59) 업종이 다른 사업(이종 사업) 창업의 경우 정부 지원 사업에서는 창업으로 인정해준다. 하지만 창업자 경력과의 연관성이 적을 경우 액셀러레이터나 벤처캐피탈 등 투자자들 에게서 좋은 평가를 받지 못하는 경우가 많다.

60) 2022년 기준 예비창업패키지의 60% 이상이 청년, 40% 이내가 중장년이었다.

61) 공동 대표는 회사의 모든 업무에 대해 공동의 책임이 있으며, 각자 대표는 자신이 맡은 부분에 대해서만 책임을 진다.

62) 기술개발 및 시제품제작비, 기술정보활동비, 지식재산권취득비, 마케팅비 등 사용용도가 정해져 있다.

63) 2022년에는 지역예선에서 115팀이 선발돼 46팀이 종합예선을 통과해 통합본선에 올라갔다. 종합예선 통과한 상위 5개 팀에게도 100~300만 원의 상금이 지급됐다.

64) 창업성장기술개발사업의 한 카테고리로 분류된다. 다만 선정 및 운영사가 민간 투자기관(팁스 운영사)이라 창업성장기술개발사업의 다른 카테고리랑 많이 다르기 때문에 따로 설명한다.

65) 팁스 운영사의 투자를 받았다고 해서 모두 팁스 프로그램에 선정되는 것은 아니다. 운영사별로 연간 추천할 수 있는 할당 기업 수가 있다. 또한 운영사의 전문투자분야가 아닌 경우 투자심사에서 제외될 수도 있다.

66) 중소벤처기업부(www.mss.go.kr), 2022년도 창업성장기술개발 1차(상반기) 시행계획 공고(2021.12.28.)에서 발췌

67) 청년내일채움공제, 청년채용특별장려금, 청년일자리창출 지원사업에서 청년은 만 15세 이상 34세 이하 청년을 뜻한다. 다만 군필자의 경우 복무기간에 비례하여 늘어나 최고 만 39세까지 청년으로 간주한다.

68) 2021년에는 미래청년인재육성 사업, 청년디지털일자리 사업이 2020년에는 청년일경험지원 사업 등이 시행됐다. 미래청년인재육성 사업은 단순노무업무가 아닌 직무에 청년을 3개월 이상 또는 정규직으로 신규 채용했을 경우 6개월간 월 최대 180만 원을

인건비 명목으로 지원하는 사업이다. 1인 이상 기업 중 일정 요건에 해당하는 기업에 지원한다. 청년디지털일자리 사업은 IT활용 가능 직무에 청년을 3개월 이상 또는 정규직으로 채용한 기업에 6개월간 월 최대 180만 원을 인건비 명목으로 지원하는 사업이다. 5인 이상 기업이 지원 대상이나 청년창업기업, 벤처기업, 성장유망업종, 지식서비스·문화콘텐츠·신재생에너지 산업 등은 1인 이상도 신청 가능하기 때문에 대부분의 스타트업이 해당된다. 청년일경험지원 사업은 청년을 2개월 이상 채용한 기업에 6개월간 월 최대 80만 원을 인건비 명목으로 지원하는 사업이다. 5인 이상 기업이 지원 대상이나 청년창업기업, 벤처기업, 성장유망업종, 지식서비스·문화콘텐츠·신재생에너지 산업 등은 1인 이상도 신청 가능하기 때문에 대부분의 스타트업이 해당된다.

69) 기업부설연구소 및 연구개발전담부서 신고는 한국산업기술진흥협회 홈페이지(www. rnd.or.kr)에서 온라인으로 할 수 있다.

70) 법상 발행주식총수 10% 이상 보유자 또는 임원의 임명과 파면 등 방법으로 중요 경영 사항에 대하여 사실상 영향력을 행사하는 주주

71) 여기서 설명하는 내용은 창업자의 이해를 돕기 위해서 핵심 체크리스트 형태로 정리한 것이다. 구체적인 계약 사항은 회사별로, 또 계약서별로 모두 다를 수가 있는 데다 법률과 판례가 시시각각 변하기 때문에 계약 전에 전문가와 협의하는 게 좋다.

72) 상법 제341조 3항과 제462조 제1항 각호에 따르면 대차대조표의 순자산액으로부터 자본금, 결산기까지 적립된 자본준비금과 이익준비금의 합계액, 결산기에 적립하여야 할 이익준비금, 대통령령으로 정하는 미실현이익 등을 뺀 금액

73) 법무법인 디라이트·스타트업얼라이언스 공저. 창업자를 위한 투자계약서 가이드북. 스타트업얼라이언스, 2022.

74) 시리즈B 이상 규모가 커진 스타트업의 경우 회사 이해관계인과 투자자가 사모펀드나 대기업 등에 매각, 즉 인수합병(M&A) 방식으로 엑시트할 것을 염두에 두고 드래그 어롱 조항을 넣기도 한다.

75) 상법 제341조 3항과 제462조 제1항 각호에 따르면 대차대조표의 순자산액으로부터 자본금, 결산기까지 적립된 자본준비금과 이익준비금의 합계액, 결산기에 적립하여야 할 이익준비금, 대통령령으로 정하는 미실현이익 등을 뺀 금액

76) 한국벤처투자. 초기기업(Seed)을 위한 벤처캐피탈 투자계약서 해설서. 한국벤처

투자, 2018.

77) 창업 초기 팀, 즉 공동창업자끼리 맺는 주주간계약서를 동업자계약서라고 부르기도 한다.

78) 상법상 보통결의(출석한 주주의 의결권의 과반수와 발행주식총수의 4분의 1 이상의 수로 결의) 사항은 이사 감사 선임 및 보수 결정, 재무제표 승인, 주식배당 등이 있다. 특별결의(출석한 주주의 의결권의 3분의 2 이상의 수와 발행주식총수의 3분의 1 이상의 수로 결의) 사항은 정관 변경, 영업 전부 또는 중요한 일부 양도, 이사 감사 해임, 주식매수선택권 부여 등이 있다.

79) RCPS나 CPS처럼 종류 주식으로 계약할 경우에는, 종류주식에 붙는 다양한 조항(주식 처분 제한, 태그 어롱, 우선매수권 등)이 후속 투자 이후 신주 발행 시점부터 적용되 도록 SAFE 계약시 관련 조항을 포함해 넣기도 한다. 또한 별도의 주주간 계약서를 작성해 추후 법적 분쟁의 소지를 없앨 수 있다.

80) 다만 금융에 대한 전문성이 풍부한 개인 전문투자자와 벤처캐피탈, 자산운용사 등 금융기관은 0인으로 계산한다.

81) 상장과 관련한 핵심 법률은 자본시장과 금융투자업에 관한 법률 및 시행령이다.

82) 증권사 IPO팀은 자주 다른 회사로 이직한다. 따라서 경험 많은 팀장이 중요하다.

83) 영어의 룸(Room, 방)과 같은 뜻이다. 해당 투자 기간동안 어느 정도 규모로 투자 유치를 할 것인지를 뜻한다.

84) 주가 = PER × 주당순이익

85) 필요할 때 회계법인에서 아주 전문적으로 계산해준다.

86) 이해를 돕기 위해 매우 단순화시킨 내용으로, 현금유출이 없는 비용(감가상각비, 대손상각비 등)을 더하고, 현금유입이 없는 수익(지분법 이익 등) 등을 빼야 한다.

87) PER가 10배 라면 1 ÷ 10 = 0.1, 즉 10%

88) 한국엔젤투자협회. *엔젤아카데미 전문엔젤투자자 양성 교육과정IV*. 한국엔젤투자협회, 2019.

89) 여기서 업종별 특성을 고려하지 않은 이유는 통계적으로 미국의 엔젤 단계 스타트업들은 지역의 기업환경, 경제구조 등에 따라 크게 변하지만, 업종에 따른 차이는 없는 것으로 나타났기 때문이다.

스타트업 대표가
돼볼까 합니다

초판 1쇄 인쇄 2023년 2월 7일
초판 1쇄 발행 2023년 2월 10일

지은이 조시영
펴낸이 김옥희
펴낸곳 애플트리태일즈
편 집 이지수
마케팅 양창우, 김혜경
디자인 안은정
출판등록 2004년 8월 5일 제16-3393호
주소 서울시 강남구 테헤란로 201, 501호
전화 (02) 557-2031
팩스 (02) 557-2032
홈페이지 www.appletreetales.com
블로그 http://blog.naver.com/appletales
페이스북 https://www.facebook.com/appletales
트위터 https://twitter.com/appletales1
인스타그램 @appletreetales
          @애플트리태일즈

ISBN 979-11-92058-19-1 (13320)